Jérémy **CLÉMENT**

POUR LE PLAIS!R

LE SPORT DE HAUT NIVEAU AU SERVICE DE VOTRE RÉUSSITE ET DE VOTRE ÉPANOUISSEMENT

AMPHORA

Relecture : Servane Heudiard
Couverture : Lionel Rousseau - Amphora
Mise en page : Jeff Renoux - Artemishqc.com
Crédit Photos couverture : Adobe Stock - Tuntep

Imprimé en Europe par Sagrafic
Pasaje Carsi n°6 - 08025 Barcelone

978 275 760 525 7

À Sylvia
et nos trois enfants :
Roméo, Liséa et Maël

SOMMAIRE

Avant-préface !

Bousculer les traditions, sortir du rang, râler contre les règles établies, m'opposer juste par principe, ne pas faire comme tout le monde, j'ai toujours aimé cela, et ce livre ne fera pas exception. Lorsque la question de la préface s'est posée, je me suis longuement interrogé sur le choix de l'auteur. Qui solliciter ? Une personne qui fasse écho à mon passé de footballeur ou quelqu'un qui connaît l'homme sous le maillot, l'homme hors du stade ? Je n'arrivais pas à me décider.

Pour le footballeur, qui d'autre que mon premier entraîneur : Paul Le Guen ? Cet homme qui m'a fait confiance dès le début, m'a poussé dans le grand bain. Cet homme discret, pudique, souvent économe de mots, mais tellement fidèle avec son staff. Cet homme qui m'a appelé du Sultanat d'Oman après plusieurs années sans nouvelles d'un côté comme de l'autre, pour me proposer son aide lorsqu'il a su que j'étais cloué sur un lit d'hôpital.

Et pour parler de l'homme nostalgique et romantique que je suis parfois, qui choisir ? Celui dont les mots et les mélodies ont bercé mon enfance et résonnent encore souvent dans l'habitacle de ma voiture, au grand dam de ma femme et de mes enfants qui me trouvent ringard avec ma musique de vieux : le grand Didier Barbelivien. Mon ami depuis bientôt quinze ans. Un parolier d'exception, amoureux de la langue française.

Je n'ai pas pu choisir. Mais pourquoi choisir, d'ailleurs ? Qui a décidé qu'un livre ne devait avoir qu'une seule préface ? Le principal n'est-il pas de rester fidèle à soi-même ?

Préface de Didier Barbelivien

C'est l'histoire d'un garçon qui s'est construit autour d'une donnée impossible, défiant toutes les lois de la physique : il fait sa vie en la jouant debout sur un ballon rond.

Supporté par une famille aimante et par le courage de s'extraire de ce cocon familial à l'âge de treize ans, il éprouve très vite des sensations jusqu'alors inconnues et part à la rencontre de son destin. Désormais, il jouera sa vie sur un tapis vert.

L'amitié prendra bientôt pour lui les visages de Sylvain Armand, Paul Le Guen, Christophe Galtier... et tant d'autres soldats du football international.

Pour Jérémy, le ballon ne s'arrêtera plus jamais de rouler, de Lyon à Glasgow, de Paris à Saint-Étienne. Aujourd'hui encore, il roule dans sa tête pour devenir entraîneur.

L'amour ne l'a jamais quitté ; il n'a non plus jamais quitté l'amour, sous les traits de sa femme Sylvia, rencontrée quand il avait six ans, et des trois enfants qu'ils ont eus ensemble. Le Ballon d'Or de la constance amoureuse lui revient haut la main.

Beaucoup de joueurs de football ont un parcours professionnel impressionnant. Chez Jérémy, l'impressionnant est qu'il a su jouer à tous les postes de la vie : ami, mari, père de famille, fils attentionné, joueur populaire.

Généreux de ses actes et de son regard sur le monde, c'est vrai qu'il coche beaucoup, beaucoup de qualités. C'est la marque des grands joueurs et, surtout, des grands hommes. Nul besoin de laisser un nom dans l'histoire avec un H majuscule pour en faire partie. C'est pourquoi vous adorerez découvrir l'histoire de Jérémy Clément, le footballeur qui a toujours gardé dans son cœur et à ses pieds le ballon du bonheur.

Préface de Paul Le Guen

Jérémy, je vais te faire une confidence : je ne m'attendais pas à ce que tu me demandes d'écrire ces quelques mots pour la préface de ton livre. Tu me semblais vouloir t'effacer tranquillement après ta belle carrière et rejoindre Rives et sa région, là où tu as débuté et là où l'Olympique Lyonnais est venu te chercher.

Néanmoins, je peux te confier que, si j'en ai été surpris, j'en ai été également curieux et fier. Curieux, parce que j'avais hâte de te lire, et fier, parce que l'épaisseur de ton parcours rend ton initiative d'écriture utile et judicieuse.

Tu ne nous as pas éblouis d'emblée, pourtant. Les observations de tes premiers matchs de CFA ne promettaient pas forcément la réussite future. Mais tu t'es « rempli » et as su te rendre utile à jouer et à gagner. Passionné de la belle passe, gratteur de ballons et joueur d'équipe, tu as pris de l'ampleur et su faire valoir ces qualités et ces points forts, jusqu'à en faire oublier les quelques manques ! Évidemment, j'aurais aimé que ta frappe de gaucher soit une menace plus constante pour les gardiens adverses. Mais le Real ou le Barça seraient alors venus te recruter, et j'aurais cessé d'accompagner ton évolution.

Tu as d'abord gagné du temps de jeu à Lyon. Tu as forcé l'admiration des supporteurs des Rangers dans un contexte parfois difficile. Tu as réussi à t'imposer au PSG, puis à Saint-Étienne, lorsque nos chemins se sont séparés.

Jusqu'à la blessure.

Ensuite, c'est devenu différent et plus difficile…

J'ai envie de te dire « MERCI Jérémy ». Nous parlions parfois, mais assez peu, finalement. Néanmoins, nous nous comprenions. Nous sentions qu'échanger aurait suscité quelques remarques et quelques sarcasmes. Le lèche-bottes, etc. Alors autant éviter… L'essentiel était ailleurs, et c'est ce que ton livre nous dévoile.

Prologue

La première fois que j'ai ouvert cette page blanche sur mon ordinateur, je ne m'attendais pas à ce qu'elle éveille en moi tant d'interrogations et d'hésitations. Par où commencer ? Comment et pour qui écrire ? Les gens ont-ils envie d'un énième livre de footballeur ? Quelle est ma légitimité ? Mes mains sont restées figées de part et d'autre du clavier. Les clignotements incessants du curseur sur cette page virtuelle m'ont rapidement agacé, tout comme l'inaction de mon corps et de mon cerveau.

Je me suis levé. Par habitude, je me suis dirigé vers ma machine à café. J'ai placé ma tasse sous la buse et j'ai appuyé sur la touche Expresso pour la troisième fois de la matinée. Le vrombissement du moulin à café a empli la pièce, suivi d'un parfum enivrant. J'ai attrapé ma tasse, un saladier plein de pain dur et d'épluchures que ma femme avait laissé en évidence sur le plan de travail, et je suis sorti sur la terrasse.

L'air était déjà chaud en ce matin de septembre. Au loin, derrière le toit de mon voisin, s'élevait l'imposant massif du Vercors. Le soleil montant, combiné à l'humidité de la nuit, l'entourait d'un léger filtre, comme un fin voile blanc, une brume quasi invisible. Le jardin était calme. Dans moins de deux heures, je devrais aller chercher mes deux plus jeunes enfants à l'école pour les faire déjeuner. Pas de temps à perdre à contempler les montagnes. Je devais me lancer maintenant.

J'ai avalé mon breuvage brûlant d'une traite et gravi deux par deux les marches qui mènent au poulailler. Mon coq m'a accueilli d'un cocorico strident, et trois poules sont sorties précipitamment de derrière un buisson alors que je vidais le contenu du saladier dans leur mangeoire. Après les avoir remerciées pour les deux beaux œufs qu'elles me laissaient dans la paille, j'ai dévalé les escaliers qui me ramenaient vers mon nouveau projet.

Lorsque j'ai regagné la table de la cuisine où je m'étais installé, le curseur sur l'écran de mon ordinateur marquait toujours le tempo, mais il n'avait plus rien d'énervant. Au contraire, il m'encourageait, comme les puissantes clameurs du public un soir de match. Le rythme marqué par les claquements réguliers des mains. Les miennes se sont posées sur le clavier et, telles celles d'un marionnettiste, elles ont mis mes doigts en action pour les faire sauter d'une lettre à une autre.

L'arbitre vient de siffler le coup d'envoi d'un nouveau match. Je m'élance tête baissée. Pourquoi vouloir me justifier ? J'ai envie de partager mon expérience, mes victoires, mes échecs, mes convictions. Ce ne sera ni une autobiographie, ni un livre de développement personnel : ce sera un mélange des deux, et bien plus encore, je l'espère.

J'ai envie d'écrire sur le plaisir. Le plaisir avec un grand P. Le plaisir du football, le plaisir d'appartenir à un groupe. Le plaisir de vivre, d'être père. Le plaisir d'atteindre ses objectifs, d'apprendre, d'avancer, d'évoluer, de grandir. Je vais écrire pour les amateurs de football, les amoureux de ces grands clubs qui m'ont accueilli, mais aussi pour tous ceux, hommes ou femmes, jeunes ou moins jeunes qui, fatigués par le quotidien, les désillusions ou cette chape de morosité invisible que cette pandémie a placée au-dessus de nos têtes, aspirent à retrouver motivation et optimisme.

Et si je commençais par la fin ?

Mars 2020 : ce mois restera ancré dans ma tête, indélébile. Alors que le coronavirus commence à ravager la France, une idée fait son chemin en moi. Comme une vague lente qui arrive là-bas, à l'horizon : c'est le moment de mettre fin à dix-sept années de carrière en tant que footballeur professionnel.

Ce 16 mars au soir, lorsque le président de la République prend la parole à la télévision pour annoncer que demain, à partir de midi, l'activité du pays va s'arrêter, à l'exception des services de première nécessité, je comprends que ma vie va basculer dans autre chose. Comme celle de ma famille, de mes amis, de mes partenaires, de mes coéquipiers.

Ce virus de la Covid-19 est imprévisible et bouleverse nos quotidiens. Aucun de ces visionnaires gourous, dont les prévisions s'étalent à la une des journaux chaque année, en décembre, n'a vu arriver un tel cataclysme, avec ses effets ravageurs autant sur le plan humain qu'économique. Ni ces souffrances physiques et psychiques qui en résulteront. Ces images qui défilent le soir à la télévision sont déstabilisantes. J'en vois quelques-unes magnifiques, lorsqu'elles montrent le dévouement du personnel hospitalier, son sens du sacrifice, sa générosité, et j'essaie de me focaliser sur elles pour rassurer mes enfants et leur signifier la beauté de la vie. Mais toutes les autres, comment les accepter ? Les morts. Les peurs et les angoisses. Les incivilités, les interdictions et les contrôles.

Comme pour un grand nombre de Français, ce premier confinement m'aura permis de prendre le temps. Le temps de l'écoute. Le temps de l'introspection, de la réflexion. Mais également le temps de profiter de ces petites choses simples du quotidien, que j'avais oubliées en vivant à toute vitesse : préparer le goûter de mes enfants, jouer à des jeux de société avec eux, leur lire des histoires. Faire une promenade dans les bois. Quels plaisirs ! Tout comme prendre le temps de dire bonjour à mes voisins, de parler tranquillement avec eux sans avoir la montre comme seul indicateur de la gestion de ma journée. Ou tout simplement jardiner, cuisiner, réparer le poulailler. Une parenthèse improvisée, loin de toutes pressions.

Je n'ai que trente-six ans, mais à cet âge, on est déjà vieux dans le monde du foot. Des signaux ont commencé à s'allumer sur le tableau de bord de ma vie, installé dans un coin de mon cerveau. Plusieurs lumières clignotent, de plus en plus insistantes. Nuit et jour, elles excitent mes neurones et s'accompagnent souvent de cette petite voix intérieure. Celle que j'ai appris à écouter depuis mon adolescence : « Raccroche. Raccroche. Raccroche. » D'abord un murmure, qui se changera en cri et finira en décision ferme et irrévocable.

Je range mes crampons à côté des maillots aux couleurs des clubs devenus si chers à mon cœur. Du bleu, du rouge, du blanc, du vert. L'Olympique Lyonnais, les Glasgow Rangers, le Paris Saint-Germain, l'AS Saint-Étienne, l'AS Nancy. Ces clubs, mythiques pour certains, qui s'affichent dans des milliers de chambres d'enfants, d'ados et peut-être d'adultes, qui vivent des émotions étonnantes à travers le football. Inoubliables. Irremplaçables. Dans un monde aseptisé et banalisé, où la monotonie a tendance à prendre le dessus sur la nouveauté, le football procure des sentiments uniques. Un match ne sera jamais pareil à un autre. Les footballeurs professionnels ont cette responsabilité d'apporter ce spectacle attendu et rêvé des supporteurs et des spectateurs. Pendant quatre-vingt-dix minutes, le public vit pour ce moment-là.

D'aussi loin que je me souvienne, j'ai eu un ballon au pied. J'aime et j'aimerai toujours le football. Sous toutes ses facettes, même quand certains cherchent ou parviennent à le salir. J'aime les sensations qu'il procure lorsqu'on le pratique : l'adrénaline, l'exigence physique, la fatigue salvatrice, la tactique mentale. Mais j'aime surtout les valeurs qu'il véhicule, l'esprit d'équipe, la cohésion, la solidarité, sans oublier les moments de convivialité et les émotions qu'il crée dans les gradins ou autour d'un poste de télévision entre amis avec – soyons cliché ! – une bonne bière fraîche et une part de pizza.

« Raccroche. » Je dois refermer, mais pas verrouiller, le placard « mémorial » qui contient mes maillots, symboliques étendards de ma carrière au haut niveau.

Mon regard s'attarde sur les sept lettres qui composent mon nom, floquées au dos de ces bouts de tissu témoins de mes joies, de mes sacrifices, de mes victoires et de mes défaites. « Tourne la page. »

Je me suis préparé. Enfin... je crois. Je ne ressens ni tristesse ni nostalgie. Au contraire, j'éprouve une reconnaissance infinie envers la vie qui m'a permis de réaliser mon rêve d'enfant. J'ai vibré, lutté, aimé, sué grâce au football. J'ai rêvé grâce au football. Et lorsque je regarde en arrière, ce qui me frappe, c'est l'intensité du plaisir que m'a apporté ma carrière. Je laisse derrière moi, comme autant de beaux souvenirs, l'adrénaline, la notoriété, les privilèges, mais pas le plaisir. Lui, je le garde.

« Raccroche. » Je quitte la pelouse. Je laisse mon corps se reposer, mais ma vie est loin d'être terminée. J'ai une femme, trois enfants, une famille et des amis. J'ai des projets plein la tête et de nouveaux rêves qui ne demandent qu'à se réaliser.

L'une des choses que m'a apprise le football, c'est qu'en termes de passion, il n'existe pas *une* vérité, mais *une multitude* de vérités, propres à chacun, à chaque caractère, à chaque volonté, à chaque épreuve, à chaque instant, à chaque match.

À travers ce livre, je souhaite partager les émotions qui furent les miennes pendant toutes ces années, de l'adolescence à aujourd'hui. Partager et expliquer mes choix de vie et les convictions qui se sont imposées à moi au fil des ans, comme les notions de plaisir, de bonheur, d'objectif.

Que ce soit dans le sport individuel ou collectif, ou dans n'importe quelle autre activité, je suis convaincu que la réussite repose sur des règles simples, trop souvent oubliées. Il y a des fondamentaux à respecter. Dès que l'on s'en écarte, on se met en danger. Anecdotes et souvenirs viendront mettre en lumière les leçons et les apprentissages acquis au cours de ma carrière sportive, de mes rencontres, de mes défis et de mes échecs.

Toute ma vie, j'ai connu l'équipe avec un grand É, le groupe, l'union, le partage. Alors, j'ai pris mon téléphone et j'ai appelé une, deux, trois, quatre personnes pour leur présenter mon projet, mes idées et échanger avec elles. Des amis, des footballeurs, des personnes dans l'ombre du milieu du football, puis d'autres athlètes, d'autres anonymes : j'étais insatiable. Je voulais que les vérités se croisent et grandissent. Ces témoignages inédits ponctuent les chapitres, apportant un regard neuf.

J'espère que ces pages pourront aider et éclairer quelques lecteurs, qu'ils soient hommes, femmes, jeunes ou moins jeunes, étudiants, actifs ou retraités. Et si cette lecture vous permet de passer un bon moment, ce sera déjà une belle victoire pour moi. J'ai encore beaucoup à apprendre de la vie, mais lorsque l'on tire quelques enseignements de son vécu, il me semble judicieux de les partager.

CHAPITRE 1
Trois familles

Je suis né en 1984 à Béziers, où vivaient mes grands-parents maternels. Peu de temps après ma naissance, mes parents se sont installés à Rives, ville natale de mon père, dans le département de l'Isère, entre Lyon et Grenoble. Un petit bourg aux portes des beaux massifs montagneux de la Chartreuse et du Vercors : c'est là que sont mes véritables racines. Rives n'a rien d'exceptionnel, mais il y fait bon vivre. Climat continental classique – chaud l'été, neigeux l'hiver –, des étangs, une forêt, quelques commerces, un PMU où jouer au tarot, un collège, une piscine municipale et, surtout, un stade de foot. Ajoutez à cela une grande partie de ma famille et des amis fidèles, et vous obtiendrez un lieu où j'ai aimé vivre à tout âge.

J'ai eu la chance de grandir dans une famille où il y avait beaucoup d'amour et de gaieté. Je n'imaginais pas qu'un enfant puisse vivre dans un autre contexte. Nous étions quatre dans l'appartement familial du HLM où nous habitions : mes parents Christine et Philippe, ma petite sœur Marion et moi. Mais pour moi, pas d'immenses barres d'immeubles : juste quelques bâtiments relativement bas, au calme, et à seulement quelques centaines de mètres de la maison de mes grands-parents.

Dire que mon ballon ne me quittait jamais est un euphémisme. Il partageait mon lit chaque nuit. J'enfilais un maillot de foot de mon père en guise de pyjama, façon chemise de nuit, et, sous la couette, je serrais mon ballon pour m'endormir. Tel un animal de compagnie, il me suivait dans chaque pièce de notre foyer, et tout était prétexte pour jouer avec.

Bien sûr, il y a eu des « engueulades » quand je transformais le couloir de l'appartement en terrain de foot miniature pour défier mon cousin Julien, alias Crevette, et ma sœur. Les portes et les murs gardaient les marques de nos parties, et elles étaient très fréquentes, car j'avais la chance d'avoir mon cousin comme voisin de palier et une petite sœur qui préférait le sport aux poupées Barbie. Cependant, les punitions n'étaient jamais bien fermes. À l'instar de son voisin de frère, mon père avait tendance à nous couvrir, car tous deux étaient de vrais mordus de football. Ils s'entraînaient plusieurs fois par semaine au club de Rives, auquel ils appartenaient et auquel j'adhérerais à mon tour, dès l'âge de six ans.

Mon grand copain à l'école s'appelait José Carvalho. Nous étions inséparables : dans la cour de récréation, après l'école, chez moi ou chez lui, tous les prétextes étaient bons pour se voir et jouer au foot.

Ma bande de potes s'est étoffée au fur et à mesure des années. Je suis très attaché à mes amis d'enfance et d'adolescence. Encore aujourd'hui, nous faisons en sorte de trouver des prétextes pour nous voir le plus souvent possible, ne serait-ce que quelques instants.

Cette notion de bande a commencé très tôt. Au moment d'entrer au collège, à onze ans, nous avons quitté l'appartement de la rue de la Moyroude. Toujours à Rives, nous nous sommes installés dans le lotissement du Clos Juvin, composé d'une dizaine de maisons toutes neuves. L'adaptation fut plus que facile. Mes nouveaux voisins n'étaient autres que les copains de mon club de foot : John, David, Nicolas, Christophe... Finis les matchs dans les couloirs : place aux parties de foot dans les jardins, le garage ou au cœur du quartier, sur le bitume, entre les arbres, un banc et divers obstacles !

Quand je repasse devant cette surface de jeu assez petite, l'équivalent de 50 m^2, je suis souvent nostalgique de ces années de joies insouciantes. Nous étions une dizaine d'enfants, filles et garçons de tous âges, jouant des matchs enflammés. Je me souviens que les parents de mes copains sont tous venus donner un coup de main pour la construction de notre maison. Solidarité, amitié, entraide : ces valeurs qui se traduisaient en actes faisaient partie de mon quotidien.

À cette époque, mes parents ont ouvert les portes de leur foyer, et la maison ne s'est jamais vidée. Il y avait toujours du monde : les amis, la famille... Hiver comme été, un petit plat qui mijotait, un barbecue qui s'allumait, un apéro qui s'improvisait, une table à rallonge et un grand nombre de tabourets en plastique empilés dans le garage.

Avec les copains du lotissement, on se donnait rendez-vous à 7 h 30 pour aller ensemble à pied à l'école, puis mes parents m'ont laissé me déplacer en vélo dans Rives. Il y avait beaucoup plus d'autonomie et moins de crainte que maintenant. Très tôt, j'ai eu la liberté d'aller chez les uns et les autres, ce qui a permis au temps de forger ces amitiés. Qu'est-ce qui amène des enfants à aller l'un vers l'autre à cet âge où tout est instinctif ? Des regards échangés ? Un sourire qui répond à un autre ? Un mot qui va toucher la corde sensible de l'autre ? Des présences qui rassurent, car tout à coup, on se sent mieux quand l'autre est présent ? Ou peut-être la boussole de l'instinct qui nous guide vers celles et ceux vers qui il faut aller.

Je suis certain que, si vous repensez à vos années entre dix et quinze ans, vous allez voir défiler les visages de ces copains et copines qui étaient comme des frères ou des sœurs pour vous. La moindre activité devenait joyeuse avec eux. Ils faisaient partie de votre environnement : vous vouliez les voir pour le moindre prétexte. D'ailleurs, vous vous souvenez encore très bien de leurs prénoms. C'est un peu la chanson de Patrick Bruel, *Rendez-vous dans dix ans*. Les copains inséparables de l'adolescence, probablement l'une des plus belles pages de chacune de nos vies : le plaisir, l'insouciance. Rien ne posait problème, à part être séparés les uns des autres.

Très tôt, mon père m'a inculqué une notion importante : être généreux avec les autres. Non pas la générosité pécuniaire, mais la générosité d'actes et de pensées. « Ne sois pas radin dans la vie : ceux qui le sont finiront seuls et sans amis. La seule richesse qui compte est dans le partage avec les autres. » Mon père a réussi à trouver les mots justes pour me transmettre ses valeurs. Cette notion de générosité s'est imposée d'elle-même, tant mes copains d'enfance étaient essentiels pour moi. Je m'imaginais les perdre un à un au fil des années si je devenais économe de mes sentiments. J'ai donc mis en pratique cette façon de vivre. Cela compense, j'espère, les défauts qu'ils ont pu me trouver au cours des années.

Ma famille a eu un rôle déterminant dans mon parcours de footballeur. Finalement, la vie se résume peut-être à quelques décisions importantes à prendre. Une dizaine dans une vie, guère plus. En fonction des choix faits, on part dans telle ou telle direction à chaque carrefour auquel la vie nous mène, et après, on assume ou on se remet en cause. J'ai eu la chance d'avoir des parents qui ont toujours respecté mes souhaits. Très tôt, ils m'ont laissé faire mes propres choix.

Mon père travaillait dans une grande entreprise, mais d'après mes souvenirs, son métier n'était pas très épanouissant. Ma mère était une diététicienne moderne. Je ne me souviens pas de brocolis vapeur dans sa cuisine, mais plutôt de bons petits plats mijotés, accompagnés de bons vins, et d'un beau plateau de fromages sur une table autour de laquelle nous étions souvent très nombreux.

Mes parents ont compris très vite que mon rêve de gosse était de devenir footballeur professionnel et, lorsque la question de rejoindre le centre de formation de l'Olympique Lyonnais s'est posée, à treize ans, ils ne s'y sont pas opposés. Ce fut un déchirement pour eux de me voir partir pensionnaire, et maintenant que je suis père, je me demande ce que ma femme et moi déciderions si nous nous retrouvions dans la même situation. Laisserions-nous partir l'un de nos enfants ? Pas évident. Et si cela advenait, ce serait un véritable crève-cœur.

Dès l'enfance, le football m'a apporté du plaisir. J'ai toujours recherché cette sensation. Partager, le temps d'une partie de foot, ce sentiment d'être bien avec ses potes et que rien d'autre n'a d'importance est une sorte de drogue. Le bonheur absolu avec Alexandre, Christophe, David, Jo, John, José, Fabrice. Jouer, rire, ressentir ces émotions ensemble. Rien ne pouvait nous arrêter : c'était le pied total.

J'étais bon élève à l'école, bon joueur au foot, et pour ne rien gâcher, la nature m'avait doté d'une tignasse blonde et d'une bouille d'ange. Les commentaires et les compliments de mon entourage m'ont rendu conscient de ces atouts, mais je n'abusais pas de ce standing. Cependant, je dois reconnaître que c'était très plaisant de ressentir cette attraction que j'exerçais involontairement sur les autres enfants et sur les adultes.

À l'adolescence, ce phénomène s'est encore accentué avec l'arrivée des filles dans le grand cercle des amitiés. J'aime à me souvenir de ce quatuor de copines rieuses et bruyantes, qui habitait le lotissement attenant au stade de foot. Elles étaient nos plus grandes supportrices, perchées sur un bloc en béton de 2 m de long et 1,5 m de hauteur, qui contenait les armoires électriques de l'éclairage du stade. C'était leurs places réservées en tribune ! Ce quatuor existe encore ; il est toujours aussi soudé et assourdissant. Lorsque je repense à ces quatre drôles de dames, comment aurais-je pu imaginer, du haut de mes douze ans, que j'épouserais l'une d'entre elles ? Celle qui me manifestait le moins d'intérêt, évidemment. Sinon, où serait l'ironie de la vie ?

Au club de Rives, mon premier éducateur fut mon oncle : Jean Pascal, surnommé Dad, un sobriquet qui lui venait de l'enfance. Il était gaucher comme mon père. Dans la famille, nous avons tous les jambes arquées, ce qui nous confère une certaine allure de cowboys. C'est un signe de reconnaissance. Mon fils aîné a la même démarche, et l'on me dit souvent qu'il suffit de le regarder marcher pour deviner le lien de filiation.

Mes premières émotions en club arrivèrent vite. La joie incommensurable des premières victoires qui gonflait mon cœur d'enfant et celui de mes amis. L'une d'elles eut lieu à l'occasion d'un tournoi organisé à Lyon, au stade de Gerland. À l'époque, jamais je n'aurais imaginé que c'est sur ce même stade que je ferais mes premiers pas en tant que footballeur professionnel, dix ans plus tard. Je me rêvais joueur à l'Olympique de Marseille. Ma chambre était tapissée de posters de l'OM, du blanc et du bleu de partout.

Mes idoles de ces années quatre-vingt-dix n'étaient autres que le grand Papin et Waddle. J'étais un fan absolu. Chris « Magic » Waddle me captivait. Il nous rappelait à tous que le football était avant tout un jeu. On sentait qu'il jouait pour s'amuser. Il faisait le clown. Je pense que cette joyeuse aura qui émanait de lui m'a fortement influencé. Je voulais prendre autant de plaisir que lui sur un terrain. Et c'était le cas !

Je me rappelle ces compétitions comme si c'était hier. J'avais dix, onze, douze ans. Ce sont mes meilleurs souvenirs. Tu joues les matchs, tu continues à jouer entre les matchs comme si cela ne suffisait pas, tout en mangeant une merguez-frites. Tu entends ton équipe attendue sur le terrain n° 4, mais personne ne sait où il se trouve. Tu arrives à la bourre, il manque un joueur perdu en route, et tu gagnes le match. À cette époque, l'ambiance entre les parents était extraordinaire. Ils étaient amis. C'était une grande fraternité entre parents et enfants. Quand je reparle de ces moments avec mes copains aujourd'hui, nous sommes unanimes pour dire que ce furent les meilleurs de notre jeunesse. Aucun souci en tête : tu es avec tes potes, tu joues au foot et tu te régales. Qu'est-ce qu'il nous fallait de plus ? Rien.

Avec mon club de Rives, nous avions une très bonne équipe, qui a remporté pas mal de victoires dans les tournois régionaux. Qui dit beau tournoi dit belles rencontres sportives et, forcément, présence de recruteurs. C'est ainsi que j'ai été repéré. J'ai reçu une convocation pour venir faire un essai contre l'équipe de l'OL. J'étais accompagné d'un autre bon joueur avec lequel j'étais ami : Jonathan Magat. Nous sommes partis tous les deux faire un test qui s'avéra concluant, et nous avons intégré ensemble le centre de formation. Jo n'est resté qu'un an ; moi, cinq.

L'enfer de l'internat

Quand il a fallu quitter la maison à treize ans pour être interne en 4e à Lyon, je ne me doutais pas de ce que j'allais vivre dans un contexte si différent du cocon familial qui avait été jusqu'alors ma seule référence. Je n'avais jamais réellement quitté mes parents : quelques nuits chez des copains, mais guère plus.

Je n'étais jamais parti en colonie. J'ignorais complètement ce qu'était la vie en collectivité.

Le bonheur absolu que je vivais avec mes amis et ma famille de Rives a cédé la place à l'apprentissage de la vie en groupe, avec des jeunes venus de tous les horizons, qui se savaient en concurrence les uns avec les autres. Je m'entendais bien avec certains, mais avec d'autres, c'était plus compliqué. Ce fut l'école de la vie : se faire respecter sans la présence de papa et maman à ses côtés, répondre aux moqueries, défendre les plus fragiles face aux attaques parfois méchantes des « grandes gueules ». Le passage obligé pour franchir une étape dans la vie : grandir en ne comptant que sur soi pour exister parmi les autres et garder le cap sur les valeurs en lesquelles on croit.

Les journées étaient immanquablement les mêmes : chambre individuelle de 5 m² environ, sans télévision, sans téléphone et, bien sûr, sans Internet. Les soirées étaient interminables. Couvre-feu à 21 h, et nous n'avions le droit de regarder un film tous ensemble que le dernier jour avant les vacances de Noël. C'était le cadeau de fin d'année.

Dire que cette période fut dure pour moi est un euphémisme. J'avais toujours été entouré de ma famille et de mes amis. Je me sentais très seul. Tout me manquait. J'étais censé découvrir et apprendre la vie en collectivité. Quand on entend ce mot, on pense tout de suite à partage, entraide, mais ce n'était pas le cas. Nos petites chambres étaient de véritables cellules, propices à développer en chacun un sentiment plus ou moins fort de claustrophobie. Murs jaunes délavés, petite fenêtre donnant sur la façade d'un autre immeuble, étouffantes l'été et froides l'hiver. Rien à voir avec les gais dortoirs d'internat, théâtre d'incroyables batailles de polochons ou autres gentilles bêtises redoutées des surveillants.

Quand je repense à ces 5 m², je ne ressens qu'un grand sentiment de solitude et cette sournoise boule au fond du ventre qui accompagnait invariablement chacun de mes couchers et de mes réveils. Le fossé émotionnel entre la joie du vendredi soir et l'angoisse du lundi matin était immense. Lorsque je repense à ces moments, il m'arrive de m'interroger sur cet isolement nocturne. Était-il le fruit du hasard ? Est-il animé de bonnes intentions pour nous assurer un bon sommeil et, donc, une meilleure condition physique ou, au contraire, est-il le fruit d'un calcul stratégique ? Avait-il pour but de décourager les plus faibles psychologiquement, d'écrémer naturellement les promotions, de nous endurcir ?

L'internat se trouvait à La Croix Rousse, quartier lyonnais. Nous prenions une navette qui nous conduisait sur la Plaine de jeux de Gerland et qui, plus tard, nous ramenait à l'internat. Nous étions répartis en trois niveaux : les moins de treize ans, les moins de quatorze et les moins de quinze. L'étape au-dessus était l'entrée au centre de formation de l'Olympique Lyonnais.

Le programme des semaines était immuable et rythmé. Du lundi au vendredi, école le matin et foot l'après-midi, excepté le mercredi, où toute la journée était consacrée au foot. Le samedi était jour de repos à Rives, à la maison, puis, invariablement, le dimanche, nous participions à un match dans la région : entre 16 h et 20 h, chaque semaine, à piétiner le gazon, frapper le cuir du ballon et suer sous la pluie, le soleil ou le vent.

Mes parents et mes grands-parents se dévouaient, à tour de rôle, pour venir me chercher le vendredi soir après le foot et me ramener à la maison. Ils m'emmenaient au match le dimanche après-midi, puis nous passions la soirée en famille à Rives. Et chaque lundi, lever à 6 h 30 pour repartir à l'internat.

Le trajet du début de semaine était souvent du ressort de mon grand-père paternel, Élie. Je priais dans la voiture pour qu'il y ait des bouchons ou un problème sur la route, afin de repousser ce moment de séparation avec les miens. Depuis ces années, j'ai développé une aversion pour les au revoir, les fins de soirées ou de vacances. Quant à l'angoisse du lundi matin, j'ai la chance de m'en être débarrassé en devenant joueur professionnel. Lorsque l'on est footballeur, les jours de la semaine sont tous identiques : il n'existe plus de lundi, de mercredi ou de dimanche, seulement des jours de matchs ou d'entraînements.

Jusque-là, j'avais été tellement heureux que je pensais que c'était le cas de tout le monde et que la vie se résumait à faire ce dont on a envie et à se laisser porter par les évènements. L'atterrissage fut brutal. À tel point qu'au bout de six mois, j'ai craqué en rentrant un vendredi soir à la maison. Je me suis écroulé en pleurs et j'ai dit à mes parents que je voulais arrêter, que je ne voulais plus retourner à Lyon et vivre l'enfer d'un centre de formation, où la concurrence et les remarques assassines étaient insupportables et où les plus âgés malmenaient les plus jeunes. Dès le lundi, ils nous prenaient les gâteaux que nos parents nous avaient préparés pour la semaine. Parfois, quand nous avions des nouveaux vêtements, les anciens devaient les porter d'abord. Sans parler des pressions et humiliations verbales qui rythmaient le quotidien de nombre d'entre nous. Pour moi qui avais vécu jusque-là sans me poser la moindre question, sans crainte du lendemain, c'était insupportable. Et je n'ai pas pu le supporter.

Ma chance : mon oncle et ma tante

Heureusement pour moi, mon père a tout de suite compris la situation et téléphoné à mon oncle Christian qui habitait en périphérie de Lyon, avec ses trois enfants et sa femme Patricia, la sœur de ma mère. En un quart d'heure, tout a été réglé. Mon oncle et ma tante ont immédiatement accepté ce que mon père leur demandait : me loger chez eux et assumer du jour au lendemain la responsabilité d'un enfant de plus. Ils avaient déjà Julien, mon cadet de deux ans, sa sœur Audrey, dix ans, et Maxime, cinq ans. Aujourd'hui que je suis père avec des enfants à peu près du même âge, je réalise la charge de travail supplémentaire que je leur ai imposée.

Ce qu'ils ont fait pour moi leur a certainement réclamé de gros efforts. Que serais-je devenu sans eux ? Je n'en sais rien, mais je n'aurais certainement pas fait la carrière que j'ai eue.

Dès que j'ai touché un peu d'argent avec mon contrat d'aspirant, je les ai invités de temps en temps au restaurant. Mon oncle venait souvent me chercher au centre, le soir, afin de m'éviter un long trajet en bus. Lorsque nous nous retrouvions seuls lors de ces retours, il me posait beaucoup de questions, car c'était un passionné de foot, et je pouvais tout lui dire. Il était mon confident. Nous rigolions bien, ensemble, tout comme avec mes cousins et cousines. Je suis même devenu le parrain de leur dernier enfant !

Sur le plan scolaire, ma tante était toujours présente pour me soutenir. Elle veillait à ce que je continue d'avoir de bonnes notes. Lorsque j'ai annoncé à ma famille que je n'irais pas passer les épreuves du baccalauréat, je crois qu'elle a été encore plus fâchée que ma mère. Je savais que j'allais signer pro et ne voyais pas l'intérêt de m'imposer cette corvée. Aujourd'hui, la bêtise et l'arrogance de ma jeunesse me semblent démesurées. Quoi qu'il en soit, je réalise à quel point mon oncle et ma tante se sont dévoués pour moi. Ils l'ont fait pour m'aider, pour faire plaisir à mes parents. Sans rien attendre en retour.

Je ne le dirai jamais assez : sans mon oncle Crock et sa femme, ma vie aurait été bien différente, et ma carrière peut-être inexistante. À travers nos échanges, j'ai voulu comprendre ce qui, à l'époque, l'avait poussé à accepter un gamin de plus sous son toit.

« C'est le rôle des adultes de permettre aux gamins de croire en leur rêve. »

Christian TERRIER

Cariste et préparateur de commande à la retraite, père et grand-père, et supporteur inconditionnel de l'OM.

« C'est facile à dire aujourd'hui, mais j'ai toujours cru en Jérémy. Lorsque je venais le voir jouer à Rives, je constatais que ce gamin de dix ans avait indéniablement quelque chose de plus que les autres. Il était buteur-passeur, mais loin d'être égoïste sur le terrain. Il savait partager sa passion avec ses coéquipiers, et son jeu de passe le prouvait.

Lorsqu'il est parti au centre de formation, personne n'était sûr de rien dans l'entourage familial : l'avenir s'annonçait chaotique, mais surtout incertain. Rapidement, les entraîneurs l'ont orienté vers le poste de milieu défensif. Lui qui avait toujours été habitué à celui d'attaquant, le numéro 10, "le meneur de l'équipe", a perdu tous ses repères. Pourtant, malgré son jeune âge, il a su faire la part des choses. Il a bossé discrètement, fait ce qu'il fallait et passé ce cap seul, contrairement à d'autres adolescents sélectionnés, qui ne concevaient pas de ne plus mener le jeu.

Quelques mois après l'arrivée de Jérémy à Lyon, son père m'a appelé pour m'annoncer que son fils voulait tout abandonner. La vie à l'internat ne lui convenait pas. Ma femme, mes enfants et moi habitions en périphérie de Lyon, du côté opposé au centre, pour être précis. Mais peu importait : nous n'allions pas laisser notre neveu renoncer à son rêve. Il est donc venu s'installer chez nous.

Le matin, il allait à l'école en bus, puis, de là, il prenait un autre bus pour rejoindre le centre, et le soir, après mon travail, je traversais la ville pour le ramener.

Lorsque j'ai assisté aux premiers entraînements, j'ai pris conscience du "combat" quotidien qu'il devait mener au milieu de tous ces enfants au niveau remarquable. Sur le chemin du retour, nous parlions invariablement football. Cela me passionnait, mais j'en profitais surtout pour évaluer semaine après semaine comment Jérémy se sentait dans sa tête et dans son corps.

Une fois la porte de la maison franchie, nous passions à autre chose : il redevenait un jeune comme les autres, prenait du temps pour partager avec ses cousins, et lorsque c'était nécessaire, ma femme l'aidait dans son travail scolaire. Il était calme, posé et studieux, mais quand je le regardais faire ses devoirs, je ne pouvais m'empêcher de penser à ses condisciples, seuls dans leurs cellules austères de l'internat. Je les imaginais penchés sur un livre de mathématiques, sans aide, attendant le passage entre le jour et la nuit. Pas étonnant qu'autant abandonnent en route ! Et pour ceux qui restent ? Peut-on qualifier de "saines" les émotions qui forgent leur ambition ?

Lorsque Jérémy a obtenu son permis de conduire, après m'avoir octroyé le "privilège" de deux ans de conduite accompagnée dans l'intense circulation lyonnaise, il nous a quittés. Il est retourné chez ses parents à Rives, et nous avons commencé à suivre sa carrière à la télé, en changeant la couleur de nos maillots au fil de sa carrière. Aujourd'hui comme hier, nous sommes derrière lui.

Avec mon épouse, nous n'avons pas soulevé des montagnes. On a fait ce qu'on a pu à notre niveau, comme une évidence et sans effort. Nous n'avons remplacé personne, mais joué un rôle de parents de substitution pendant ces quelques années. Si c'était à refaire, je ne changerais rien, et je le ferais pour n'importe lequel de mes neveux. Le lien du sang est une valeur à respecter, mais au-delà de cela, j'estime que c'est le rôle des adultes de permettre aux gamins de croire en leur rêve. Et lorsque celui-ci implique une période dans un environnement hostile, le soutien familial devient essentiel. »

Depuis toujours, je m'étais mis dans la tête que je ferais une carrière de footballeur professionnel. Il ne pouvait pas en être autrement. Mais c'était un rêve d'enfant, et aussi motivé que je pouvais l'être, j'étais bien loin d'imaginer que le fait d'être bon ne suffisait pas.

Les éducateurs du centre de formation se réunissaient à la fin de chaque saison pour statuer de notre maintien ou non au centre, puis ils nous recevaient pour l'annonce des verdicts. Nous avions treize, quatorze, quinze ou seize ans : « Toi, tu restes, toi, tu t'en vas. » La psychologie ne faisait pas encore partie des bagages des éducateurs, mais heureusement, cela a changé depuis. Les décisions tombaient comme des couperets. C'était terrible pour ceux dont la carrière s'arrêtait avant même d'avoir commencé.

Aujourd'hui, la situation a évolué. Les clubs se sont structurés et, comme dans les grandes entreprises, il y a des spécialistes des relations humaines. Les mentalités ont changé : il faut « vendre » la mauvaise nouvelle à ceux qu'on ne garde pas. Ils sont convoqués avec leurs parents, et on leur explique la décision de se séparer d'eux en leur faisant miroiter que rien n'est irrémédiable et qu'il existe des exemples de réussite par d'autres canaux de formation.

Ces moments marquent un adolescent. Je me souviens encore du verdict à la fin de l'année de mes quatorze ans : « Jérémy, techniquement, c'est bien. Pareil pour ta compréhension du jeu. En revanche, physiquement, tu es au-dessous du niveau requis, tu n'es pas suffisamment rapide, tu n'as pas assez de puissance et tu es plus frêle que les autres. Ça passe pour cette année, on verra comment tu évolues l'année prochaine. »

Quelques semaines plus tard, le grand frère de l'un de mes amis m'a dit sur le ton de la confidence : « On en a parlé avec mes parents et on pense que tu ne deviendras jamais professionnel. Au mieux, tu pourras jouer en Ligue 2, et ce sera déjà pas mal. »

Ces deux attaques coup sur coup ont eu pour effet de décupler ma motivation d'adolescent. À cœur vaillant rien d'impossible. Je deviendrais footballeur professionnel : il n'y aurait pas d'alternative possible. J'ai redoublé d'efforts et endurci mon mental.

Certains de mes acolytes ont réussi après avoir quitté le centre de formation de l'OL. C'est le cas de Renaud Cohade, qui est parti de lui-même. Le club ne l'a pas retenu, mais cela ne l'a pas empêché de faire une belle carrière. À trente-cinq ans, il jouait encore en Ligue 1. Au départ, ni lui ni moi n'étions les meilleurs de notre génération. Nous étions remplaçants. Pourtant, au final, je me suis imposé à seize ans dans ma promo à l'OL, et Renaud s'est imposé en retournant d'abord chez lui, à Alès, puis en signant pro dans différents clubs français, dont Bordeaux et Saint-Étienne.

Renaud et moi sommes de la même promo 1984 : c'est un ami depuis plus de vingt ans. Nous avons tous les deux vécu l'éloignement familial dès nos treize ans. Nous avons réussi à devenir professionnels à travers des parcours et des choix différents. Renaud ne faisait pas plus que moi partie des favoris à qui l'on prédisait une grande carrière. Et pourtant...

« J'ai envisagé d'arrêter pendant cette période de formation. »

Renaud COHADE

Ancien footballeur professionnel qui a notamment évolué dans les clubs de Nîmes, Bordeaux, Saint-Étienne et Metz, et disputé plus de cinq-cents matchs.

« J'ai traversé des périodes difficiles pendant ces années de formation. L'éloignement familial et l'internat me pesaient. J'ai aussi eu un problème de santé qui n'a pas été diagnostiqué immédiatement. J'étais continuellement fatigué, alors que les entraînements devenaient de plus en plus exigeants. Heureusement que les parents de Jérémy m'ont accueilli certains week-ends.

Je jouais au même poste que lui, et à l'époque, on était tous les deux de petite taille. Cette période nous a forgés. J'ai compris que je ne serais à Lyon que le 2e ou 3e choix à mon poste. J'ai donc refusé cette situation, car je voulais jouer. Tout simplement.

Mes parents m'ont conforté dans mon choix : joue, joue, prends du plaisir, redeviens le jeune heureux de vivre que tu étais avant d'arriver à Lyon. Je me suis retrouvé au bon endroit au bon moment. Moins de concurrence à Nîmes qu'à Lyon, un entraîneur qui m'a fait confiance immédiatement, et un club qui correspondait à mes aspirations : avoir du temps de jeu, chasser les doutes, me montrer, enchaîner les matchs, acquérir de la confiance.

Ce fut la bonne tactique, mais chaque cas est différent : il n'y a pas de règle universelle. Par contre, j'ai une conviction : il faut croire en soi, avoir confiance en soi, ne jamais abandonner. Les échecs font partie de la vie. Ils font avancer.

Quel conseil donner à un jeune qui est aujourd'hui dans un centre de formation ? Prends du plaisir à ce que tu fais. Le football est le sport n° 1 dans le monde. Beaucoup veulent y arriver, mais tout le monde ne sera pas professionnel. Des portes se ferment, d'autres peuvent s'ouvrir ailleurs. Il n'y a pas que le football dans la vie. Tu peux réussir dans tout autre chose. Mais dans ce que tu fais, progresse, fixe-toi des objectifs. La clé du succès est là.

L'époque d'aujourd'hui est différente de celle des années 1998 : Internet, les téléphones portables et les réseaux sociaux n'existaient pas. Aujourd'hui, que fait un jeune quand il arrive dans le vestiaire après un entraînement ? Il regarde immédiatement son téléphone portable. Cela pousse à l'individualisme. L'aventure humaine est un peu mise de côté. Les data prennent le pas sur l'humain, car le football va de plus en plus vite. Mais celui qui sait clairement dire ce qu'il veut et ce qu'il ne veut pas rebondira toujours. La vie est longue, et les opportunités se présentent toujours à qui sait les chercher. Il faut toujours garder espoir. »

En repensant à cette période et à mes premières années à l'Olympique Lyonnais, j'ai des scrupules. Aujourd'hui, je suis conscient qu'absent ou présent, je monopolisais sans le vouloir l'attention des discussions et pensées familiales. Où en est Jérémy ? Contre qui joue-t-il ? Comment se passe sa saison ? Il n'y en avait que pour moi, et je n'aimais pas particulièrement cela. La situation me faisait culpabiliser vis-à-vis de ma petite sœur Marion.

Pour elle, il est certain que l'agacement l'emportait parfois sur la fierté. Elle en a souffert, mais elle ne l'a jamais montré. Elle faisait du basket, et mes parents suivaient ses matchs avec autant d'assiduité que les miens, mais ce n'était pas pareil. Elle m'a avoué tardivement m'en avoir voulu d'avoir été le carrefour des discussions, le centre d'intérêt des réunions de famille, mais aujourd'hui, tout est oublié. Nous nous adorons.

Lors d'un émouvant discours à l'occasion de mon mariage, elle a merveilleusement bien défini notre relation en la comparant au vin qui se bonifie avec les années. De son enfance et de son adolescence à l'ombre de mon ballon de foot, elle s'est forgé un caractère fort et gai, enrichi d'une incroyable générosité. Elle fait toujours passer le bien-être des autres en priorité, particulièrement celui des jeunes dont elle s'occupe. Sa qualification officielle est « animatrice jeunesse, éducatrice sportive, et directrice d'accueil et de loisir », rien que ça !

Elle vient de devenir maman, et je suis très content d'être désormais tout près d'elle. Sa moitié, Geoffrey, est un bon sportif, forcément, mais rugbyman : je crois qu'un footballeur dans la vie de ma sœur est bien assez ! Tous deux sont de bons vivants, drôles et chaleureux : l'illustration parfaite du dicton « qui se ressemble s'assemble. » J'aime les surnommer les Peace and Love. Je ne connais personne de plus généreux que ma sœur, et leur foyer ressemble souvent à celui de mon enfance : vivant, joyeux et ouvert. Nos parents nous ont vraiment laissé un bel héritage, et j'espère pouvoir transmettre à mon tour ces belles valeurs morales à mes enfants.

Je n'ai pas assisté ma sœur dans la rédaction de son témoignage, et je ne me suis permis aucune correction. Je voulais lui donner carte blanche, une occasion de se livrer librement. Ce n'est pas la première ni la dernière à vivre des relations de frustrations à l'égard d'un proche ou d'un collègue, mais elle a eu le courage de mettre des mots sur ses pensées et de partager les leçons que la vie lui a enseignées. Quand je lis ses mots, je ressens toute la générosité qui la caractérise et je l'entends presque crier « Soyez qui vous êtes et soyez-en fier ! »

« J'ai ressenti beaucoup de colère, de jalousie et de tristesse. »

Marion CLÉMENT

Animatrice, éducatrice jeunesse, maman de Mia et basketteuse amatrice.

« Il n'y a aucun intérêt à ce que j'évoque les qualités ou les défauts de mon frère, ni la grande affection qui nous lie aujourd'hui. En revanche, j'aimerais aborder la période qui nous a éloignés l'un de l'autre. Cette période où j'étais uniquement "la sœur de".

Pour moi, traverser l'adolescence et entrer dans l'âge adulte en étant la petite sœur d'un footballeur professionnel a été très compliqué. Je peux en parler librement, car tout cela est loin, aujourd'hui, mais à l'époque, j'ai ressenti beaucoup de colère, de jalousie et de tristesse. À un âge où l'on est en recherche d'identité, ces sentiments étaient lourds à porter. Ils l'étaient d'autant plus qu'ils changeaient vicieusement de cible au fil des jours.

J'étais triste, car la fierté débordante de mes parents me donnait l'impression d'être moins aimée que Jérémy. J'étais jalouse de la lumière qui l'inondait en permanence. J'étais en colère contre ces gens qui me présentaient comme "la sœur de" Jérémy, en oubliant mon prénom, ou contre ces personnes qui se prétendaient amies et dont le seul objectif était d'approcher la star. Et pour finir, bien entendu, j'étais en colère contre moi-même. Honteuse de ces sentiments qui me rongeaient et dont, objectivement, mon frère n'était pas responsable.

Je me martelais que je n'étais qu'une gamine ingrate. Je me disais que si quelqu'un devait découvrir les tourments qui m'habitaient, je serais moquée et rejetée. Alors je me taisais et m'éloignais de mon frère. Je m'enflammais toujours autant quand je le regardais jouer, j'étais fière, je l'encourageais devant la télé ou depuis les gradins. Mais dès que le match était fini, je me détournais de lui. C'était ma façon de me protéger.

Aujourd'hui, je n'ai plus honte de ces sentiments qui m'ont tant blessée. Au contraire, j'ai réalisé qu'ils sont propres à toutes les fratries. À tout âge, on se compare toujours à un frère ou une sœur. Cet être vivant issu du même moule et pourtant plus beau, plus grand, plus drôle, plus intelligent, plus populaire, plus riche, plus aimé... De telles pensées naissent dans chaque famille ; elles sont normales. Elles ne deviennent malsaines et néfastes que si on les entretient dans l'unique but de se dédouaner de nos propres failles.

En grandissant, on apprend à accepter les choses et à enfin trouver sa place. Jérémy était celui qui apportait lumière et fierté sur la famille. Inconsciemment, j'allais devenir celle qui l'unirait et renforcerait ses liens. Le ciment, le moteur, l'élément fédérateur. Je voulais fédérer les personnes entre elles par des actes. Je suis donc devenue l'organisatrice, l'instigatrice des jeux, des soirées, des sorties, des vacances. Je me suis épanouie dans ce rôle. Je réalise que si mon frère avait eu une carrière différente, je n'aurais peut-être jamais développé ce côté de ma personnalité dont je suis fière aujourd'hui. Et c'est bien là le but de toutes les expériences de la vie : apprendre, évoluer, grandir, progresser. »

Le football, les copains, la famille : c'était ma vie. Néanmoins, un autre sport, plus saisonnier, me passionnait également : le ski. Là encore, une tradition familiale.

J'ai commencé tout petit, avec mes parents, comme tout Isérois qui se respecte. Nous partions parfois le week-end, mais le grand moment tant attendu, c'était la semaine de ski pendant les vacances scolaires en famille, avec mes cousins et cousines : il y avait la sœur de ma mère, Domi, son mari Luc et leurs enfants, mon oncle Dad, sa femme et mon cousin crevette, Dédé, Fabienne et leurs enfants. On louait un chalet pour la semaine, et tous les ans, nous changions d'endroit. Au programme : l'école de ski le matin, et le ski tous ensemble l'après-midi. Quels souvenirs que ces goûters en rentrant au chalet : chocolat brûlant pour les enfants et vin chaud pour les adultes !

Je me rappelle ces sensations de bonheur lorsque nous rentrions épuisés en fin de journée. Nous enlevions les chaussures serrées et trempées, et humions l'arôme du chocolat chaud qui nous attendait. Les menus étaient établis à l'avance pour la semaine, car faire manger entre quinze et vingt personnes pendant une semaine demandait de l'organisation. C'était une succession de raclettes, de fondues bourguignonnes et savoyardes, et de soirées crêpes : que des bons repas, et de la rigolade à profusion ! Mon rêve de posséder un jour un chalet en montagne vient indéniablement de ces vacances-là.

Après mon entrée au centre de formation, j'ai continué à faire du ski avec mes parents. Je ne disais rien à personne, mais quand tu reviens de congés scolaires avec la marque des lunettes de soleil sur la figure, personne n'est dupe. Tant qu'il n'y a pas d'accident, la hiérarchie ferme les yeux. Mais si par malheur... Heureusement, ce n'est pas arrivé. Toute ma carrière aura été un rapport de force entre mes coaches et ma passion du ski. Si tu es une pièce importante dans l'effectif et si tu ne te blesses pas, c'est toléré ; la hiérarchie ne dit rien. Mais si j'avais eu un accident, cela aurait été la porte pour faute grave. Je le savais, et j'aurais assumé.

Tous ces moments au ski en famille inoubliables ont forgé ma détermination à ne jamais céder devant le respect de certaines clauses des contrats d'assurance. Rien n'aurait pu m'empêcher de prendre les skis. C'était une question d'équilibre.

Aujourd'hui, avec ma femme, nous avons transmis le goût de ce sport et de la montagne en général à nos enfants. Skis et raquettes en hiver. Balades et randonnées en été. J'adore ces moments ensemble pendant les pique-niques, près d'un lac ou d'un torrent. Les enfants s'émerveillent d'un rien, et pour nous, parents, les regarder être heureux est un vrai bonheur. C'est émouvant de se dire que nous sommes en train de leur créer leurs propres souvenirs.

Mon couple et nos enfants

J'ai connu ma femme Sylvia sur les bords d'un stade de foot lorsque j'avais six ans. Je jouais avec son cousin Alexandre, mon ami. Nos parents avaient sympathisé grâce au ballon, et nous nous voyions tous les week-ends. À l'époque, Sylvia et son cousin étaient déjà très complices. À son tour, elle est devenue mon amie, puis ma confidente, pendant de nombreuses années, avant que notre amitié se change en amour.

Sylvia est l'opposé de l'image souvent accolée aux femmes de footballeur : simple et sans artifice, elle n'aime pas être mise en avant. Elle est mon pilier, mon roc. Elle ne m'a pas poussé à aller de l'avant dans ma carrière, mais elle m'a toujours assuré une épaule sur laquelle me reposer lors des épreuves ou quand je doutais. Je lui dois beaucoup. Elle a mis de côté sa carrière et ses rêves pour me permettre de réaliser les miens, tout en m'offrant une stabilité et un bonheur familial indispensables à mon équilibre. Ses parents, d'origine italienne, lui ont inculqué des valeurs similaires aux miennes, avec un petit plus non négligeable : l'amour des pâtes, si chères au cœur des athlètes de haut niveau.

Lorsque Sylvia a lu l'une des premières versions du livre, je crois que ses mots ont été : « Ouh là là, mais tu parles beaucoup trop de moi dans ton bouquin ! » Elle n'avait pas tort. J'ai tout repris et supprimé des dizaines d'occurrences de son prénom. J'en étais conscient, mais je ne réalisais pas à quel point elle était liée à tout ce que j'avais vécu. Elle, si pudique et discrète d'habitude... J'ai dû insister pour qu'elle se livre, qu'elle témoigne de ce qui l'avait le plus marquée dans ces années football.

« Je n'avais plus envie de faire de nouvelles rencontres. »

Sylvia CLÉMENT

Institutrice passionnée, rivoise dans l'âme, mère, épouse, fille, sœur et amie aimante.

« Guénola, Diane, Justine, Océane, Nuptia, Sabrina, Fiona, Marie, Barbara... et tant d'autres encore : quelle chance j'ai d'avoir gagné toutes ces amies en suivant Jérémy dans sa carrière de footballeur ! Toute notre famille garde une affection profonde pour les personnes qui nous ont entourés durant nos années "d'exil" loin de chez nous, loin de nos proches.

Quand on est loin des siens, il est facile de ressentir de la solitude, de la tristesse, de la nostalgie. Surtout tant que l'on n'a pas d'enfants. Que faire de ses journées, de ses soirées, quand la seule personne que l'on connaît dans ce nouvel endroit est partie travailler, faire sa mise au vert, jouer son match ? "Il a de la chance, lui, il a une situation professionnelle, une vie sociale."

La maison est rangée, le linge est plié, le film est terminé, et le silence est là... J'appelle mes parents, puis mes sœurs, et finalement mes amis qui sont loin. Je suis contente de les entendre, mais tellement triste de ne pas être avec eux, de ne pas partager la dernière réunion de famille ou la soirée entre copines.

Heureusement, la solitude n'a jamais duré longtemps pour moi. Je me suis rapidement fait des connaissances merveilleuses. Des filles comme moi, loin des leurs. On s'attache d'autant plus à ces personnes qu'elles vivent les mêmes choses que nous. En cas de coup dur ou juste pour passer un moment agréable, elles sont là. On n'est plus seule. On a quelqu'un avec qui papoter, faire du shopping ou du sport, pleurer ou rire. "Et s'il n'est pas là au moment de l'accouchement ? S'il est parti loin pour un match ? Qui va garder mes enfants si je dois partir au milieu de la nuit pour accoucher de leur petit frère ?"

On a toutes eu cette angoisse à l'approche de la naissance de notre enfant. Et savoir que, même si elles ne remplaceraient pas Jérémy, mes amies étaient là, quel apaisement !

Et puis, un jour, le contrat avec le club touche à sa fin. On ne veut plus de Jérémy. On souhaite le prêter ou le vendre. Je ne me suis jamais habituée à ce milieu qui bouge les joueurs comme des pions, sans se soucier de leur ressenti, de leurs sentiments, de leur caractère humain. Il faut déménager, dire au revoir. Au revoir aux copains, aux amies, aux enfants. Des enfants que l'on a vus naître et jouer avec les nôtres.

Ensuite, il faut recommencer : trouver une nouvelle maison, une nouvelle crèche, une nouvelle école, un nouveau dentiste ou une nouvelle gynéco (ça, c'est très compliqué à trouver !), puis nouer de nouvelles amitiés... C'était tellement dur pour moi de dire au revoir qu'à la fin, je n'avais plus envie de faire de nouvelles rencontres. Dans quel but ? Pour nous attacher à des personnes que nous ne reverrions peut-être jamais ?

Pourtant, même sans le vouloir, jusqu'à la fin de la carrière de footballeur de Jérémy, nous nous sommes fait des amis par le biais de ce sport ou par celui des enfants. Pour moi, c'est la plus belle richesse que la carrière de mon mari nous a apportée.

Aujourd'hui, nous sommes rentrés chez nous. Nous sommes revenus tout près de notre famille et de nos amis d'enfance. Les copains du foot habitent dans tous les coins de France. De temps en temps, nous réussissons à en voir certains. D'autres nous manquent beaucoup, mais ils sont dans nos pensées et le resteront toujours. »

Sylvia et moi avons trois enfants qui font notre bonheur.

L'aîné s'appelle Roméo. Il est né à Paris en 2009. À un mois, il était déjà dans les tribunes du Parc des Princes. Il a dû y attraper le virus du football, car il ne pense qu'à cela. Il faut parfois être derrière lui pour s'assurer que les devoirs sont faits. Il travaille bien à l'école et a des capacités évidentes en foot, comme tant d'autres jeunes... Je lui raconte le nombre de fois où j'ai failli être viré de l'OL entre treize et seize ans pour qu'il intègre qu'il n'y a pas que le football dans la vie, que ce ne sont pas forcément les meilleurs techniquement qui font carrière et que d'autres facteurs entrent en ligne de compte : la chance, la volonté, les rencontres, l'entourage.

Nous sommes fiers de lui. Il est bien élevé, sympa, respectueux et bienveillant avec les autres. Il fait partie des 10 % d'élèves qui n'ont pas encore de téléphone portable. Nous essayons de résister pour qu'il reste à l'écart des réseaux sociaux le plus longtemps possible. J'ai bien conscience d'être plus exigeant avec lui qu'avec sa sœur et son petit frère, et de ne pas lui dire suffisamment que je l'aime. Mais maladroitement, j'attends de lui plus de force et de bienveillance parce qu'il est l'aîné.

Au tout début de ma carrière, je ne supportais pas les discours de mon père. Il me recommandait sans arrêt d'être sérieux, de surveiller mon hygiène de vie, de ne pas faire d'excès. Cela m'agaçait tellement ! Maintenant que je suis père, je ne peux que comprendre ses sermons moralisateurs, qui ne visaient que mon bien. Il avait peur de me voir vivre l'effondrement de mes rêves à cause d'une bêtise de jeunesse.

Notre fille Liséa est née en 2014 à l'hôpital de Saint-Priest-en-Jarez, celui-là même où je m'étais fait opérer en urgence en 2013, suite à une fracture ouverte survenue en plein match. Elle est facile à vivre, sage, adorable. J'ai souvent entendu dire que les garçons étaient collés à leur mère, et les filles à leur père. C'est le cas pour elle. L'amour que j'ai pour elle est fusionnel. J'aimerais la protéger de tous les dangers du monde, à commencer des garçons ! Elle a une telle malice qu'elle pourrait tout obtenir de moi et tout me faire faire ! Je suis en admiration devant elle et suis ému lorsqu'elle improvise ses spectacles de danse ou de chant.

Quel sport choisira-t-elle ? J'espère que ce ne sera pas le foot ! Je sature des pelouses que je côtoie depuis trente ans. Pourquoi pas gymnaste ? Je ne serais pas contre échanger les terrains de foot avec des gymnases chauffés en hiver. Le sport contribuera à lui apporter cet équilibre et ce cercle de copains indispensables à l'apprentissage de la vie en société.

Et si elle n'aimait pas le sport ? J'essaierai malgré tout de la convaincre d'en faire un peu. Le sport est un tel vecteur de bien-être, de rencontres et de valeurs que je trouverais dommage qu'elle n'en fasse pas. Le sport est l'autre école de la vie. Le foot m'a tout apporté : copains, amour, travail, plaisir. Ceci dit, je laisserai Liséa choisir en fonction de ses envies et de sa personnalité, avec comme uniques critères qu'elle soit heureuse et qu'elle prenne du plaisir.

Le petit dernier s'appelle Maël. Il est né en 2017. C'est mon bébé. Il vient de faire sa première rentrée scolaire. Il m'apprend le temps qui passe, car je sais que je vis avec lui ces derniers moments de la petite enfance qui ne se représenteront plus. Je ne sens pas la passion du foot en lui. Il suit parfois son frère et sa sœur dans des parties improvisées, mais sa motivation est plus de jouer avec eux que de maîtriser le ballon. Cela viendra peut-être plus tard ? Peu importe. Contrairement à son frère aîné, il ne m'a jamais vu sur un terrain. Pour le moment, c'est un bonheur de le voir découvrir la vie. Il me fait craquer avec ses cheveux longs que sa maman voudrait voir coupés. Il est attachant, câlin, mais très très coquin. Il sait nous faire crier. Est-il plus turbulent, plus caractériel, ou est-ce nous qui sommes moins patients ?

Les enfants sont la plus belle chose au monde. On se demande parfois avec ma femme ce que nous faisions avant leur arrivée.

Bien sûr, il y a parfois des moments d'énervement, de fatigue, mais une maison sans enfants est trop triste. Je le vois chez nous. Lorsqu'ils ne sont pas là, la vie est terne. Il n'y a rien de plus beau qu'être parent, de donner tous les jours de l'affection à ses enfants et de recevoir la leur.

Avec la paternité, j'ai découvert les mots inquiétude, angoisse et peur : ces sentiments accompagnent leur venue au monde et ne font que s'accroître avec le temps. Peur de la maladie, des dangers domestiques, d'un accident de la route. Lorsque l'on devient parent, on porte un nouveau regard sur nos propres parents. Alors, c'est cela qu'ils ressentent pour nous !

Ces émotions sont présentes à chaque nouvelle naissance. Elles ne diminuent pas. On apprend juste à mieux les maîtriser, les masquer. Avec l'arrivée d'un deuxième ou d'un troisième enfant, on prend du recul, on relativise, on revoit nos priorités. Pour le premier, on veut tout bien faire. Avec le deuxième, c'est déjà plus simple, on comprend qu'il n'y a pas de recette miracle : seul l'amour compte. Et pour tous les suivants, on se dit qu'ils suivront le modèle de leurs aînés, pour lesquels on a fait de notre mieux. J'exagère à peine, en ce qui me concerne.

Élever ses enfants est l'une des activités les plus difficiles qui soit. Comme dans le football, il n'y a pas de vérité. Chacun fait comme il peut, en fonction des caractères des uns et des autres et des circonstances de la vie. Avant de les avoir, nous faisions des projections, bardés de nos certitudes : nos enfants seront comme ceci, comme cela, ne regarderont pas la télévision et mangeront bio. Puis la réalité nous rattrape vite. Les bonnes recettes ne sont écrites dans aucun livre. À chaque parent de tester ce qui marche, en fonction des caractères, du quotidien et de ses propres convictions.

Lorsque nous en avons le temps, notre plus grand plaisir est d'aller en famille dans notre chalet, celui dont je rêvais étant gamin, et que le football m'a permis de m'offrir. J'aime ce mélange entre la pierre et le bois. Ces solides fondations plusieurs fois centenaires, pareilles à la puissance des montagnes qui l'entourent. Tout inspire au calme et au repos dans ce lieu magnifique qu'est notre refuge familial, niché là-haut, à Saint-Véran.

Situé au cœur du Parc naturel régional du Queyras, dans les Hautes-Alpes, ce village est le plus haut d'Europe, à 2 042 m d'altitude. C'est un dépaysement total. On y est comme coupés du monde. La mauvaise couverture du réseau téléphonique y est pour beaucoup, et cela fait du bien ! Les enfants sont libres. Il règne dans le village un sentiment de sécurité. On est dans une réalité parallèle, où tout devient simple. La neige qui tombe en hiver, les fleurs qui embaument en juillet, les levers de soleil, le ciel étoilé comme nulle part ailleurs. Tout prend des allures de magie. On respire. Trois jours là-haut sont plus bénéfiques pour le corps et l'âme que n'importe quelle thérapie de fond !

Quand je découvre le destin d'autres personnes qui ont atteint des sommets ou réalisé leurs rêves, je me dis qu'une bonne étoile a veillé sur moi depuis ma naissance. Je me suis battu et j'ai fait preuve de beaucoup de persévérance pour arriver au haut niveau, mais j'ai toujours été entouré et aimé. Je ne pourrai jamais dire que je me suis construit seul, et je n'en ai aucune envie. Pour cela, je suis d'autant plus admiratif de certaines réussites.

Récemment, en écoutant une interview, j'ai découvert le parcours inimaginable de Mohed Altrad, président du club de rugby de Montpellier et PDG d'une multinationale constituée de plus de cent sociétés différentes. Né en Syrie, à une date indéterminée, orphelin de mère, il ne doit son salut qu'à sa grand-mère maternelle, son frère aîné ayant été tué par son propre père. Il évoque ces circonstances qui glacent le sang avec un détachement impressionnant et un regard empli de résilience. Quelle force de caractère pour avoir une telle maîtrise de ses émotions, et quel instinct, si jeune, pour comprendre que sa seule possibilité de survivre était de fuir sa tribu ! Avec l'éducation comme unique échappatoire.

Il fut sauvé par un instituteur qui remarqua sa soif d'apprendre et par un hiérarque syrien, militaire, qui le fit bénéficier d'une bourse d'études. Son incroyable volonté et sa croyance en son destin firent le reste. Il arriva en France par hasard, à la fin des années 1970, et y construisit son empire, année après année.

J'ai une réelle admiration pour ces personnalités animées d'une telle volonté. Pour ces êtres qui ont eu la force de se construire seuls, sans une puissante base familiale comme celle que j'ai connue et que je connais encore aujourd'hui. En ce sens, je m'estime très chanceux.

À côté de cette famille de sang, de naissance, de ces amis de toujours, j'ai constitué ma famille élargie. Ma « garde rapprochée », comme j'aime à l'appeler. Ces amies et amis qui, par leur présence ou par la pensée, font partie de mon quotidien, de notre quotidien. Ces amitiés se sont façonnées avec le temps, à partir des mêmes attirances et des mêmes aversions. La complicité s'est installée, puis le béton de l'amitié est venu sceller nos liens.

Dans le milieu professionnel, je pense à Sylvain Armand, à Paris, ou à Loïc Perrin et sa famille, à Saint-Étienne, mais il y en a tant d'autres qui ont compté et qui compteront toujours, même après de longues années de silence. Les liens qui nous ont unis pendant ces années de football sont très puissants. Ils sont bâtis sur le partage de sentiments forts, exacerbés par la pression des victoires et des défaites.

Ma rencontre avec Sylvain Armand est l'une des plus belles que j'ai faites grâce au football. Il est aujourd'hui le parrain de mon fils Maël. Lorsque je suis arrivé au PSG, nous avons tout de suite sympathisé. Un jour qu'il me raccompagnait après un entraînement, il avait mis comme musique *Tes états d'âme... Éric*, de Luna Parker. Comme lui, je suis fan des tubes des années 1980 et j'adore cette chanson. La discussion s'est alors engagée sur ce thème de la mélancolie dans les chansons.

Sylvain est quelqu'un de très généreux, un épicurien qui aime la vie, les gens et sa famille. Un mec en or, du même or que sa femme Guenola. Elle est très vite devenue amie avec Sylvia. Je ne connais pas une personne plus gentille qu'elle. Toujours le sourire, toujours de bonne humeur, toujours à la recherche de l'attention qui va faire plaisir aux autres.

Je me souviens qu'au début de notre amitié, je les comparais maladroitement à mes amis de Rives, en établissant une hiérarchie dans mes amitiés, avec celles de mon enfance au sommet, puis celles du football professionnel au-dessous. Comme s'il y avait une hiérarchie en amitié ! Si l'on est ami, peu importe depuis quand. Gueno m'a souvent chambré : « Mimi, on sait bien que tu préfères tes amis de Rives à nous ! »

Quelle bêtise, quand j'y pense ! Je regrette de leur avoir fait ressentir cela. Je ne l'ai pas fait exprès. Je voulais sans doute me protéger, et j'idéalisais trop ma ville de cœur et mes amis d'enfance. J'avais peut-être l'impression de trahir mes amis de toujours, alors qu'en vérité, avec le temps, on se rend compte qu'il y a des gens très bien partout. Et que même nos amis les plus proches ont des défauts que l'on reconnaît et accepte au fil des ans.

Personne n'est parfait, et les amis que l'on se fait plus tard nous apportent quelquefois tout autant, sinon plus. Les grandes amitiés d'enfance sont comme la famille de sang : on les garde, et puis c'est tout ! Même si l'on évolue différemment et que l'on ne se reconnaît plus dans les propos de l'autre, les souvenirs communs restent trop puissants et trop beaux pour être effacés.

Sylvain est un ami très proche, le parrain de mon fils Maël. Nos familles sont très attachées l'une à l'autre, donc je ne suis pas toujours objectif quand je parle de lui, et la réciproque est également vraie. Lorsque je lui ai demandé de témoigner pour ce livre, sa première réaction a été « Putain, Mimi, tu fais chier ! » Ça, c'était pour la forme. Ensuite, bien sûr, il s'est ouvert de façon franche et honnête sur des sujets très personnels. Authentique, à son image.

« C'est un métier instable, et tu peux sauter du jour au lendemain. »

Sylvain ARMAND

Coordinateur sportif du LOSC, ancien footballeur professionnel avec plus de cinq-cents matchs en Ligue 1 à son actif, il a joué à Clermont-Ferrand, Nantes, Paris et Rennes. Il fait partie des dix footballeurs qui ont disputé le plus de matchs sous les couleurs du PSG depuis la création du club (plus de trois-cents).

« Je suis devenu père pour la première fois à vingt-six ans. Cette aventure bouleversante, nous la vivons tous différemment. C'est un raz-de-marée émotionnel que personne ne nous prépare à vivre. Moi, en devenant père, je suis devenu beaucoup plus fort. J'ai mûri d'un coup face aux responsabilités qui devenaient les miennes. J'ai eu la sensation de faire partie des "grands", de vraiment devenir adulte.

Notre première fille est née avec une légère malformation. À la joie de sa naissance s'est ajouté le stress des examens médicaux. Aucune cause n'étant identifiée, tout a été contrôlé : le cœur, les poumons, etc. Il fallait s'assurer que ce n'était pas le signe d'une pathologie plus grave. Plus de six mois de rendez-vous, d'hôpital en hôpital, de spécialiste en spécialiste. J'étais absent pour la plupart d'entre eux. Les résultats se sont finalement révélés rassurants : tout était normal, la malformation était bénigne.

À cette époque, je jouais au PSG et, entre le Championnat et la Coupe d'Europe, j'étais souvent en déplacement. Ne pas être là pour mon enfant ni pour ma femme me perturbait beaucoup. C'était difficile à gérer pour moi sur le terrain, et mon jeu s'en ressentait. Le jour de l'opération, je les ai déposées à l'hôpital, mais je n'ai pas pu rester : le club m'attendait. C'est frustrant de ne pas être présent pour épauler les gens qu'on aime.

L'arrivée de notre deuxième fille quatre ans plus tard n'a fait que renforcer ce sentiment. À cette époque, j'ai compris que quand la famille va, tout va, mais que l'inverse est aussi valable. Peu importe le métier que l'on exerce, on ne peut pas être au maximum de ses capacités si notre tête est prise par des problèmes familiaux.

Avec le recul, je réalise que ma femme a tout géré, et c'est encore le cas. C'est à elle que je dois la bonne éducation de nos filles. J'étais souvent absent, je loupais beaucoup de bons moments avec elles, alors quand j'étais là, je voulais en profiter un maximum. Je disais oui à tout, j'évitais les conflits et les frustrations. Je pensais que je rattraperais le temps perdu à la fin de ma carrière, mais ce n'est toujours pas le cas.

À la fin de mon contrat avec le PSG, j'ai signé au Stade Rennais : une chance incroyable de nous rapprocher de la famille de ma femme et de nos amis. Après quelques saisons, je me suis lancé dans la formation de manager général de club sportif. Je suis devenu coordinateur sportif. Je n'étais plus footballeur, mais je pouvais continuer de vivre ma passion au plus près. Malheureusement, l'aventure s'est arrêtée brutalement après le départ du président du club, Olivier Létang. J'ai passé plusieurs mois sans activité, à tourner en rond à la maison. L'oisiveté pour un ancien sportif de haut niveau est quelque chose d'inhabituel et d'oppressant. Quand Olivier m'a proposé de venir le rejoindre au sein de son nouveau club, le LOSC, je n'ai donc pas hésité une seconde, et quelques semaines plus tard, je le retrouvais à Lille.

J'ai débarqué dans le nord en janvier 2021, mais seul. Ma femme et mes filles sont restées à Rennes. Déménager de jeunes enfants lorsque le cocon familial reste uni, c'est facile : ils s'adaptent très vite. En revanche, quand les mêmes enfants deviennent adolescents, c'est beaucoup plus compliqué. Papa et maman ne sont plus le centre de leur vie, ils s'ouvrent au monde, ils ont leurs amis, leurs activités, leurs habitudes. Nous avons donc décidé que nos filles finiraient leur année scolaire à Rennes, aux côtés de leur mère, et qu'elles me rejoindraient à Lille seulement à la fin de l'été.

Pendant huit mois, j'ai fait un ou deux allers-retours mensuels. Cela n'a pas été évident, et mes filles ont beaucoup critiqué mon absence. Heureusement, j'étais très accaparé par mes nouvelles fonctions : monter un projet, faire partie intégrante d'une équipe motivée par un objectif commun.

J'adore mon nouveau métier, et travailler aux côtés d'un dirigeant tel qu'Olivier Létang est très enrichissant. Il est exigeant, connaît le haut niveau et ce que cela implique. Il est passionné et passionnant. Il n'y a pas un matin, pas un soir, pas un week-end où je n'ai pas envie d'aller bosser.

Lorsque mes trois femmes m'ont enfin rejoint en septembre, cela a été difficile. Il y a eu beaucoup de larmes dans les yeux de mes filles. En tant que père, tu culpabilises énormément, et en même temps, tu sais que tu n'as pas le choix. Alors tu essaies de leur montrer la chance qu'elles ont, de leur expliquer que nous sommes très privilégiés. Seulement, à onze et quinze ans, leur sens des priorités est bien différent du tien. Ma femme me soutient dans mes choix, mais comme toutes les mères, elle souffre de voir ses enfants tristes.

Nous sommes tous les deux conscients que cette situation se reproduira encore. Nous y sommes préparés, sans pour autant vivre dans l'appréhension. C'est un métier instable, et tu peux sauter du jour au lendemain : cela fait partie des règles.

Partager sa vie avec une personne qui vit de sa passion impose de s'oublier un peu soi-même. Une passion est toujours dévorante, autant qu'elle est extraordinaire, et pouvoir en vivre est une chance inestimable. Cependant, tu dois être conscient des efforts que les autres font pour te laisser vivre et continuer ton rêve.

Je ne remercierai jamais assez ma femme d'avoir rendu tout cela possible. Si elle et nos filles devaient arrêter de me soutenir, ma passion pour le football n'aurait plus aucun sens, et je ne saurais pas quel sens donner à ma vie. »

Il y a aussi ces amis moins proches, comme DJ Pipo, toujours là pour mettre l'ambiance. Nous l'aimons bien, et avec le temps, alors que nous croyions le connaître, nous le redécouvrons : nous réalisons que nous nous ressemblons beaucoup et qu'il serait inconcevable de le voir quitter notre quotidien. Comme ces amitiés nouvelles que l'on crée à l'âge adulte, que l'on a vraiment choisies et voulues. Elles sont empreintes de plus de maturité, comme un bon vin, encore une fois.

Lorsque l'on est en couple, toutefois, les choses se corsent, car à partir de ce moment-là, les nouvelles amitiés se choisissent à deux. Et à ce jeu-là, « mesdames », vous avez généralement le dernier mot. En tous cas, c'est mon avis, et quand nous abordons le sujet entre amis, je me retrouve souvent avec les filles de mon côté et les gars de l'autre... Amusez-vous à lancer le débat lors d'une prochaine soirée : vous verrez, c'est très drôle !

À travers cette anecdote, je veux simplement évoquer l'importance d'aller vers les autres, de ne jamais oublier ses racines, tout en restant à l'affût lorsque nos chemins croisent de belles âmes.

Pour l'un de mes anniversaires, Sylvain m'a fait une surprise en m'invitant à dîner dans un restaurant italien. Je me réjouissais beaucoup à l'idée de passer un bon moment ensemble, mais en arrivant, j'ai découvert qu'il avait fait privatiser une salle du restaurant, où une quinzaine de personnes étaient présentes, parmi lesquelles le chanteur Didier Barbelivien, dont j'étais fan. Sylvain avait fait des pieds et des mains pour entrer en contact avec lui et le convier à cette soirée.

Une nouvelle et très belle amitié est née ce soir-là. L'ambiance fut exceptionnelle : Didier était venu avec sa guitare, et il a fait un show durant toute la soirée. J'adore ce genre de soirée complètement inattendue.

J'ai des goûts musicaux éclectiques, et les chansons de Didier me remuent. Contrairement aux autres joueurs que j'ai croisés, le côté mélancolique d'une chanson me fait du bien et me motive. Certaines chansons tristes me donnent la pêche ; je suis sensible à la force des mots, aux émotions qu'ils créent, aux souvenirs qu'ils réveillent en moi. Lorsque j'étais en charge de l'animation musicale du vestiaire stéphanois, mes choix musicaux n'ont pas toujours convaincu mes coéquipiers, mais cela s'est toujours terminé par un grand éclat de rire.

J'aime à me dire que nos vies sont composées de trois familles : notre famille de sang – avec nos parents, nos frères, nos sœurs, nos cousins –, la famille que l'on choisit – avec ses amies et amis, et son âme sœur –, et la famille que l'on se crée avec ses enfants. Je suis riche de ces trois familles. Elles représentent qui je suis, et à bien des égards, ma carrière aurait été différente sans elles. Je ne serais pas non plus qui je suis aujourd'hui.

CHAPITRE 2
De l'ombre à la lumière

« Qu'on me donne l'obscurité puis la lumière
Qu'on me donne la faim, la soif puis un festin
Qu'on m'enlève ce qui est vain et secondaire
Que je retrouve le prix de la vie, enfin ! »
L'Envie
Paroles de Jean-Jacques Goldman

Quand je jette un coup d'œil dans le rétroviseur de ma vie, je réalise que j'ai consacré vingt-neuf de mes trente-six ans au football : dix-sept en professionnel et douze en amateur, à écouter, apprendre, analyser, tester, approuver, désapprouver les méthodes d'éducation, puis de management de mes éducateurs et de mes coachs. J'étais bon élève, assidu et discipliné, et ce trait de caractère a perduré durant ma formation et ma carrière. Néanmoins, j'ai aimé être l'instigateur de blagues ou de petits défis dans l'unique but de détendre l'atmosphère du vestiaire ou de renforcer les liens du collectif, parfois même juste pour le plaisir de râler ou de m'opposer. Quoi qu'il en soit, vingt-neuf années à vivre ballon au pied, au rythme des coups de sifflets laissent forcement des traces, sur le corps, mais surtout dans la tête.

Au fil des ans, je me suis forgé des convictions. Ce sont ces apprentissages et ces révélations que je vais essayer de vous transmettre au travers des chapitres de ce livre, en laissant une grande place aux notions de rêve, de plaisir, de travail collectif et, parfois, de psychologie « accessible ». Je ne prétends pas détenir les clés du bonheur et de la réussite. J'aimerais juste partager les leçons que j'ai pu tirer de cette riche et intense expérience footballistique.

Ma première certitude est qu'il n'y a aucune vérité dans le football, pas plus que dans la vie. Certaines choses fonctionnent avec les uns, mais échouent avec d'autres. Chaque situation, chaque vie est différente, unique.

Avec le temps, j'ai réalisé que, pour la gestion de ma carrière, j'ai appliqué systématiquement deux principes non négociables : le plaisir et la motivation. Lorsque les circonstances ont fait qu'ils n'étaient plus au rendez-vous, je me suis invariablement tourné vers le changement, ce qui se traduisait par un départ, un déménagement. Ce sont les deux piliers de mon équilibre. Si l'un des deux baisse, tout s'écroule. Autant tourner la page et démarrer autre chose.

Pourquoi certains réussissent-ils dans le football professionnel, et d'autres pas ? Est-ce leur niveau qui est en cause ? Non. Ceux qui n'arrivent pas à atteindre un certain niveau technique sont écartés bien avant, dès l'adolescence. Bien heureusement, ils continuent à jouer et à prendre du plaisir dans les équipes qui correspondent à leurs possibilités. C'est l'essentiel. Cependant, pour ceux qui sont jugés « potentiel pro », ces compétences techniques et physiques ne suffisent pas.

Pour s'en convaincre, il suffit d'examiner rapidement les chiffres du football au niveau national. En France, il y a en moyenne mille-deux-cents joueurs professionnels qui évoluent en Ligues 1 et 2 chaque année, contre plus d'un million et demi de licenciés, soit un professionnel pour mille-deux-cent-cinquante amateurs, ce qui représente 0,0008 % de professionnels.

Alors, pour cet infime pourcentage, quel a été le secret de la réussite ? Est-ce une question de chance ? Mais qu'est-ce que la chance ? Je ne sais pas la définir. Je la constate chez les uns, pas chez les autres. Est-ce le résultat de l'assiduité ? Je ne crois pas. Certaines personnes passent leur vie à travailler dur, sans pour autant parvenir à percer dans leur métier ou leur art. Si elles le peuvent, elles iront trouver le plaisir ailleurs : dans des associations, dans le bénévolat, où leurs qualités s'épanouiront et où elles mettront une énergie positive qui en feront des personnes recherchées et entourées, alors qu'elles sont bridées au travail. Peut-être ont-elles fait une erreur de choix à un moment de leur vie, consciemment ou pas ?

Si ce n'est pas la chance, c'est autre chose qui fait avancer les gens, que ce soit dans le sport, l'entreprise ou toute autre activité. Edgar Grospiron, Champion olympique en ski de bosses en 1998, l'a expliqué dans son livre *Quand on rêve le monde*.

Celui-ci devrait être donné à tous les collégiens à leur entrée en quatrième. Il éviterait tellement d'erreurs d'orientation et donnerait à des milliers de jeunes tous les ans la force de croire en eux et en leurs passions. Ce serait aussi une leçon de pédagogie sur les relations entre parents et enfants/adolescents. Dieu sait si le rôle de parent est difficile !

Avec trois jeunes enfants à la maison, j'ai conscience de tout le travail que cela représente. Être parent est la plus belle école de modestie, de patience et d'humilité. Rien n'est jamais acquis, et accompagner un enfant dans sa découverte de la vie est une mission formidable, enrichissante et souvent difficile. Alors, quand un tel outil que le livre d'Edgar Grospiron s'offre à nous, il ne faut pas hésiter à le partager.

Dans cet ouvrage, l'auteur s'appuie sur une belle équation : P = C × M. La Performance est le résultat des Compétences multipliées par la Motivation. Cette formule a été définie dans les années quatre-vingt-dix par Christian Lemoine, formateur et conférencier, fondateur du CRECI (Centre de Recherche et d'Études sur les Comportements individuels). Grospiron a appliqué cette méthode au sport, alors que Lemoine l'avait avant tout inventée pour le monde de l'entreprise et le coaching des salariés. Cependant, elle peut être déclinée et adaptée à toutes activités, à tous profils et à tous âges.

Dans le domaine du football professionnel, l'équation est encore plus simple, puisque le C est présent chez l'ensemble des joueurs : tous sont compétents. Excepté des génies comme Neymar, Mbappé, Ronaldo, Messi et quelques autres, tous les footballeurs professionnels ont un niveau technique très proche les uns des autres. Ils sont passés dans les mêmes centres de formation, suivent les mêmes séances d'entraînement et connaissent très bien leur corps.

Si le C est un dénominateur commun à chaque footballeur, c'est donc la motivation qui fait la différence. Je suis lucide sur mon cas. Je n'étais pas au-dessus des autres, ni pendant ma formation ni pendant mes dix-sept années de joueur pro. La motivation s'apprend-elle dans les centres de formation ? Non. C'est le travail individuel de chacun, dans sa tête, qui fera que certains réussiront, et d'autres non.

L'entourage du joueur, lui aussi, s'avère déterminant. Je me répète, mais je n'aurais pas fait ma carrière si mes parents ne m'avaient pas soutenu en me laissant croire en mes rêves, si je n'avais pas eu ma femme à mes côtés, si je n'avais pas eu mon agent, qui a compris comment je fonctionnais et m'a proposé les clubs qui me correspondaient, et si je n'avais pas eu la chance de croiser des coaches dont je partageais les valeurs.

Réfléchissez à votre situation. Qui que vous soyez, jeune ou moins jeune, quel que soit votre métier, visualisez vos activités actuelles. Lorsque vous êtes en période de réussite, comment sont votre C et votre M ? Au beau fixe, forcément. En revanche, lorsque vous repensez aux périodes de doute, essayez de vous souvenir dans quel état d'esprit vous étiez. Était-ce le grand plaisir ou la panne de motivation dès le matin, au moment de partir travailler ?

Sur le papier, cela paraît bien simple. Alors, si c'est aussi facile, pourquoi assiste-t-on à tellement d'échecs ? La motivation ne se décrète pas. Elle est la conséquence d'autres valeurs que l'on a ou pas, que l'on a parfois eues et laissées en route.

En dix-sept ans de carrière, ce serait mentir que de dire que ma motivation a toujours été au top. De nombreux facteurs extérieurs l'ont influencée. Néanmoins, un état des lieux général semble indispensable avant d'aborder les leçons que j'en ai tirées. Voici donc les principales dates de ma carrière pro.

2003 – 2006 : Olympique Lyonnais.
Coach : Paul Le Guen.
2006 – 2007 : Glasgow Rangers (en Écosse).
Coach : Paul Le Guen.
2007 – 2011 : Paris Saint-Germain.
Coaches : Paul Le Guen,
puis Antoine Kombouaré.
2011 – 2017 : AS Saint-Étienne.
Coach : Christophe Galtier.
2017 – 2019 : AS Nancy Lorraine.
Coaches : Pablo Correa, Vincent Hognon,
Patrick Gabriel, Didier Tholot, Alain Perrin.

L'Olympique Lyonnais : débuter en haut de l'affiche

J'avais dix-huit ans lorsque je suis passé professionnel. Accompagné de mes amis d'enfance, j'étais allé acheter un Balthazar à Grenoble pour fêter ma signature. Une bouteille de douze litres de champagne : je voulais boire une coupe avec chaque personne qui comptait pour moi. Une coupe de champagne provenant d'une seule et unique bouteille. L'évènement n'aura pas été dignement célébré comme je l'espérais, car tout est allé très vite : mon agenda s'est chargé, et je n'ai pas pu réunir mes proches comme je le souhaitais. Le Balthazar a attendu mes vingt ans pour enfin laisser sauter son bouchon et libérer ses bulles, un samedi soir, dans le garage de mes parents, entouré de ma famille et de mes amis.

Contrairement à ce que l'on pourrait croire, je garde peu de souvenirs de cette signature, de ce premier contrat pro. Lorsque je fais travailler ma mémoire, je me rappelle vaguement mon agent et le bras droit de Jean-Michel Aulas. À trois dans un bureau. J'étais le petit jeune qui signe dans son club formateur. Je m'entraînais depuis plusieurs mois avec les pros. Pour l'OL, c'était juste une formalité : nul besoin de folklore ou de média. Il en allait de même pour moi : ce n'était effectivement qu'une formalité.

Signer pro, ce n'était pas un aboutissement. Robert Valette, l'entraîneur de l'équipe de réserve, avait l'habitude de nous dire : « Signer un contrat, ça ne veut rien dire. Vous pourrez vous considérer comme “pro” le jour où vous aurez joué cent matchs en Ligue 1. » Ces mots m'avaient beaucoup marqué. Le jour où j'étais entré dans ce bureau pour apposer ma signature sur ce premier contrat, j'avais simplement eu l'impression de franchir une étape logique, monter une nouvelle marche vers mon rêve. Finalement, je ne rêvais pas de devenir pro : je rêvais plus loin. Je rêvais d'une carrière.

Durant les quatre années passées à l'Olympique Lyonnais, j'ai eu la chance d'avoir la confiance de Paul Le Guen. L'OL fut Champion de France pendant sept saisons consécutives. Je vous laisse donc imaginer la concurrence au poste de milieu de terrain !

J'étais en phase d'apprentissage. Je découvrais de grands joueurs, mais je ne me posais pas de questions. J'étais sur mon nuage. Tout allait bien dans ma tête. Je vivais à Rives avec les miens. M'entraîner était un plaisir quotidien, et mon corps répondait présent, malgré les efforts répétés.

Contrairement à la date de la signature de mon premier contrat pro, je n'ai pas du tout oublié la date de ma première entrée « officielle » sur un stade. Ce n'était pas une grande rencontre attendue, en tous cas pas pour l'OL, puisqu'il s'agissait des trente-deuxièmes de finale de la Coupe de France, et nous devions rencontrer le club amateur d'Aire-sur-la-Lys, petite ville du Pas-de-Calais de moins de mille habitants. Cependant, pour moi, c'était une accumulation de premières fois : premier déplacement officiel, première mise au vert, première fois remplaçant.

La veille du match, quand Sidney Govou m'avait interpellé alors que je regagnais ma chambre d'hôtel pour me demander si je savais jouer à la belote, j'étais aux anges. Ce soir-là, moi, l'amateur de cartes, je jouais la première partie de belote coinchée de ma carrière pro, aux côtés de Vikash Dhorasoo, du kiné du club et de Sidney Govou, qui devint rapidement mon ami.

Le lendemain, le samedi 3 janvier 2004, il faisait un froid glacial. Le terrain était gelé, mais l'ambiance dans les gradins était folle. Cinq mille Flamands et Ch'timis serrés les uns contre les autres chantaient autour du stade Gaston Bonnet de la ville de Saint-Omer, qui accueillait la rencontre. Je découvrais pour la première fois la ferveur sportive et la chaleur humaine des gens du Nord, qui n'eut de cesse de me séduire dans les années qui suivirent.

Le long du stade, je redoublais d'efforts pour m'échauffer, mais surtout me réchauffer. L'air était comme figé, et l'humidité semblait pénétrer le moindre de mes os. Quand Paul Le Guen m'annonça que j'allais entrer, j'eus un léger pincement en pensant que les gens que j'aimais n'étaient pas là pour assister à ce moment. Personne n'avait pu faire le déplacement, et le match n'était pas retransmis à la télévision. Je me promis de graver ce moment dans ma mémoire pour pouvoir le partager avec eux dès mon retour.

Lorsque j'entrai à la 66e minute, plus rien n'existait. Le vent glacial avait disparu, tout comme les joyeux supporteurs nordistes. Il n'y avait pour moi plus que les quelques milliers de mètres carrés de pelouse fraîchement tondue, deux cages blanches et un ballon dont j'étais impatient de malmener les contours.

À la fin du match, l'ambiance était magique. Nos adversaires exultaient, car ils n'avaient pris que quatre buts face à la meilleure équipe du moment. J'ai serré la main de chacun d'eux, et leur sourire était franc et puissant, reflétant sûrement le mien. En quittant le stade, ce soir-là, je n'avais qu'une envie : recommencer !

Après cela, je fus plusieurs fois remplaçant lors de matchs de Ligue 1. J'entrais une poignée de minutes avant le dernier coup de sifflet.

Mon premier match titulaire eut lieu le 11 septembre 2004, à Rennes. En entrant sur le terrain, je n'avais ressenti aucun stress : j'avais simplement la conviction d'être là où je devais être. J'étais enfin prêt. Lorsque, entouré de mes coéquipiers, les yeux rivés sur le public, j'ai entendu mon nom prononcé au micro, une vague de chaleur m'a envahi. Un peu de fierté, bien sûr, mais surtout une sorte de plénitude. J'étais à ma place. J'ai pensé à ma famille et mes amis devant leur poste de télévision et j'ai fermé les yeux pour retenir l'irrépressible sourire que j'avais envie de leur adresser. Nous avons gagné 2 à 0, deux buts de Nilmar. En l'absence du remarquable Juninho, j'étais associé à Djila Diarra au milieu. Lorsque que les deux coups de sifflet finaux ont retenti, j'ai eu le sentiment d'avoir accompli un bon match, d'avoir réussi mon baptême du feu.

Ce que peu de personnes savent, c'est que j'aurais pu jouer un match titulaire bien avant cela, et qui plus est un match de Ligue des Champions, au plus haut niveau européen. En effet, le 25 février 2004, l'OL devait rencontrer l'équipe espagnole de la Real Sociedad en huitièmes de finale dans le beau stade de la Reale Arena, à Saint-Sébastien.

La veille du départ sur la côte basque, Paul Le Guen et le staff technique m'avaient convoqué en entretien privé. Plusieurs joueurs malades ou blessés laissaient le poste de latéral gauche vacant. On me l'avait proposé. C'était une offre incroyable, et je n'en croyais pas mes oreilles : titulaire en Ligue des Champions ! Cependant, ce n'était pas mon poste, et j'estimais ne pas avoir assez d'expérience pour le maîtriser. À la stupéfaction générale, je refusai immédiatement. En mon for intérieur, je ne pouvais pas envisager de jouer mon premier match et être mauvais. Je préférais être honnête et reconnaître mes faiblesses.

Je n'oublierai jamais la réaction « scandalisée » de mon père et de mes potes face à un tel affront. Je n'oublierai pas non plus le regard de Paul Le Guen à ce moment-là. D'abord surpris, il avait écouté mes arguments, puis j'avais lu dans ses yeux de la compréhension et du respect pour ma franchise. C'est finalement

Romain Sartre qui s'était envolé pour l'Espagne et y avait joué son premier match en tant que titulaire.

Ce soir-là, en me couchant dans ma chambre d'adolescent aux murs couverts de posters de football et de trophées, les mots s'étaient mis à tambouriner dans ma tête avant que je les formule à haute voix : « Ai-je pris la bonne décision ? »

Aujourd'hui plus que jamais, je réalise qu'une carrière, comme un rêve, passe trop vite. Il ne faut jamais refuser un cadeau que la vie nous offre. J'ai attendu presque un an avant d'être titulaire pour un match de Ligue des Champions. L'OL recevait la Sparta de Prague. Nous étions déjà qualifiés pour les huitièmes de finale. Paul Le Guen avait donc décidé de faire tourner les titulaires incontestables et de laisser la place aux « jeunes ». J'avais à peine vingt ans. C'était le 8 décembre 2004, une date très forte à Lyon, car chaque 8 décembre depuis plus de cent-soixante-dix ans, les habitants allument des lumignons en l'honneur de la Vierge Marie.

Ce soir-là, pour moi, au stade de Gerland, il n'y a pas eu de petite bougie : c'est plutôt un véritable feu de joie qui a envahi mon cœur lorsque, sous la lumière aveuglante des milliers de watts des projecteurs, l'hymne de la Champions League a retenti et empli ma tête. Un moment unique qui fait rêver tous les passionnés de football, de tous âges. Le pouvoir de cette chanson... Le virtuose des violons de l'orchestre royal philharmonique de Londres, la puissance des chœurs et de leurs paroles, où se mêlent l'anglais, l'allemand et le français. Et le silence soudain du public quand les premières notes se font entendre, suivies d'un tonnerre d'applaudissements lorsque les dernières s'égrènent. Instants magiques qui réveillent en chacun l'amour du football.

Il me fallut à nouveau attendre un an pour revivre un match titulaire de Ligue des Champions. Aux côtés d'Hatem Ben Arfa et de Karim Benzema, jeunes recrues tout droit sorties du centre de formation de Lyon, comme moi. Suite à cette victoire, la presse qualifia le centre de l'OL de « meilleur français ».

Ces années furent mes années-bonheur. Un bonheur simple, voire naïf. L'insouciance de la jeunesse. J'étais super heureux. Sylvia, le foot, la famille et les copains : c'était mon quarté magique. Mes idées étaient positives, sans la moindre onde négative dans ma tête. Résultat : tous les feux se mettaient au vert sur la route du quotidien. Les semaines, les mois, les années passaient comme je les avais imaginées dans mes rêves d'enfant. Tout marchait comme sur des roulettes. Je réalisais mon rêve, et c'était une évidence pour moi : je n'avais jamais douté de sa concrétisation. Pour moi, cela n'avait rien d'extraordinaire : c'était juste normal. Quelle arrogance, quand j'y repense !

À l'époque, le doute n'était qu'une notion lointaine, pour moi. La jeunesse blasée et insouciante. Je faisais beaucoup la fête avec mes amis. J'en avais besoin. C'était ma façon à moi de transgresser les règles que mon rêve m'avait imposé de suivre depuis l'âge de treize ans. Maintenant que j'étais pro, je ressentais le besoin de sortir du droit chemin, je ne devais rien à personne, d'où les remarques paternelles. Je profitais.

Pas de façon bling-bling, néanmoins. Je ne flambais pas mon argent : je m'amusais avec mes amis de Rives. Soirées, restos, boîtes : rien de bien extravagant. Il m'est arrivé deux ou trois fois d'arriver carrément vaseux le dimanche matin en séance de décrassage à cause des excès de la nuit. Quelques kilomètres de footing au grand air, une bonne séance de musculation et une douche bien chaude savaient me remettre sur pied. Je me souviens du regard réprobateur de Florent Balmont, l'un de mes condisciples sorti de centre de l'OL, lorsqu'il m'avait balancé sans détour que je « puais » l'alcool. Je m'étais retrouvé bête d'avoir été si facilement grillé. Trois chewing-gums plus tard,

Sidney Govou avait beaucoup ri quand je lui avais rapporté la scène.

Sidney fut l'une de mes plus belles rencontres à Lyon. Nous avions très vite sympathisé. Il était un peu comme mon mentor. Aujourd'hui encore, une grande affection nous lie. Bien entendu, il y avait les cartes, les séances de film les veilles de matchs, mais aussi quelque chose dans nos tempéraments qui nous réunissait. Ce besoin de gaieté, de fêtes, de copains et d'excès pour extérioriser et veiller à notre équilibre.

Nous avons festoyé ensemble à de nombreuses reprises, et je garde un très net souvenir de ces moments, notamment lors des soirées pour fêter les titres remportés. À ces occasions, l'OL organisait une soirée privée dans une grande boîte de nuit, où chaque joueur était libre d'inviter ces amis. L'ambiance au sein de nos groupes d'amis était similaire : eux du Puy, nous de Rives, nous finissions copains comme cochons au petit matin.

Sidney, c'est un soleil, toujours prompt à sourire, à rire. Une fois, il a réussi à nous entraîner, Grégory Coupet, célèbre gardien lyonnais, et moi, dans un restaurant pour déguster du chien. Nous étions en Corée du Sud pour une tournée de promotion d'avant-saison avec l'OL, le but étant de « vendre » l'image du football français à l'étranger. Accompagnés d'un guide local, nous nous étions donc retrouvés attablés tous les trois dans un restaurant. Le serveur avait semblé fier de nous présenter une photo de la race de chien que nous allions déguster. Face à nos grimaces à peine masquées, notre accompagnateur avait trouvé bon d'ajouter que, pour les Coréens, manger des grenouilles et des escargots était impensable ! Nous avons beaucoup ri, ce soir-là, et pas si mal mangé que cela, au final !

Très vite lors de mon arrivée en pro, je me suis attaché à ce personnage. J'ai toujours été admiratif de sa personnalité, de cette force de la nature et de son rapport avec son métier. Maintenant que je suis entraîneur, si je devais choisir et m'entourer de quelques joueurs cadres dans mon effectif, je choisirais sans hésiter Sidney Govou pour l'athlète, mais surtout pour l'homme qu'il est.

« J'espère lui avoir appris à mettre un peu de légèreté dans tout ce qu'il fait. »

Sidney GOVOU

International français avec quarante-neuf sélections, il a joué pendant onze ans à l'Olympique Lyonnais, puis en Grèce, au Panathinaïkos, et à Thonon Évian.

« Lorsque Jérémy a rejoint le groupe professionnel de l'Olympique Lyonnais en 2003, il avait dix-neuf ans. Étant son aîné de cinq ans, je l'avais observé au centre de formation. Il ne m'avait pas sauté aux yeux. Lorsque j'étais spectateur, je faisais plus attention aux attaquants et à leurs gestes techniques parfois exceptionnels qu'aux autres joueurs.

À son arrivée dans le groupe pro, Jérémy était réservé. C'était une preuve d'intelligence. Rapidement, j'ai remarqué qu'il était le contraire de beaucoup d'autres : il avait un côté chien fou dans la vie de tous les jours, mais très calme sur le terrain. Étonnant à son âge.

En dehors du terrain, il posait des questions sur tout et voulait tout savoir. En revanche, sur le terrain, il savait parfaitement ce qu'il devait faire et le faisait bien, avec une maîtrise de lui rare à son âge. C'est d'autant plus important pour un joueur de milieu de terrain, car il a rarement une seconde chance s'il loupe quelques matchs, contrairement à un avant-centre qui aura toujours de nouvelles opportunités. Le football est ainsi.

À l'époque, on était une jeune équipe. L'entraîneur avait voulu rajeunir l'effectif, et on était une génération cool, détendue dans sa tête. Je n'ai jamais cherché à façonner les joueurs avec lesquels je jouais. Ce n'est pas ma conception des choses. Cependant, avec Jérémy, j'avais des affinités. Ce n'est pas une obligation dans une équipe, mais c'est toujours préférable.

Un jour, pendant un entraînement, le coach a reproché à Jérémy devant tout le groupe de ne pas avoir dit qu'il avait un pépin physique à quarante-huit heures d'un match, car il faisait ainsi prendre un risque au collectif. En tant que capitaine, j'ai considéré que c'était une maladresse de jeunesse de la part de Jérémy, mais pas une faute. J'ai donc pris la parole pour défendre le joueur. À mon avis, un capitaine est d'abord là pour défendre les joueurs, ensuite pour être le relais de l'entraîneur. Je n'avais pas aimé cette prise à partie en public et je l'ai dit.

Si Jérémy devient coach, il devra apprendre à dédramatiser. J'espère lui avoir appris à mettre un peu de légèreté dans tout ce qu'il fait. Cela ne veut pas dire tomber dans l'approximation ou le travail mal fait, mais prendre du recul par rapport aux choses et ne pas trop être dans l'affect ; sinon, tu disjonctes. Faire les choses avec passion en s'entourant de gens qui, bien qu'ayant le même regard que lui, sauront lui faire prendre du recul. »

J'adorais ce magnifique club de Lyon, sa ville, ses supporteurs et mes coéquipiers, et l'ampleur de cette affection me saute au visage aujourd'hui, lorsque je me plonge dans mes souvenirs. Je donnerais beaucoup pour revivre ces moments aujourd'hui, avec la maturité qui est maintenant la mienne, celle d'un athlète en fin de carrière, car je ne les ai pas appréciés à leur juste valeur. La foule en liesse dans les tribunes, sous les balcons de l'hôtel de ville ou acclamant notre bus le long des rues bondées. Jouer aux côtés de partenaires incroyables, comme Juninho, Sylvain Wiltord, Sidney Govou, Grégory Coupet, Cris ou Éric Abidal (il n'y avait que des internationaux dans l'effectif).

Affronter des adversaires de renom, tels que Zinedine Zidane et Figo au Real Madrid, Kaka au Milan AC, ou l'incroyable équipe de Manchester United. Fouler le gazon des stades mythiques qui ont fait l'histoire du football : San Siro en Italie, Santiago Barnabéu en Espagne ou Old Trafford en Angleterre. En 2005, j'ai même été sélectionné en équipe de France Espoirs, mais je n'ai pas réalisé l'honneur qui m'était fait à l'époque.

Commencer ma carrière dans un club en pleine gloire fut un tremplin incroyable pour la suite. Je suis aujourd'hui conscient de tout ce que je dois à l'OL et lui en suis pleinement reconnaissant.

Le 18 février 2005, j'ai marqué le premier but de ma carrière. Celui que je n'oublierai jamais. Ce soir-là, nous affrontions Monaco. Le plus fou, c'est qu'au départ, je n'étais pas dans le groupe. Mon nom ne figurait pas parmi les seize inscrits sur la feuille de match. Paul Le Guen avait emmené ces seize joueurs en Principauté, plus moi. J'étais le dix-septième.

Pendant l'échauffement, Grégory Reveillère s'est blessé. J'ai quitté le banc et me suis donc retrouvé ajouté de façon complètement inattendue à l'effectif. Je suivais le match depuis le bord du terrain. C'était une rencontre au sommet, et les Monégasques nous talonnaient en haut du tableau. Nous étions en tête du classement du Championnat, et eux, deuxièmes, à quelques points seulement. S'ils remportaient le match, ils ne seraient qu'à trois points de nous et pourraient nous ravir le titre.

À la mi-temps, c'est mon ami Bryan Bergougnoux qui se blesse à son tour, et je le remplace. Le score est toujours de 0-0. À la 65e minute, notre coéquipier Mickaël Essien est expulsé pour faute : nous ne sommes alors plus que dix Lyonnais sur le terrain. Cinq minutes avant la fin du temps réglementaire, Monaco marque ; le public du Rocher est en liesse. Les dés semblent jetés... mais c'est sans compter le temps additionnel.

À la 94e minute, je marque in extremis en prolongeant de la tête un coup franc de Juninho. Cette égalisation à quelques secondes de la fin du match a un goût de victoire, et non de match nul. Grâce à elle, nous conservons notre avance dans la course au titre. L'émotion incroyable que je ressens à ce moment-là est indescriptible. La force et la joie qui exultent du groupe sont presque palpables. La puissance de ces instants est saisissante. Seize ans après, lorsque je ferme les yeux et que je repense à ce moment magique, une vague de chaleur m'emplit, et chacun de mes muscles vibre imperceptiblement en souvenir de l'endorphine que mon corps avait libérée en réponse aux émotions qui l'avait submergé.

J'ai un souvenir formidable de la fin de saison 2004/2005. Nous étions en mai. Peu de temps avant, Paul Le Guen nous avait annoncé son départ du club. Tout le monde était déçu : les anciens, les jeunes, le club, même le président, je crois. Il restait un dernier match à jouer contre Le Mans, mais le titre de Champion de France était déjà acquis. Le président avait décidé de récompenser l'ensemble des joueurs et l'encadrement technique et médical en les invitant avec leurs familles à passer trois jours à Saint-Tropez, dans un cadre exceptionnel.

Je n'y étais jamais allé. De la côte méditerranéenne, je connaissais juste la plage du camping où mes parents nous emmenaient chaque été, dans l'Hérault. Je fus submergé par la beauté des lieux, le port, les ruelles. Et je vous laisse imaginer mon émerveillement lorsque nous avons découvert que nous résiderions au Byblos, célèbre palace tropézien !

J'avais vingt-et-un ans, je fêtais mon 3e titre de Champion de France. Nous avons passé un séjour fantastique, à faire la fête du lundi au mercredi. Nous sommes allés de surprise en surprise, c'était incroyable : cuisine gastronomique, spectacles, plage privatisée et des cadeaux, dont une montre et une session de pilotage de bolides Audi sur le célèbre circuit Paul Ricard.

Le jeudi, de retour à Lyon, nous avons enchaîné avec l'anniversaire de Sylvain Wiltord : il avait organisé une réception démesurée pour ses trente ans. Il était incroyable. International, Champion d'Europe, il était arrivé à l'OL l'année précédente, après quatre énormes saisons à Arsenal, en Angleterre. C'est à la fois quelqu'un de très sérieux comme footballeur et très drôle et chambreur dans le vestiaire. Je l'apprécie beaucoup. C'est un personnage très attachant.

Le matin de son anniversaire, après notre retour de Saint-Tropez, il a pris la parole dans le vestiaire comme il savait si bien le faire, jonglant avec les mots comme avec les ballons. Je me souviens que ce fut très drôle, un véritable show. Et en guise de cadeau, c'est lui qui en avait préparé un pour chacun d'entre nous : un stylo Mont-Blanc qu'il avait fait personnaliser à nos prénoms. Un pour chaque joueur, mais aussi pour chaque membre du staff technique et médical. Il n'avait oublié personne. Cette générosité excentrique m'avait bluffé. Nino dans toute sa splendeur.

Nino, c'est quelqu'un avec qui j'ai créé des liens très forts lorsque j'étais à Lyon. Il vivait d'une façon différente de la mienne. Nous avions dix ans d'écart, et j'avais parfois l'impression que nos âges s'inversaient. C'est quelqu'un de drôle et de fidèle en amitié. J'aimais avoir avec lui des discussions sur la vie et les relations de couple. Il avait deux facettes opposées, qui s'équilibraient pourtant parfaitement en lui.

« Un mélange de rigueur et de lâcher-prise : c'est le secret pour durer. »

Sylvain WILTORD

Sélectionné quatre-vingt-dix-huit fois en équipe de France, il a joué à Rennes, Bordeaux, Arsenal, l'OL, Marseille, ainsi qu'au FC Metz et FC Nantes. Champion de France en 2005, 2006, 2007 et Champion d'Angleterre en 2002. Champion d'Europe des nations en 2000. Meilleur buteur du Championnat de France en 1999.

« Vingt ans au plus haut niveau, en France et à l'étranger. J'ai adoré l'ambiance des vestiaires. Je la kiffais. Trouver le juste équilibre entre la déconne, la rigolade et l'exigence de l'effort total pendant les entraînements et les matchs : c'était ma marque de fabrique. Je suis un mélange de rigueur et de lâcher-prise : c'est le secret pour durer.

Je suis comme cela depuis tout petit. Encore aujourd'hui, lorsque je vais déjeuner avec ma maman, on rit tous les deux de ces souvenirs d'enfance. À cinq ans, je la faisais râler en rentrant à la maison avec des chaussures trouées, qui n'avaient que quelques mois. "Mais Maman, c'est le ballon."

En vingt ans de carrière, j'ai joué près de sept-cents matchs. À part quelques petites élongations, je n'ai jamais été blessé. Ce n'est pas "que" de la chance. J'ai respecté mon corps comme on le fait avec un outil de travail. Autour de moi, je voyais régulièrement des entorses, des ligaments croisés rompus, des claquages, des adducteurs en vrac, des fractures. La chance est le résultat d'un art de vivre. Je donnais à mon corps et à ma tête les moments de détente dont ils avaient besoin pour maintenir un bon équilibre entre les deux.

Dans tous les clubs professionnels, j'ai eu cette double réputation : le déconneur et le bosseur. Ces deux caractéristiques ne s'opposent pas. Au contraire, elles sont complémentaires pour être bien dans ma tête et maintenir la performance dans la durée. Cela ne signifie pas faire n'importe quoi. Lorsque les matchs s'enchaînaient, pas question d'infliger à mon corps des épreuves qu'il n'aurait pas supportées.

Transmettre aux autres est aussi un vrai plaisir pour moi. En respectant la même règle : le faire sérieusement, mais sans se prendre au sérieux et toujours dans la bonne humeur.

Je prends l'exemple du tennis, autre sport que j'adore. Je m'y suis mis tardivement. Mon club ayant remarqué que les jeunes adoraient jouer avec moi, il m'a poussé à retourner sur les bancs de l'école pour obtenir le diplôme officiel permettant d'entraîner les enfants. Ce fut un défi pour moi : des journées entières, assis, crayon en main, sans bouger, juste à écouter. Je l'ai relevé et j'ai réussi. Ensuite, en voyant les séances de rigolade avec les jeunes, mais aussi leurs progrès lors des entraînements collectifs, ce sont les adultes qui sont venus me demander des cours individuels. J'ai dû leur dire non. "Désolé, les gars, mais je ne peux pas : je n'ai pas le diplôme pour donner des cours aux adultes."

J'adore les enfants et cette communication sans calcul que l'on a avec eux. Ils ressentent instinctivement la sincérité de l'autre, sans se demander qui tu es, ce que tu as fait ou pas avant. Ils sont dans l'instant présent, avec cet impératif de faire le sport qu'ils aiment et de rigoler en le pratiquant.

Dans ma vie personnelle, je n'ai pas encore d'enfants, mais j'espère que ça viendra. J'aimerais vraiment voir courir un Wiltord junior sur les terrains ! Cependant, il faut que certaines conditions familiales soient réunies : le couple installé dans la durée, une vie familiale faite de tous ces moments simples du quotidien avec des sourires, des rires, des discussions sur tout et sur rien. Le bonheur d'être ensemble, tout simplement. Vivre pour soi, en égoïste, c'est nul. Le plaisir ne peut exister qu'avec les autres.

Suite à une opération de la main, j'ai dû arrêter le tennis. J'ai alors découvert un autre sport : le padel. Un sport de ouf ! J'adore. Je suis devenu accro. Dans ce sport aussi, je vais passer les examens pour devenir professeur. Le football, le tennis et, maintenant, le padel : tous ces sports m'ont apporté des plaisirs vraiment extraordinaires. À quarante-sept ans, j'ai plus que jamais l'envie de jouer, rire et transmettre : qu'importe le sport, la passion est là.

Être passionné par ce que l'on fait est la recette à laquelle je crois. Ce n'est pas évident, et je suis conscient que seul un petit pourcentage de personnes y arrive. Je sais la dureté de la vie pour certains. Si c'est votre cas, je vous souhaite de vivre le plus souvent possible avec vos proches ces petits moments simples de bien-être, qui contribuent à l'équilibre et à l'accomplissement individuel. Le soleil revient toujours après la pluie. »

Le vendredi soir, au lendemain de la belle soirée Wiltord et avant de recevoir à domicile l'équipe du Mans, nous étions en mise au vert pour profiter de ces derniers moments de partage entre le coach et les joueurs. Paul Le Guen n'était pas le seul à s'en aller : plusieurs étaient en instance de départ, phénomène logique après une aussi belle saison. Ce match contre Le Mans était notre moment d'adieu aux uns et aux autres. Il régnait une ambiance unique. Les bouchons de champagne avaient sauté pendant une partie de la soirée du vendredi. Ce sont des choses qui ne se font jamais.

En effet, en temps normal, une mise au vert est une sorte d'isolement des joueurs les veilles de matchs, en hôtel ou au centre d'entraînement lorsque l'on joue à domicile, si ce dernier possède des chambres. On se retrouve au calme, entre nous, on mange sain et on se couche tôt, d'où le caractère incongru et marquant de ce fameux vendredi soir.

Le samedi, lors du match, ce fut un véritable récital. Une magnifique symphonie, sans fausse note sur la partition, avec un score final de 8 à 0. Malgré une seule séance d'entraînement dans la semaine et des fêtes du lundi au vendredi soir, les joueurs semblaient voler au-dessus de la pelouse au lieu de courir. Tout réussissait.

Cette semaine spéciale et le match qui l'a clôturée ont influencé ma façon de voir les choses au niveau de la préparation. Si les joueurs ont envie et sont heureux d'être ensemble, rien ne peut venir se mettre en travers de leur jeu. Il n'y a pas de vérité en football. J'ai fait des superbes semaines d'entraînement avec un match médiocre le week-end, et à l'inverse, des préparations poussives toute la semaine, ponctuées par des douleurs régulières à l'échauffement qui me faisaient craindre un match catastrophique, mais qui, comme sous l'effet d'un coup de baguette magique soudain, se concluaient par un super match. Avec l'OL, j'ai découvert la magie du football.

Les Glasgow Rangers : de la sueur, de la bière et du cœur

Quand Paul Le Guen a quitté l'OL pour partir entraîner les Glasgow Rangers, il m'a proposé de le rejoindre. J'avais confiance en lui et savais à quoi m'attendre. Cependant, à vingt-deux ans, je n'avais encore jamais vraiment voyagé et vivais encore chez mes parents. Je me souviens parfaitement des deux jours passés à Glasgow avec Sylvia et mon agent.

Au départ, nous avions considéré ce voyage comme de mini-vacances : je ne m'imaginais pas accepter partir aussi loin de chez moi. Puis, au fur et à mesure des discussions avec les dirigeants écossais, l'idée de tenter l'aventure m'a plu, d'autant qu'ils avaient vraiment sorti le grand jeu pour me faire signer. Au-delà du salaire, mon agent insista sur la notion de temps de jeu qui m'était garanti.

Alors que nous étions en pleine discussion avec mon agent et les dirigeants, Paul était venu me demander s'il pouvait faire quelque chose pour améliorer mon contrat, car il tenait absolument à ma venue. Dans mon esprit, ce n'était pas mon salaire qui importait, mais de pouvoir donner quelque chose de concret à mes proches pour qu'ils puissent venir nous voir, Sylvia et moi. Le club m'a offert quelques billets d'avion pour nos deux familles. Ce geste a eu beaucoup d'importance pour moi, car il signifiait que les dirigeants avaient compris ce qui comptait le plus à mes yeux. Et comme il existait une ligne directe entre Glasgow et l'aéroport de Grenoble Saint-Geoirs, à un quart d'heure de la maison, c'était parfait pour nos proches.

Si Sylvia avait refusé de me suivre, je pense que je ne serais jamais parti. C'était la deuxième fois que j'allais sortir de ma zone de confort. Je redoutais le coup de déprime que j'avais eu à treize ans. Comme Sylvia était fusionnelle avec sa famille, j'ai eu peur qu'elle refuse, mais elle a accepté, et c'est donc à deux que nous sommes partis nous installer dans un grand appartement en plein cœur de Glasgow. Nous quittions l'un et l'autre le nid familial, et arriver ensemble sous la froide pluie écossaise était rassurant.

À peine sur place, je m'envolais pour un stage de préparation en Afrique du Sud, laissant Sylvia s'installer seule, après être restée coincée toute une nuit à l'aéroport de Londres, suite à l'annulation de son vol. Je débarquai à Johannesburg pour découvrir, un peu ahuri, le gazon jaune et sec comme de la paille de l'immense stade du Soccer City. N'ayant jamais beaucoup voyagé, je prenais conscience de mon ignorance sur les écarts qui pouvaient exister dans le monde du football d'un continent à l'autre.

J'ai passé près de sept mois en Écosse et adoré ce pays. Les gens y sont géniaux. Il règne une ambiance constante dans les rues. En soirée, les femmes sortent entre elles, comme les hommes, sans le moindre sentiment d'insécurité. Tout me semblait simple, même la conduite à gauche et les paris sur les courses de chiens. Bien sûr, il y pleut cinq jours sur sept, mais l'ambiance fait oublier la météo.

Entre les entraînements et les matchs, j'ai pris le temps de visiter les châteaux de Glasgow et d'Édimbourg, ainsi que le monument dédié à William Wallace. J'ai adoré nos balades en pleine nature, où l'on s'extasiait devant leurs magnifiques vaches Highland, rousses aux longs poils et aux cornes dressées vers le ciel. J'ai aimé boire des pintes dans d'anciennes églises transformées en pubs géants et déguster le haggis, plat traditionnel écossais : une panse de brebis farcie avec un hachis à base de viande. Un véritable régal. Voilà pour la carte postale.

Côté football, la pratique diffère nettement de celle pratiquée en France. Bien sûr, les règles sont les mêmes, mais le jeu est bien distinct : plus brutal, plus offensif, moins technique ou tactique. C'est un football de cœur : les Écossais jouent vraiment avec leurs tripes. Il y a plus d'engagement, plus de combat, et on ne peut pas s'attendre à moins venant de virils descendants des Highlanders.

À Glasgow, il existe deux équipes de football : les Celtics et les Rangers. Leur rivalité est historique, puisqu'elle remonte à 1888, et religieuse, car à l'origine, l'équipe des Celtics était clairement catholique, et celle des Rangers, protestante. Toutes deux font partie des meilleures d'Écosse. Elles se rencontrent plusieurs fois par saison, à l'occasion d'un derby nommé le Old Firm (la vieille entente, en français).

Afin d'éviter au maximum les débordements lors de ces matchs, les autorités ont décidé depuis plusieurs années de les jouer à la mi-journée, à midi. Les supporteurs écossais sont extraordinaires, et leur ferveur, plus encore. Ils sont très exigeants vis-à-vis des joueurs. Le temps du match, ceux-ci devaient tout donner. De leur côté, les supporteurs encourageaient leurs équipes de façon inégalable avec leurs chants permanents.

L'hymne des Rangers est *Simply the best*, de Tina Turner. Pour vous rendre compte de la puissance qui émane de ces supporteurs, allez sur YouTube et tapez « Simply the best, Glasgow Rangers ». Imaginez-vous dans le couloir des vestiaires avant de rentrer sur le terrain et l'effet produit quand ce chant monte des tribunes. Impressionnant. J'en avais des frissons avant de pénétrer dans l'Ibrox Park. Lorsque je suis arrivé à Saint-Étienne quelques années plus tard, j'ai importé aussi ce chant dans les vestiaires stéphanois. Effet garanti !

« *You're simply the best [Tu es tout simplement le meilleur]*
Better than all the rest [Mieux que tout le reste]
Better than anyone [Meilleur que quiconque]
Anyone I've ever met [Que tous ceux que j'ai rencontrés] »

En France, j'ai ressenti une émotion comparable à Lens. J'adorais rencontrer cette équipe sur sa terre et attendais avec impatience l'entrée de cet adversaire sur le terrain, ce moment unique où le stade se mettait à chanter *Les corons* de Pierre Bachelet, l'enfant du pays. L'un de mes meilleurs amis est originaire du Nord. Avant que je signe pro, cette chanson était un peu devenue notre hymne, et je ne compte plus le nombre de fois où nous nous sommes cassé la voix dessus, au petit matin, après une bonne soirée entre copains. Par l'intermédiaire de cet ami, j'ai rencontré de nombreux nordistes au fil des années. La générosité et la chaleur humaine qui émanent de ces gens n'est vraiment pas un mythe !

« Et c'était mon enfance, et elle était heureuse
Dans la buée des lessiveuses
Et j'avais des terrils à défaut de montagnes
D'en haut je voyais la campagne
Mon père était "gueule noire" comme l'étaient ses parents
Ma mère avait les cheveux blancs
Ils étaient de la fosse, comme on est d'un pays
Grâce à eux je sais qui je suis »

Chez les Rangers, j'ai assisté à des moments impressionnants qui motivent plus que tout, par exemple lorsqu'un joueur a eu une standing ovation après avoir manqué un penalty. En dix-sept ans de carrière, je n'ai jamais vu cela dans un stade en France. Et quel respect des anciens, du passé et des traditions ! Cela se ressentait au quotidien, avec les attitudes et les comportements des gens dans les rues, mais aussi dans le stade lui-même. Les vestiaires étaient qualifiés de vintage, dans le bon sens du terme, puisqu'on y trouvait de nombreuses boiseries et d'antiques patères en cuivre. L'accès au salon privé d'après-match, où les familles venaient nous attendre, n'était possible qu'en « tenue correcte ». Exit les jeans, les baskets et les survêtements !

Ma famille et mes amis sont venus me voir plusieurs fois en Écosse. Avec les Glasgow Rangers, nous n'avons joué qu'une seule fois en France. Une quarantaine de proches avaient fait le déplacement jusqu'à Auxerre. Je garde un sentiment de forte frustration, car à la fin de cette rencontre de League Europa, je n'ai pas pu les voir et repartir avec eux. Derrière ma vitre, je les avais vus, émus, faire une superbe haie d'honneur au passage de notre bus.

Chez les Rangers, j'ai eu l'immense chance de rencontrer Dado Prso. C'est peut-être le footballeur qui m'a le plus marqué dans ma carrière. Je le trouvais incroyable. Un colosse croate de 1,90 m. Nous sommes rapidement devenus amis. Il avait vécu plus de vingt ans dans l'Hexagone, et sa femme Carole était française. Sur le stade et au sein du club, il m'a pris sous son aile. J'aime à penser qu'on a toujours besoin d'un plus âgé que soi. À Lyon, j'avais connu Sidney Govou ; en Écosse, c'est Dado qui m'accueillait.

Nous partagions les mêmes valeurs sur le terrain et en dehors, et son expérience était immense. Il avait connu la guerre dans son pays et avait gravi avec humilité tous les niveaux du football pour atteindre la Ligue 1, non sans chuter à plusieurs reprises. À Glasgow, il était idolâtré, à juste titre, par le public. Les supporteurs écossais lui avaient écrit une chanson : *One Dado Prso. There's only one Dado Prso*, scandée sur le célèbre air de *Guantanamera*.

Il ne trichait jamais, et sur le terrain, il était toujours à 300 %. Une fois sorti des vestiaires, son naturel revenait au galop. Un homme simple, généreux et toujours prêt à partager son rire. Un soir où nous l'avions invité chez nous à dîner avec sa famille, après avoir retiré sa veste, il me dit un peu gêné que Julien Rodriguez, l'un de nos coéquipiers, et sa femme étaient passés chez lui à l'improviste au moment où ils allaient partir et qu'il avait dû les renvoyer chez eux. Je lui répondis tout de suite qu'il aurait dû les amener chez nous. Il m'avait alors regardé droit dans les yeux et dit : « O. K., je les appelle, alors ? » J'avais approuvé. Il avait alors traversé mon salon, ouvert la baie vitrée, sifflé un grand coup et crié « C'est bon, vous pouvez monter ! » avant de partir dans un grand rire. Après avoir repris son souffle, il m'avait regardé et dit simplement : « Je savais que tu allais dire ça ! Je t'ai donc devancé en leur disant de venir ! » Sacré Dado !

Dado fait partie de ces joueurs qui te marquent. Par leur parcours de vie, leur force de caractère, leur charisme. Lorsque nous étions en Écosse, il était pour moi William Wallace, quelqu'un que j'aurais suivi les yeux fermés s'il m'avait demandé de combattre à ses côtés.

« Jouer le plus longtemps possible. »

Dado PRSO

Ancien footballeur international croate et ancien joueur des Glasgow Rangers et de l'AS Monaco.

« Quand Jérémy est arrivé en Écosse, cela faisait plus de deux ans que je jouais pour les Rangers. On s'est côtoyés seulement quelques mois, mais ça a tout de suite été vrai et fort. J'ai aimé le joueur et l'homme. Les gens qui se ressemblent se trouvent naturellement. Sylvia et Jérémy, c'était ma femme Carole et moi, à la fois en un peu plus jeune et un peu plus mince ! Enfin, en ce qui me concerne !

Nous avons passé de très bons moments ensemble. Sylvia donnait des cours de français à notre fille Nicoline, et Jérémy prenait le temps de jouer au football avec notre petit Lorenzo, alors âgé de cinq ans. Ils échangeaient quelques passes dans le couloir, ce qui faisait beaucoup rire Jérémy. Il disait que ça lui rappelait son enfance. On se recevait à tour de rôle. C'était toujours simple et chaleureux. C'était un super footballeur, mais un très mauvais joueur de poker, comme moi. Il ne savait pas bluffer. On s'est bien fait plumer !

Comme je le dis souvent, en Écosse, sur le terrain, ce n'est ni du football, ni du rugby, mais un mélange des deux. En vingt ans de football en France, je n'ai pas eu un seul point de suture. On ne m'a pas recousu une seule fois. En revanche, en trois ans chez les Rangers, j'ai comptabilisé vingt-neuf points de suture sur mon crâne !

Jérémy et moi avons su nous adapter à ce jeu. J'aurais vraiment aimé jouer plus longtemps avec lui. Il aurait pu faire carrière à

Glasgow, mais le PSG, ça ne se refuse pas. Quand je repense à nos matchs, je réalise que Jérémy était en avance sur son temps. À l'époque, il jouait déjà le jeu que l'on demande aujourd'hui au milieu de terrain. Il cassait les lignes.

J'avais vingt-cinq ans de football derrière moi, mais jamais un joueur n'avait autant su me trouver sur le terrain. Il me trouvait rapidement, plus rapidement que n'importe quel autre. Ça ne traînait pas. Dès qu'il avait la possibilité, il envoyait. C'est lui qui m'a donné le plus de ballons. Même à Monaco, je n'avais pas connu ça. Il avait seulement vingt-deux ans, dix de moins que moi, mais nos jeux étaient complémentaires. C'était génial de jouer avec lui.

J'ai pris ma retraite quelques mois après son départ. Jouer, c'est ce qu'il y a de meilleur. Il faut jouer le plus longtemps possible. Après le stade, c'est très difficile de trouver sa voie. Je repense souvent à une phrase que nous disait Didier Deschamps lorsque j'évoluais à Monaco : "Rien ne remplace le terrain et le jeu." »

Malheureusement, l'expérience tourna court. Paul Le Guen dut quitter les Rangers début 2007. Pour faire simple, sachant que je ne détiens pas toutes les clés de cette rupture, je pense que la « mayonnaise » n'a pas pris entre les Écossais et Paul. Il avait été sollicité, entre autres, pour faire évoluer et améliorer les méthodes d'entraînement et les notions – discutables – d'hygiène alimentaire et de vie de l'équipe. Il y a sûrement eu une incompatibilité entre les Écossais et le coach ; on peut même parler de choc des cultures.

Qui plus est, Paul avait amené dans son sillage de nombreux Français, joueurs et personnel encadrant. Sans doute que trop de *frenchies* étaient arrivés en même temps, créant des tensions dans l'équipe. Deux groupes s'étaient constitués : les francophones et les Écossais. Par exemple, les joueurs français allaient voir le kiné français, et les joueurs écossais le kiné écossais. Or comme nous le verrons plus tard, le staff médical joue un rôle capital dans la perception de ce qui va et ne va pas au sein d'une équipe. Il en sait plus que n'importe qui dans un club. Scinder un staff médical en deux, c'est le début des problèmes.

Paul nous a réunis un matin avant l'annonce officielle de son départ. Avec moi, il y avait Brahim Hemdani, Dado Prso et Julien Rodriguez. Nous étions ceux qui jouions le plus, et il avait confiance en nous. Je me souviens que les plus anciens, Dado et Brahim, étaient très déçus de la situation et de son départ. Des conditions de rupture s'étaient créées entre Paul et le capitaine emblématique des Rangers, Barry Ferguson. Les dirigeants ayant tranché en faveur de ce dernier, le départ de Paul était devenu inéluctable.

Je m'étais bien acclimaté, et je pense que la direction du club et les supporteurs m'aimaient bien, car je collais aux valeurs du club. Dès le premier contact, je leur avais parlé de l'un de mes films fétiches, *Braveheart*, avec Mel Gibson. Ils avaient apprécié que j'aime ce film. Je suis aussi amateur de bière, le meilleur passeport pour abattre les frontières ! Vénérer William Wallace, tout donner sur le terrain et trinquer autour d'une bonne mousse : voilà la recette qui marche en Écosse.

Le départ de Paul Le Guen a indéniablement influencé ma décision. Le projet qui était clair quand il m'a demandé de le rejoindre en Écosse devenait flou du jour au lendemain. Qu'allait-il se passer pour les Français de l'équipe après son départ ? Quels changements s'ensuivraient ? Qui serait le nouveau coach ? Quels seraient les nouveaux choix tactiques ? L'inconnu. Et ce nouveau projet aux nombreuses inconnues m'intéressait-il ? Clairement non.

Dans ma tête, ma présence à Glasgow perdait de son intérêt, d'autant plus que de nouvelles opportunités s'offraient à moi. Et quelles propositions ! Un choix cornélien.

D'un côté, la direction de l'Olympique Lyonnais me rappelait, mon club de cœur, le tenant du titre français, proche des miens. De l'autre, Paul Le Guen me proposait de le rejoindre au Paris Saint-Germain, son nouveau club. Paname, la capitale : le rêve ! Sportivement, Paris était le meilleur choix, mais le cœur a ses raisons que la raison ignore...

Après une visite de mes amis proches à Glasgow d'où découlèrent de longues et constructives argumentations, ma tête finit par l'emporter, et c'est ainsi que Sylvia et moi décidèrent de rejoindre la capitale, après avoir obtenu confirmation que Paris/Lyon s'effectuait en moins de deux heures de TGV. Ce nouveau projet nous apparaissait comme lumineux et tellement enthousiasmant !

Le PSG : Paris, ville de lumière

Je signe au PSG à la fin du mois de janvier 2007 et rejoins une équipe composée de joueurs extraordinaires. À vingt-trois ans, j'avoue avoir douté de ma crédibilité face à des piliers du football comme Pauleta, Yepes, Armand et Rothen. Il a fallu la gagner sur le terrain, et seules les performances validées par les résultats donnent ce statut. Comme dans les entreprises, on gagne le respect par son attitude, ses actes, sa mentalité et l'attachement porté à celui qui nous emploie.

Jouer pour le club de football de la capitale de son pays a une saveur particulière, surtout lorsque cette capitale s'appelle Paris, ville de lumière, dont l'histoire et la beauté rayonnent dans le monde entier. Y jouer accentue notre patriotisme, nous donne envie d'accrocher un drapeau tricolore devant notre maison. Remonter les Champs-Élysées, gravir les marches de la

Tour Eiffel, visiter le musée d'Orsay, découvrir le sens de la gastronomie française ou flâner autour des fontaines et des jardins du château des Tuileries, c'est comprendre qu'être patriote, c'est simplement aimer et respecter son pays.

Il en va de même pour le Parc des Princes. Ce stade mythique est entouré d'une aura indéfinissable. Il semble plus lumineux, plus rassurant, plus vibrant que les autres. La première fois que j'ai foulé ce terrain en tant que membre effectif du PSG, je me souviens avoir été traversé par un frisson de plaisir. Les poils de mes bras se sont hérissés comme jamais lorsque le speaker a annoncé mon numéro et mon nom, repris en cœur par un public en liesse. C'était le 30 janvier 2007, nous rencontrions l'équipe de Valenciennes. J'avais à cœur de faire un bon premier match, mais la veille, une légère anxiété s'était insinuée en moi.

En effet, depuis quelques semaines, une douleur sous le pied apparaissait et disparaissait de façon aléatoire. J'en avais parlé avec le staff médical, qui avait massé et étiré mon pied. Rien d'anormal. Je voulais absolument jouer ce match, mais je me disais qu'il n'y aurait rien de pire que de me blesser le jour de ma première rencontre avec le public parisien. Bien sûr, c'est ce qui s'est produit.

Au bout d'une vingtaine de minutes de jeu, une récupération ardue du ballon m'a obligé à mettre une violente impulsion sur mon pied droit, afin de dépasser mon adversaire. La douleur a été immédiate, mais supportable. J'ai donc continué à jouer en ménageant mon membre. Cependant, si je pouvais encore courir, j'étais indéniablement réduit physiquement. Je serrais les dents. À la mi-temps, j'ai informé le staff médical que je ne retournerais pas sur le terrain, et quelques heures plus tard, le verdict tombait : rupture partielle de l'aponévrose plantaire, un tendon reliant le talon aux orteils. J'étais en colère contre moi, contre ce corps si durement entraîné qui me faisait défaut.

J'ai été arrêté deux mois. Deux mois sans match. Deux mois d'entraînement et de rééducation que j'ai pris très au sérieux.

Dire que mon retour sur le gazon s'est fait sans pression serait mentir. Nous devions jouer à Lens. Le coup d'envoi était à 21 h.

À 19 h, la nouvelle s'est répandue comme une traînée de poudre parmi l'équipe et l'encadrement : les résultats des matchs de l'après-midi venaient de modifier le classement. Nous étions désormais vingtièmes et derniers, c'est-à-dire potentiellement relégables. La Ligue 2 pour le PSG ? Inenvisageable ! Dans les rangs, l'ambiance était morose. Il nous fallait absolument remporter ce match. Cependant, les chiffres semblaient être en notre défaveur. Lens était deuxième au classement, et le PSG ne s'était pas imposé au stade Bollaert depuis plus de dix ans.

Après la causerie et les encouragements collectifs, notre objectif était clair : tout donner et sortir de cette zone rouge. J'avais le sentiment de m'être battu comme un beau diable sur le terrain, comme l'ensemble de mes coéquipiers. Le millier de supporteurs qui nous avaient accompagnés faisaient autant de bruit que vingt mille. Les « Paris est magique » qu'ils scandaient sans cesse attisaient plus que jamais notre hargne. Notre persévérance et leur soutien ont payé. Nous avons remporté la victoire sur un score de deux buts à un. En regagnant notre bus, ce soir-là, nous avions tous la sensation de respirer à nouveau, et moi, celle d'appartenir enfin à ce groupe.

C'est le 10 mai 2008 que j'ai marqué pour la première fois au Parc des Princes. Nous recevions Saint-Étienne. À la mi-temps, nous étions menés 1 à 0, suite à un but du Stéphanois Loïc Perrin. Nous occupions la place peu enviable de seizièmes au classement du Championnat. Un match nul nous ferait gagner un point, une victoire trois, ce qui nous permettrait de nous éloigner de façon non négligeable de la zone des relégables.

Ce soir-là, le stade était plein : plus de quarante-cinq mille personnes, un record ! Le grand Pedro Pauleta, illustre attaquant du PSG depuis cinq ans, jouait son dernier match. Le public était venu lui rendre un ultime hommage. Lorsque Clément Chantôme a dévié le ballon sur moi sur un centre de Sylvain Armand, le temps s'est suspendu. J'ai vu la sphère blanche arriver sur moi, et je savais exactement ce que je devais faire. Mon cerveau ordonnait, mon corps exécutait. J'ai frappé vite et fort du pied droit, celui-là même qui m'avait fait défaut un an plus tôt, celui qui n'est habituellement pas mon pied de prédilection. Un but, ça vous prend aux tripes, ça vous donne envie de rugir, et en même temps, vous n'avez pas le temps de savourer, le match continue.

En me couchant ce soir-là, alors que l'adrénaline avait enfin atténué ces effets, une timide pointe de fierté souriait en moi : celle d'avoir offert un point à mon équipe, mais surtout celle d'avoir épargné une défaite au meilleur buteur de Paris de l'époque pour son dernier match. Comme le public avait honoré le magnifique Pauleta par ces applaudissements et ces chants, je lui dédiais avec respect mon premier but parisien. Les grands bonheurs n'arrivant jamais seuls, j'apprendrais trois mois plus tard que j'avais marqué ce soir-là un autre « but » dans l'intimité de notre chambre à coucher. Un but qui chamboulerait ma vie et mon cœur, et qui porterait le beau prénom de Roméo.

Quelques semaines après, à l'occasion du mercato d'été, le club recrutait Claude Makélélé. J'ai appris la nouvelle pendant mes vacances. Je terminais une bonne saison, et cette arrivée me faisait douter. Makélélé est un très grand joueur, dont les talents n'étaient plus à prouver. Il avait évolué dans de grands clubs, comme le Real de Madrid ou Chelsea, ainsi que treize années en équipe de France. À trente-cinq ans, il était encore au top de sa forme : un joueur redoutable !

Et, plus précisément, un milieu de terrain redoutable. Voilà ce qui m'inquiétait. Il allait prendre ma place. Je ne jouerais plus. J'allais me retrouver sur le banc des remplaçants. Toutes ces idées tournaient en boucle dans ma tête, et lorsque la reprise est enfin arrivée, j'ai découvert, soulagé, que les intentions du coach étaient bien différentes de mes craintes : Makélélé et moi jouerions côte à côte, et non l'un à la place de l'autre.

Claude avait un profil de milieu de terrain plutôt défensif. Motivé par ses conseils et son incroyable expérience, j'ai finalement développé mon jeu offensif. J'ai grandi et progressé à son contact, bien plus que ce que je réalisais à l'époque. J'ai eu une chance inouïe d'avoir été associé à un tel footballeur.

C'est à ses côtés que j'ai marqué le plus beau but de ma carrière, un après-midi d'août 2009, au Parc des Princes, face à l'équipe du LOSC. Une reprise en demi-volée du pied gauche, à vingt-cinq mètres des cages. Sur un corner de Sessegnon, le ballon avait été repoussé en arrière par un joueur lillois. J'avais le soleil de face et j'étais légèrement ébloui quand le ballon est sorti de l'ombre, sur ma gauche. Je me suis élancé et ai frappé de toutes mes forces. À cause du contre-jour, j'ai douté pendant une fraction de seconde, mais les cris du public m'ont confirmé que mon tir avait atteint sa cible, tel un boulet de canon, en pleine lucarne. La joie du public était identique à celle que l'on ressent dans un pareil moment : c'est une vague, un tsunami qui vous envahit. C'est écrasant, suffoquant. Il faut vite nager pour remonter à la surface et reprendre le cours du jeu.

Sans vouloir faire offense à tous les fabuleux partenaires que j'ai eus au milieu de terrain pendant ma carrière, Claude Makélélé est pour moi le plus « galactique » de tous. Un Grand parmi les Grands, un incroyable footballeur auprès duquel j'ai eu plaisir à progresser.

« Ce fut mon rôle de lui faire comprendre qu'il fallait grandir et acquérir plus de personnalité. »

Claude MAKÉLÉLÉ

Ancien international français au palmarès impressionnant : huit-cent-neuf matchs, de Nantes à Paris, en passant par Marseille, Madrid et Chelsea, soixante-et-onze sélections en équipe de France, et un titre de vainqueur de la Ligue des Champions avec le Real Madrid.

« J'ai connu Jérémy lorsque j'ai signé au PSG, en 2008. J'arrivais de Chelsea. Le PSG venait de connaître deux années compliquées, avec des difficultés pour se maintenir en première division. Il m'a fallu analyser la situation et trouver, au sein du groupe, des joueurs sains et compétitifs à qui m'attacher ou associer mon jeu.

J'ai tout de suite senti l'implication et l'engouement qu'il attachait à son poste. Il émanait de lui une forme d'innocence, d'humilité et de simplicité. Il a toujours été calme, très gentil, parfois même trop. Il avait des qualités étonnantes avec son pied gauche. On a joué ensemble au milieu de terrain. Il m'a beaucoup aidé à atteindre une discipline dans notre secteur de jeu. On a réussi à remonter le niveau du club au milieu de terrain en apportant une assise performante, afin de prendre moins de buts derrière et d'être plus efficace devant.

À l'époque, il était jeune, il avait vingt-quatre ans. Il fallait beaucoup lui parler, parfois « gueuler », mais il a très vite assimilé mes conseils. J'ai passé de super moments avec lui au PSG. Il existe de nombreuses anecdotes, mais je préfère qu'elles restent du domaine privé !

Jérémy a toujours été très influent, mais parfois aussi influençable par certains coéquipiers. Ce fut mon rôle de lui faire comprendre qu'il fallait grandir et acquérir plus de personnalité. Au fur et à mesure, il a su élever son niveau.

Qu'il reste surtout comme il est. Il se lance dans un métier très délicat : celui d'entraîneur. Je lui souhaite beaucoup de bonheur et de réussite. Il saura très bien transmettre toute son expérience et ses connaissances. »

Le football n'est pas une science exacte, et lorsque les résultats ne sont pas au rendez-vous, les relations se dégradent vite avec les supporteurs. Surtout au PSG. Quand nous étions relégables, des voitures avaient été cassées au Camp des Loges, et les chants du genre « si on descend, on vous descend » n'étaient pas propices à la motivation. Néanmoins, j'ai toujours gardé mon flegme dans ce genre de situations. Bien sûr, pas au point de cautionner l'inadmissible. Cependant, dès lors qu'il y a passion, il y a excès. On ne peut pas, d'un côté, avoir des supporteurs qui chantent en permanence, font des tifos démentiels et nous suivent partout en France en dépensant tout l'argent qu'ils gagnent et, d'un autre côté, leur demander le silence et la tolérance quand on perd.

Si les joueurs n'acceptent pas ces situations, à eux d'aller jouer dans des clubs plus calmes. Pas de bousculades avec les supporteurs, mais pas non plus de vibrations extraordinaires lorsque les résultats arrivent. La difficulté pour chacun est de savoir où placer l'acceptable. Les insultes, les chants assassins, les voitures secouées, pour moi, cela fait partie du jeu. En revanche, la maison taguée ou caillassée alors que votre famille est à l'intérieur, ça, ce n'est pas tolérable. Mon coéquipier Peguy Luyindula avait connu un pareil évènement alors qu'il jouait pour le club de Marseille. Il avait été franchement traumatisé et nous disait de temps en temps : « N'allez pas jouer là-bas : les supporteurs sont vraiment chauds ! »

Pour toucher du doigt cet engouement débordant de certains supporteurs marseillais, il suffit d'organiser un derby OM/PSG. C'est incontestablement le plus emblématique des derbies français. La première fois que je suis descendu à Marseille pour un tel événement, j'attendais avec impatience de fouler l'herbe du stade Vélodrome, terrain emblématique qui m'avait tant fait rêver gamin. Cependant, j'avoue ne pas avoir été rassuré lorsque j'ai vu voler quelques boules de pétanque vers les vitres de notre bus. Plus tard, pendant notre échauffement sur le bord du terrain, une pluie de projectiles divers s'est abattue sur nous : piles, canettes, pièces, écrous, briquets, etc. Pourtant, après être allé à Tunis jouer le Trophée des Champions, en juillet 2010, je dois bien avouer qu'une rencontre entre Marseille et Paris sans les insultes et les cris des phocéens « putain, con, l'enculé », cela n'a vraiment pas le même charme !

En revanche, j'avoue avoir été franchement choqué la fois où les supporteurs parisiens ont déroulé une énorme banderole injurieuse, visant tous les habitants du Nord. Insulter les joueurs de son club, insulter les dirigeants, insulter les supporteurs adverses, insulter l'arbitre, O. K., ce n'est pas particulièrement plaisant, mais cela fait partie intégrante de l'effervescence d'un stade. C'est aussi cela, le football. Toutefois, comme pour tout, il y a des limites. Nous jouions la finale de la Coupe de la Ligue au Stade de France contre Lens. Après la mi-temps, le stade entier avait pu lire « Pédophiles, chômeurs, consanguins ! Bienvenue chez les Ch'tis ! » Ces mots honteux ne sont restés visibles que quelques minutes, mais la forte médiatisation du match leur avait permis de faire rapidement le tour de la France, jetant l'opprobre sur l'ensemble du PSG.

Au-delà du football, dont les règles sont les mêmes dans le monde entier, jouer à Paris est atypique. Il y a une réelle effervescence autour du PSG, et Paris est la ville de toutes les tentations et tous les excès. Rester professionnel demande de gros efforts pour ne pas céder à toutes les sollicitations quotidiennes venant des sponsors. Ces invitations arrivent de tous côtés : lancements de nouvelles marques ou de jeux vidéo, tournées de chanteurs et de comiques, premières de films et de pièces de théâtre, etc. Si l'on répond à toutes ces propositions, c'est spectacle en continu.

Je me souviens des soirées des Enfoirés. J'étais fan de tous ces chanteurs et surpris, dans les loges, de voir également la réciproque dans leurs yeux. En discutant avec nous, ils retombaient en enfance, nous demandant comment se passait telle chose ou telle autre. Jamais rassasiés. Que de discussions sympas qui se sont terminées à des heures indues après leurs spectacles ! C'est logique, car nous avons un dénominateur commun : chacun à notre manière, nous sommes des artistes et faisons rêver les spectateurs. Eux avec leur voix, leurs chansons, l'émotion qu'ils créent par le biais de leurs interprétations et des effets spéciaux. Nous avec un ballon et un scénario jamais écrit à l'avance. Parfois, nous faisons vivre au public un grand match avec de superbes émotions. D'autres fois, au contraire, ce sont d'immenses déceptions après un match raté.

Comment rester lucide devant tant de sollicitations ? Soyez tolérant lorsque la presse se fait l'écho d'un écart de tel ou tel joueur avec un propos ou une photographie prise à un instant T, sans savoir ce qui s'est dit ou produit juste avant. Comment chacun de nous aurait agi à sa place ? Loin de moi l'idée de dire qu'il faut tout approuver, mais l'important est le spectacle sur scène ou sur le terrain. C'est sur ce critère que les artistes doivent être jugés. Ensuite, le privé, c'est autre chose. Chacun d'entre nous, connu ou inconnu, peut commettre un faux pas.

L'une des expériences hors norme que j'ai vécue à Paris me laisse un souvenir amusé, tant elle fut inattendue. Au début des années 2000, Max Guazzini, homme de médias et président du club de rugby du Stade français, avait lancé avec succès le calendrier des Dieux du Stade, dont une partie des bénéfices est reversée à des œuvres caritatives. C'est un superbe objet, avec des photos de rugbymen nus, dans des attitudes originales, qui laissent tout imaginer sans rien montrer. Cela réclame un gros travail artistique de préparation, avec une grande originalité, mais tous les ans, le résultat est superbe.

Par contacts interposés, on m'a proposé de participer à l'édition suivante. Je me suis laissé convaincre, en me disant : « Finalement, pourquoi pas ? Tu pourras te vanter d'être l'un des premiers joueurs de foot à figurer au milieu des armoires à glace du rugby ! » Ça a été une expérience de fou ! Je ne suis pas d'une nature pudique, mais la situation s'est quand même avérée embarrassante.

Je suis arrivé dans le studio où il avait beaucoup de monde et j'ai tout de suite senti que l'ambiance était très pro. Pas la « déconne » comme je le pensais. Je me suis retrouvé complètement nu devant plusieurs maquilleuses et je ne faisais pas le fier. Non seulement parce que j'étais nu, mais aussi parce que, juste devant moi se trouvait un rugbyman qui venait de finir sa séance. Il faisait le double de moi ! Deux fois plus costaud. Vraiment le type impressionnant. Je m'imaginais prendre ce gars-là lancé à toute allure « dans le buffet ». Pas bon...

Entre la coiffure, le maquillage du visage puis du corps – j'avais été recouvert de crème et de poudre – et enfin le shooting photo lui-même, la séance a duré environ trois heures. J'ai posé dans plusieurs positions et endroits du grand studio. Le photographe avait demandé que l'on me fasse une coupe de cheveux bizarre, un brushing volumineux sur le dessus du crâne : je crois qu'il voulait que je ressemble aux athlètes grecs de l'Antiquité !

Les critiques n'ont pas manqué : « Tu es fou d'avoir fait ça ! », « C'est quoi cette coiffure ? », « À poil !? Carrément !!! » Mais cela m'était égal. J'étais content que cela m'ait été proposé et de l'avoir fait. Je ne sais pas pourquoi, mais plus on me critique pour telle ou telle chose, plus je vais l'accentuer. Comment l'expliquer ? Provocation ? J'ai toujours affirmé mes idées et dit ce que je pensais, quitte à être seul contre la majorité. C'est ainsi.

Quand j'étais enfant, ma mère me disait souvent que j'étais toujours celui qui prenait la défense de la personne en tort et sans excuse. J'aimais me faire l'avocat du diable. J'aime être en désaccord avec les autres, les pousser à étayer leurs raisonnements. Je crois que la contradiction m'amuse : c'est bien plus drôle que d'avoir tous le même avis !

Début 2009, Sylvia donne naissance à notre premier enfant, Roméo. Je suis envahi par la joie bouleversante et immense de devenir père. L'arrivée de ce petit être et mes nouvelles responsabilités m'éloignent un peu des lumières de Paris. Je me recentre sur la maison et le football. Quelques mois plus tard, Paul Le Guen quitte le PSG, car son contrat n'est pas renouvelé. Je découvre un coach très différent, Antoine Kombouaré, et fais une saison quasi complète comme titulaire en 2010, avant de connaître une année 2010/2011 plus compliquée, avec des titularisations moins systématiques.

Paul Le Guen et Antoine Kombouaré avaient joué ensemble au PSG dans les années 1990. D'un côté, un Breton plutôt réservé, posé et bon communicant. De l'autre, un Kanak meneur d'hommes, sanguin, capable, après une défaite, de balancer rageusement une poubelle au milieu du vestiaire en nous traitant de « bande de p'tits cons », mais cependant plus proche de ses joueurs que Paul. Deux personnalités différentes, avec à la clé deux managements différents.

Au début de ma carrière, je n'avais pas bien vécu les insinuations selon lesquelles je faisais carrière parce que j'étais le « fils » de Paul Le Guen – entendez le chouchou. Je trouvais cela injuste, car c'était faux. Je pense qu'il avait parfaitement compris comment je fonctionnais, l'importance de la famille pour moi et les valeurs qui me tenaient à cœur. Elles étaient sans doute proches des siennes. Je ne lui ai jamais posé la question. Peut-être un jour ?

Je n'avais pas plus de discussions avec lui que n'en avaient les autres joueurs. Lorsque j'étais à Lyon, Paul avait remarqué que je partais rapidement après l'entraînement du dimanche matin pour rejoindre ma famille. Il me disait en souriant : « Le poulet-frites de maman n'attend pas, hein ?» Il avait compris, même si je n'en parlais jamais. Pourtant, c'est bien autour de ce repas familial du dimanche midi en famille que je puisais ma motivation pour la semaine.

Paul Le Guen m'a témoigné sa confiance dans trois clubs différents. Je n'avais pas besoin de longs discours pour comprendre ses regards et ses mimiques. La transmission de pensée existe. J'ai un immense respect pour cet homme, mais je ne peux pas dire qu'il ait fait preuve d'indulgence ou de favoritisme à mon égard. Cependant, je ne peux pas nier que son départ du PSG a laissé un grand vide en moi.

Après plus de dix ans, je suis capable de parler de mon départ de Paris. Cela n'a pas toujours été le cas. Ma dernière saison là-bas a été plus que compliquée. Sur le plan professionnel, certes, mais surtout personnel, les deux étant intimement liés.

Quand Paul Le Guen a quitté le PSG à la fin de la saison 2009, il a été remplacé par Antoine Kombouaré. Changement de coaching... et d'ambiance. Ce fut peut-être le premier élément déclencheur, perturbateur. Le danger avec les descentes, c'est que, bien souvent, on glisse trop vite. Lorsque l'on se rend compte qu'on ne va pas bien, le processus est déjà largement entamé : on touche le fond, et pourtant, on a juste l'impression d'amorcer une pente douce. On se voile la face. On relativise. On rejette la faute sur les autres.

En ce qui me concerne, je crois que je peux vraiment parler de chute... peut-être même de descente aux enfers. L'année 2010 a été terrible pour moi. Est-ce la faute du succès ? La gloire, la notoriété, les paillettes : toutes ces choses qui font pétiller la plus belle ville du monde, Paris et le PSG ? Je ne sais pas. En tout cas, je peux le dire aujourd'hui : à cette période, je me suis perdu. J'ai oublié qui j'étais et, c'est vrai, je suis devenu un con. Un con paumé. Un con nombriliste. Un con aveugle.

Étais-je blasé ? L'argent m'était-il monté à la tête ? À cette époque, je gagnais les plus gros salaires de ma carrière. Je m'étais offert une superbe Porsche. Était-ce à cause des facilités qui rythmaient mon quotidien ?

À Paris, comme je l'ai mentionné précédemment, nous avions accès à toutes les merveilles de la capitale en un claquement de doigts. Partout où nous allions, on nous déroulait le tapis rouge. Nous étions reconnus et adorés, sans cesse couverts de cadeaux par les marques et les sponsors. Nous avions accès à tous les spectacles en loge VIP, étions invités aux concerts, au théâtre, à des vernissages, à des inaugurations. Nous dînions dans les plus grands restaurants sans prendre la peine de réserver. J'ai rencontré des gens que j'admirais quand j'étais plus jeune et qui me considéraient comme leur égal : Didier Barbelivien, Marc Lavoine, Grégoire. J'ai assisté au feu d'artifice du 14 juillet du haut de la Tour Eiffel avec une poignée de privilégiés. Lors d'une autre soirée, j'ai même été présenté au président de la République et à son épouse, Nicolas Sarkozy et Carla Bruni. Bref, tout allait très vite et dépassait ce que j'avais vécu jusqu'à présent.

Avec le recul, je crois que, pendant cette période, j'ai peu à peu perdu ma joie de vivre, mon entrain, ma gaieté. Je n'étais plus conscient de l'exceptionnalité de ma vie. En mai 2010, nous sommes allés faire une tournée de représentation aux États-Unis : New-York et Chicago, rien que cela ! Nous avons joué contre les équipes de ces deux villes, fait du tourisme, notamment la cinquième Avenue et l'Empire State Building, et, un soir, dîné dans un restaurant chic de l'Upper East Side, où Youri Djorkaeff nous a rejoints.

Je lisais la joie pétillante dans les yeux de mes amis Sylvain Armand, Guillaume Hoarau, Christophe Jallet et Ludo Giuly, mais en moi, rien. Je souriais, je faisais des « Oh ! » et des « Ah ! », mais je n'étais pas là. Les lumières de la Big Apple me laissaient de marbre. Alors que dire des petits plaisirs simples du quotidien ! Ils n'avaient plus de saveur. J'étais un robot, une machine. Je me levais. J'embrassais Sylvia et Roméo, je partais à mon entraînement, je revenais, je mangeais. Je végétais, je tournais en rond. Les veilles de matchs, je partais à la mise au vert, je jouais ou pas, cela n'avait pas d'importance. Je devenais une ombre sur le terrain et à la maison. Je n'étais pas heureux.

Seulement, bien sûr, je ne m'en rendais pas compte : j'avais l'impression d'être très présent auprès des miens. Je pensais être simplement fatigué par ma vie de jeune papa. Ce petit être tant désiré avait chamboulé nos vies et notre routine quotidienne à un point auquel je ne m'étais pas préparé. Les responsabilités, la fin de l'insouciance. J'avais tout pour être heureux, mais au fond de moi, je ne l'étais pas. Quand j'y repense, j'entends encore cette voix me dire « Tu n'as pas le droit de te plaindre. Tais-toi, souris et avance ! Quand on a ta vie, on ne peut être qu'heureux et reconnaissant ! » Je m'enfonçais dans un gouffre de mélancolie et de solitude. J'avais trop et j'en ai perdu l'essentiel.

Sylvia, ma moitié, en a beaucoup souffert. Elle s'est rendue compte des changements qui s'opéraient lentement en moi. Je suis devenu taciturne, je n'avais envie de rien, j'étais vite agacé, je ne voulais voir personne. Et lorsque les bons amis essayaient de me parler, je niais tout en bloc. J'étais aveugle, je ne voulais écouter personne, je ne voulais pas me remettre en question.

Jusqu'au jour où j'ai demandé à Sylvia de partir. Elle a résisté et essayé de me faire changer d'avis, pour sauver notre famille, mais ma décision était sans appel. Son effondrement et ses pleurs n'y ont rien fait : je l'ai mise à la porte, il n'y a pas d'autre mot. Elle a pris notre fils et est retournée s'installer près de sa famille, à 600 km de moi.

J'étais sûr de moi. Cependant, son départ a déclenché un électrochoc différé. Différé, car bien entendu, à ce moment-là, seuls l'orgueil et l'arrogance me guidaient. Je me martelais que j'avais pris la bonne décision, que nous n'étions plus heureux et qu'il fallait nous séparer et recommencer notre vie chacun de notre côté.

Deux mois après le départ de Sylvia, j'ai décidé de rendre la maison que nous louions à Saint-Nom-la-Bretèche et j'en ai loué une plus petite à Saint-Germain-en-Laye, pour être plus proche du club. Je ne supportais plus de vivre dans cette maison où tout me rappelait mon ancienne vie de famille. C'est là, la première nuit dans cette nouvelle maison que l'électrochoc différé s'est enfin produit. « Mais qu'est-ce que je fais là ? Qu'est-ce que j'ai fait ? Où sont les gens que j'aime ? Pourquoi suis-je seul ? Où est mon fils ? Où est ma femme ? » Finalement, je voulais qu'ils reviennent. J'avais simplement eu besoin de prendre du recul. Malheureusement, je l'avais fait de façon complètement excessive.

Je me suis convaincu qu'avec quelques belles promesses et un joli sourire, Sylvia reviendrait, mais non : elle n'est pas revenue. J'avais été aveugle à sa souffrance et ne pouvais imaginer à quel point je l'avais blessée. Je ne me pardonnerai jamais les souffrances que je lui ai infligées. Aujourd'hui encore, je ne comprends toujours pas comment j'ai pu être aussi indifférent aux appels de la personne que j'aime le plus au monde.

Semaine après semaine, mois après mois, je descendais à Rives pour voir Roméo. Par ma faute, Sylvia, elle aussi, avait perdu sa joie de vivre. Seul Roméo lui permettait de ne pas s'effondrer. Ma femme restait bienveillante et agréable, même si elle n'avait plus confiance en moi. Elle avait vu disparaître le Jérémy qu'elle aimait. Pour elle, je l'avais abandonnée. Je les avais abandonnés.

Désormais, je connaissais la vraie tristesse. Je n'arrivais pas à comprendre comment j'avais pu oublier qu'avant cela, j'étais l'homme le plus heureux du monde. Comment avais-je pu occulter ces valeurs qui avaient tant d'importance pour moi ? Désormais, c'était clair : seuls Roméo et Sylvia comptaient, le reste n'avait aucune importance. Le football, la gloire, l'argent, tout cela n'était qu'éphémère. L'amour et le bonheur des siens : voilà l'essentiel.

Plus tard, après de nombreuses séances avec un psychologue, j'ai découvert, seul et en couple, que j'avais fait une dépression post-partum du père. Cette dépression vicieuse, qui s'apparente à une maladie qu'il faut traiter, s'insinue dès les derniers mois de grossesse et au cours des premiers mois de vie d'un enfant. Elle est connue chez la mère, mais malheureusement, souvent négligée. Alors, pensez bien que pour le père, on y prête encore moins attention ! Aujourd'hui, elle touche 20 % des pères à des degrés différents. Ce chiffre impressionnant pourrait expliquer, à lui seul, le nombre important de ruptures qui surviennent après l'arrivée d'un enfant. Je trouve indispensable de nommer et de considérer ce mal, trop souvent écarté.

Au PSG, après le départ de Sylvia, Antoine Kambouaré ne me faisait plus jouer. Je n'étais pas moins bon, mais il semblait avoir compris, avant moi, que mon cœur et ma tête n'étaient plus là. Sans compter que le Qatar venait de racheter le club. L'argent des Qataris allait permettre de lancer un projet très ambitieux, dont mon jeu et mon nom ne faisaient pas partie : pas assez clinquant, pas assez digne, pas assez brillant pour le club phare de la capitale. Je comprenais tout cela et l'acceptais. Tout me disait de partir, de trouver une solution pour me rapprocher de ma famille, de prouver à Sylvia que j'étais à nouveau là et que je ne l'abandonnerais plus jamais.

Saint-Étienne a été mon salut. L'ASSE m'a offert l'opportunité de revenir près des miens. Être tout proche de Sylvia m'aiderait peut-être à la reconquérir… Par chance, elle n'avait jamais cessé de m'aimer. Elle avait compris que je devais revenir près de mes racines pour me retrouver. Quand on a tout, on peut perdre la notion de l'essentiel et oublier que rien n'est acquis, que tout peut s'effondrer autour de nous. J'en ai fait l'amère expérience. Mais il faut apprendre de toute expérience. Notre couple est finalement ressorti plus fort que jamais de cette épreuve. Celle-ci m'a rendue plus tolérant et bienveillant envers les personnes qui s'égarent, les dépressifs, les divorcés, etc.

Je me suis reconnu dans le projet professionnel que m'offrait Saint-Étienne. C'était une sorte de métaphore de ma vie : rejoindre un club au passé prestigieux et participer à son redressement, l'aider à sortir de sa convalescence, chapeauté par un coach en début de carrière, un homme qui allait montrer tout son potentiel technique, tactique et humain.

Saint-Étienne : renaître de ses cendres

« Qu'on me donne l'envie
L'envie d'avoir envie, qu'on rallume ma vie »
L'Envie
Paroles de Jean-Jacques Goldman

Signer à Saint-Étienne après avoir évolué quatre années à Lyon aurait pu apparaître comme une folie, car il existe une rivalité très forte entre ces deux clubs, mais entre-temps, il y avait eu Glasgow et le PSG. Pour les supporteurs stéphanois, je pense qu'il y avait prescription. De mon côté, j'ai une reconnaissance éternelle pour l'Olympique Lyonnais, mon club formateur, mon premier contrat pro, mes premiers titres, mes premières soirées de Ligue des Champions. Tous ces grands champions côtoyés dans le vestiaire !

Aujourd'hui, cependant, les deux clubs rivaux tiennent vraiment une place équivalente dans mon cœur. Avec Lyon, j'ai débuté, j'ai beaucoup appris, j'ai été émerveillé, mais avec Saint-Étienne, j'ai savouré. La maturité, l'approche de la fin de carrière : j'ai vécu à 100 % en réalisant chaque jour, à chaque match, la chance qui m'était offerte. Avec ces deux clubs, j'ai connu des choses différentes à divers moments de ma vie. C'est très important pour moi de respecter ces deux « ennemis jurés », car ils ont fait de moi le footballeur que j'ai été et le coach que je suis aujourd'hui.

J'ai été très bien accueilli à Saint-Étienne. Bien sûr, je me suis fait chambrer par mes coéquipiers, mais c'était sympa et drôle. Pas la moindre animosité. J'ai toujours donné le meilleur de moi-même partout où j'ai joué. J'ai parfois été décevant sur quelques matchs, mais j'ai toujours respecté les maillots que je portais.

Lors de ma première rencontre contre Lyon au stade de Gerland, quand j'ai enfilé mon maillot vert, je n'ai pu m'empêcher de sourire au souvenir de l'interdiction que nous avions de porter un vêtement de cette couleur lorsque j'étais au centre de formation. Au-même titre qu'un OM/PSG ou un Lille/Lens, un derby Lyon/Saint-Étienne est un moment fort. Quand le speaker a prononcé mon nom lors des présentations des équipes, des sifflements et des insultes se sont fait entendre dans les gradins. Je les ai accueillis avec un sentiment de fierté. C'était la preuve que les supporteurs lyonnais ne m'avaient pas oublié, et intérieurement, je les en remerciais. À l'inverse, l'absence de réaction de leur part m'aurait indéniablement peiné. Elle aurait signifié pour moi que le public lyonnais m'avait simplement oublié, que mon temps à leurs côtés n'avait pas compté.

Comme ceux de Lyon, les supporteurs de Saint-Étienne portent haut leur club et leurs couleurs, mais cette ferveur stéphanoise va au-delà du stade : elle s'étend à toute la ville. Les folles années 1970/1980 du club ont laissé des traces indélébiles dans le cœur et les mémoires de plusieurs générations. C'était la première fois que je ressentais et vivais cela. Les gamins dans les cours d'école, les caissières, les pompistes, les chauffeurs de bus, les boulangers : sous l'uniforme, tout le monde portait son maillot les jours de matchs. Tout le monde en parlait.

J'ai trouvé une ambiance extraordinaire au sein du club stéphanois. Il s'en dégageait une force collective étonnante. Chaque maillon du club apportait sa force, en particulier le staff médical. Avec cette nouvelle bande de potes, on voulait se voir tout le temps, à la fois au foot et en dehors, pour partager des bons moments ensemble. Chez les Verts, au-delà des nouveaux liens d'amitié que je créais, je retrouvais avec plaisir au fil des saisons d'anciens coéquipiers, comme Mathieu Bodmer, Renaud Cohade ou encore Mevlut Erding, surnommé le bison, car il aimait nous rappeler qu'il était « fort comme un Turc ». Des retrouvailles marquées par les années qui avaient filé et l'expérience que nous avions acquise, chacun à notre manière, à notre rythme.

Durant toutes ces années faites d'arrivées et de départs (les miens et ceux de mes coéquipiers), j'ai constaté l'importance du rôle de nos femmes dans nos vies sociales. Elles développent une faculté étonnante d'adaptation aux situations lorsqu'il faut reconstruire un groupe d'amis à chaque nouveau transfert.

Leurs jugements sont sans appel : sans doute la contrepartie de l'effort d'adaptation qui leur est demandé pour nous suivre dans nos carrières et des heures de solitude qu'elles vivent quand il faut, presque du jour ou lendemain, abandonner ces amitiés patiemment créées. Leur influence est décisive. Si ma femme ne s'entendait pas avec celles de mes amis, nous restions éloignés. Les hommes, eux, sont plus tolérants, mais dans ce domaine, ils ne sont pas décideurs. J'insiste ! Lancez le débat lors du prochain dîner entre amis !

J'ai joué à l'ASSE de vingt-sept à trente-trois ans et suis tombé sous le charme de ce club où règnent tant de passion et de ferveur. Dans le vestiaire comme auprès des supporteurs, j'y ai retrouvé cette ambiance qui fait partie de mes gènes : la force collective d'être bien ensemble, de se savoir solidaire, d'être animé par une envie de gagner à tous les matchs.

Je me souviens d'un moment particulier lors d'un match important. Les arbitres étaient venus dans le vestiaire à la fin de l'échauffement pour vérifier nos crampons. J'étais responsable de la musique d'ambiance. Lorsqu'ils étaient entrés dans le vestiaire, le son était à fond, et c'était l'hilarité générale, car tous les joueurs reprenaient à tue-tête la chanson de Didier Barbelivien, *À toutes les filles*. Mon regard a croisé celui des arbitres. J'imagine ce qu'ils ont dû penser de nous pendant le match...

J'ai été aussi à l'initiative du tarot parmi des joueurs. J'ai ce jeu dans les veines. C'est mon grand-père maternel, Orphé, qui me l'a inculqué quand j'étais très jeune. La petite partie du dimanche matin avec les copains au bistrot. À la fin, nous étions quinze à jouer avec quatre tablées en même temps. On jouait tout le temps, parfois à l'excès : lors des mises au vert, avant et après les entraînements, dans l'avion, dans le bus entre l'aéroport et l'hôtel, après le repas, avant la sieste, et quelquefois dans le vestiaire, juste avant un match – mais « chut ! », c'est un secret ! Cette convivialité et cette joie de vivre et de partage renforçaient indéniablement nos liens. Les résultats ne pouvaient que suivre.

Notre coach, Christophe Galtier, râlait lorsque nous étions en retard, mais au fond, je pense qu'il était bien content de l'ambiance et de l'atmosphère qui régnaient. Il a même fini par jouer avec nous. Quel kif ! Pour lui, c'était un jeu d'enfants de surfer sur cette ambiance de groupe et de transformer cette joie d'être ensemble en énergie conquérante sur le terrain, où nous redevenions des compétiteurs acharnés, déterminés à ne rien lâcher. Avec le recul, je réalise qu'indirectement mais consciemment, Christophe a créé cette ambiance, cette union. Il a eu l'intelligence de construire un groupe en fonction de critères communs, annexes aux compétences sportives. Il a tenu compte de nos âges, nos situations familiales et nos caractères : des éléments externes qui ont rapidement su nous unir.

Pour la petite histoire, j'ai marqué mon seul but avec l'ASSE dans des conditions surréalistes. C'était le samedi 12 mai 2015. Deux jours plus tôt, nous avions fêté le premier anniversaire de notre fille Liséa. Nous nous étions retrouvés chez des amis pour un barbecue.

Au beau milieu d'une partie de pétanque, Arnaud, un bon copain, m'avait dit avoir eu une vision : « En l'honneur de ta fille, tu vas marquer samedi contre Nice. » J'avais ri. Joueur invétéré, Arnaud avait décidé de parier sur une application de paris sportifs. « Samedi 12 mai, ASSE-NICE : Clément Buteur » : il avait parié 50 €. Moi, je continuais de rire. Il avait insisté et doublé sa mise ! « J'en suis sûr : samedi, tu marques. »

Et alors que je n'avais mis aucun but en quatre saisons, le samedi suivant, j'ai marqué ! Nous avions convenu que dans ce cas, je devais faire un signe particulier à Arnaud. Sitôt le but marqué, je me suis exécuté : je me suis tourné vers mon ami dans les tribunes et lui ai adressé le signe convenu. Ensuite, j'ai fermé les yeux quelques secondes, et mes pensées sont allées vers ma princesse d'un an.

Ce pari improbable a rapporté à Arnaud la coquette somme de 2 700 €. C'est dire que ma cote n'était pas bonne ! Mais ce n'est pas tout. Lorsque j'ai regagné le vestiaire, ce soir-là, euphorique, le président du club m'attendait pour m'annoncer que la police venait de lui téléphoner : une tentative de cambriolage avait eu lieu à mon domicile pendant le match ! Cette annonce n'a eu aucun effet sur ma joie ; les cambrioleurs avaient été mis en déroute par mon voisin, et quand bien même, ma maison ne recelait aucun trésor. Mes trois seules richesses étaient dans les gradins, ce soir-là, à partager la joie de mon but.

En dehors d'un but que l'on marque dans le feu de l'action, il y a cette autre occasion qui nous permet parfois d'avoir la satisfaction que le ballon aille fouetter le filet. Je parle bien entendu des penaltys, obtenus sur décision de l'arbitre, suite à une faute, ou lors d'une cession de tirs au but, afin de départager les équipes.

Ces derniers sont très particuliers. Vous vous démenez pendant quatre-vingt-dix minutes, puis pendant les prolongations, soit trente minutes de jeu supplémentaires, et là, à bout de souffle et de nerfs, vous devez faire vos preuves sur un tir. Généralement, cela ne se bouscule pas au portillon pour y aller. À Saint-Étienne, la maturité aidant, j'ai osé trois fois me présenter pour cette épreuve. Je me sentais plus expérimenté qu'à mes débuts ; Christophe Galtier me confiait plus de responsabilités, j'avais envie de les assumer pleinement et de montrer l'exemple.

À chaque fois, c'est pareil. La pression est énorme, en vous et tout autour de vous. Devant les cages, un titre se joue. Non sur une saison, mais sur un tir. On inspire, on expire, on vide son esprit et on s'élance. Le gardien est à terre, vous avez réussi, mais il faut rester concentré et humble malgré la joie qui vous envahit, car tout n'est pas encore joué.

Il y a aussi les loupés. Ceux-là font très mal. On vous assure que ce n'est pas de votre faute, mais la culpabilité est bel et bien là. Cela m'est arrivé une fois, contre une équipe turque. Une colère sourde était montée en moi. Je m'en voulais tellement. Quand notre gardien, Stéphane Ruffier, avait arrêté le deuxième tir de nos adversaires, nous offrant ainsi la victoire, c'est sur lui que je m'étais précipité. Je l'avais serré plus fort que d'habitude. Cela avait été ma façon de le remercier. Silencieusement. J'avais l'impression qu'il avait lavé le déshonneur que j'avais infligé à mon équipe.

C'est à Saint-Étienne que j'ai fait mes meilleures années. Physiquement et psychologiquement, j'ai été au top jusqu'à ma triple fracture ouverte du tibia-péroné-malléole en mars 2013. On dit souvent qu'un joueur atteint la pleine possession de ses moyens entre vingt-sept et trente ans. Le physique est là, on connaît bien son corps, on a acquis de l'expérience et on maîtrise les matchs à enjeux.

Mes relations avec Christophe Galtier étaient également superbes. Quel coach ! Un Marseillais de caractère, analysant finement les comportements humains, droit, sincère, agréable et plein d'humour. Pour moi, c'est l'un des plus grands coaches actuels au niveau européen, et je pense que ses joueurs et le public le lui rendent bien.

Quand je prends le temps de me replonger dans mes souvenirs, je me rends compte que certaines de mes réactions ont dû laisser Christophe perplexe. Qu'a-t-il pensé lorsque j'ai refusé de porter le brassard de capitaine qu'il me proposait ? M'a-t-il pris pour un fou, un ingrat ? Ce 12 décembre 2012, Loïc Perrin, capitaine incontesté de Saint-Étienne, ne pouvait pas jouer contre Lorient. Christophe m'avait alors offert de porter le brassard. À cet instant, je trouvais que je n'avais la légitimité pour, que je ne méritais pas un tel honneur. Je ne portais le maillot des Verts que depuis une saison. J'avais expliqué mon ressenti à

Christophe et lui avais suggéré de porter son choix sur le jeune Josuha Guilavogui, qui avait été formé à l'ASSE. Il n'avait rien répondu, son regard était resté insondable, et Josuha avait accepté le précieux titre.

Une autre fois, pendant un entraînement, Christophe avait voulu tenter une nouvelle stratégie de jeu. Après une demi-heure de vidéo que nous avions trouvé abrutissante, nous voilà sur le terrain, à mettre en pratique les consignes imposées face à l'équipe de réserve. Et là, un fiasco. La stratégie ne fonctionnait pas : après quarante-cinq minutes de jeu, nous étions menés par les jeunes. Tous mes coéquipiers râlaient tout bas. Et forcement, moi, je n'avais pas su me taire. De but en blanc, j'avais « balancé » – car il n'y a pas d'autre terme – au coach que sa stratégie ne fonctionnait pas, que ça nous faisait « chier », et que sa vidéo nous avait pris la tête. Silence... Dans le stade, tous étaient figés. Les traits tirés, Christophe m'avait lancé un regard glacial, avant d'annoncer durement « Entraînement terminé ; tout le monde au vestiaire ! »

J'avais tout de suite regretté d'avoir sapé ainsi son autorité et son travail. À Saint-Étienne, l'âge et l'expérience aidant, mon côté délégué du personnel s'était fortement développé, peut-être un peu trop, ce jour-là. Je ne pouvais pas m'empêcher de dire tout haut ce que tout le monde disait dans son dos. Les non-dits sont toxiques : ils gangrènent les relations humaines.

Le lendemain, Christophe m'avait convoqué dans son bureau. Son intelligence en termes de coaching était encore au rendez-vous : « Jérémy, j'ai compris ta réaction d'hier et j'en tiens compte. Je serai toujours à l'écoute de mes joueurs. Mais putain, si tu as quelque chose à dire, viens me voir et ne le fais pas devant tout le monde ! » La franchise a toujours fait partie de mon tempérament, mais ce jour-là, Christophe a su me rappeler qu'il ne fallait pas oublier de choisir les bons mots et le bon moment pour être franc.

Fin janvier 2016, c'est le choc. Le journal *L'Équipe* publie la « liste noire de Galtier » dans laquelle je découvre mon nom et celui de cinq de mes coéquipiers. Le club dément. Seulement, le mal est fait. Il me reste encore deux ans et demi de contrat à l'ASSE, mais j'avoue ne plus savoir quoi penser. Cette « fuite » volontaire de la direction agacera profondément notre coach. Les noms évoqués en réunion étaient ceux des joueurs potentiellement transférables, mais en aucun cas blacklistés.

Depuis plusieurs années, Saint-Étienne participe à l'Europa League, compétition où s'affrontent les équipes européennes du haut de tableau qui n'ont pas eu les résultats suffisants pour décrocher leur passeport pour la Ligue des Champions. Cette dernière, c'est le Graal, et Saint-Étienne en rêve : rejoindre les meilleures équipes d'Europe... Pour cela, il faut du sang neuf, se séparer des « cadres » vieillissants, qui coûtent cher au club.

Une fois le choc passé, le vestiaire rassuré, je commence à analyser ce qui se passe et comprends. Mon niveau n'a pas baissé, mais je suis au maximum de mes capacités, et le club a la volonté et les moyens de s'offrir meilleur que moi. Cependant, lorsque la fin de saison 2016 arrive, je n'ai pas envie de partir. Je ne veux pas quitter ce club que j'aime temps et qui m'a tant apporté. J'ai peur de perdre cet équilibre. Cependant, je n'ai pas le choix et ne supporterai pas d'être mis au placard.

Quelques semaines plus tard, nous apprenons la nouvelle grossesse de Sylvia, ce qui freine un peu mes recherches. Le club me fera comprendre son désappointement de façon on ne peut plus explicite. On ne me fera plus jouer. Je ne serai même plus sur les feuilles de match. Alors que j'avais joué près de quarante rencontres la saison précédente, je n'en ferai que six durant cette saison 2016/2017, dont deux en tant que remplaçant, passant de 2 760 minutes de jeu à seulement 239. Une humiliation lente et silencieuse, que j'ai encaissée sans rechigner.

Dans un club, celui qui a une assise solide, une étiquette de « cadre indiscutable », jouit d'un certain statut, qui lui octroie divers privilèges tacites. Quelques mois plus tôt, après avoir passé mon permis avec mon ami et coéquipier Jessy Moulin, fan de mécanique, je m'étais offert une superbe Harley et, depuis, je venais en moto aux entraînements. Mais là, du jour au lendemain, les membres de la direction m'ont signalé qu'il était interdit pour un joueur professionnel d'utiliser ce type de moyen de locomotion dit « à risque ». À ce moment-là, j'ai vraiment compris que je n'étais plus rien à leurs yeux et que j'étais devenu persona non grata.

Pendant la trêve de Noël, cette année-là, j'ai finalement signé un précontrat avec le club d'Angers, négociant cependant avec eux une « attente » de six mois, pour une arrivée en juin 2017, afin de permettre à notre fils de naître sereinement à Saint-Étienne. Il faut croire que cet accord déplut fortement à la direction de l'ASSE, car elle se mit à exiger un montant de transfert bien au-dessus des moyens du club d'Angers. Ce dernier finit par se rétracter, et je me retrouvai au point de départ.

La fin de saison approchait à grands pas, Christophe Galtier venait d'annoncer son départ du club, et je n'avais aucune perspective d'avenir. Cependant, j'étais convaincu d'une chose : ma fin de carrière approchait, et je ne voulais pas la passer sur un banc ou, pire, dans un placard. Je voulais jouer, fouler le gazon, transpirer, retrouver les cris des supporteurs. Lorsque Nancy s'est intéressé à moi au début du mois d'août, quelques jours avant la reprise officielle de la saison, je n'ai pas hésité : j'ai pris femme et enfants, et nous sommes partis nous installer dans le Grand Est.

Je ne garde aucune amertume envers Saint-Étienne : c'est la règle du jeu. Les dirigeants définissent leur trajectoire de jeu, et le staff doit suivre et respecter leurs décisions.

Je pense sincèrement que Christophe Galtier, lui aussi, a mal vécu cette dernière saison. Il n'a fait que suivre les directives. Il y a toujours eu beaucoup de respect entre nous deux, et certains actes sont plus importants que de beaux discours. En guise de cadeau d'adieu, Christophe m'a offert les deux lors de la causerie d'avant-match de la dernière rencontre officielle de ma carrière chez les Verts.

Pendant cette réunion, le coach nous expose sa « stratégie » pour les quatre-vingt-dix minutes à venir : j'ai alors appris que, ce soir-là, je serais non seulement titulaire, mais également capitaine de mon équipe. Christophe ajouta une phrase que je n'oublierai jamais : « Lemoine, Clément vous serez milieux de terrain, car c'est là qu'est votre place légitime pour notre dernier match ensemble. »

Petit clin d'œil du destin, l'équipe qui emporta la victoire ce jour-là n'était autre que l'AS Nancy.

Au-delà du respect que j'ai pour mon ami Loïc en tant qu'homme et que joueur, ce qui m'a intéressé, c'est cette fidélité au même club. Une situation peu commune dans un milieu où les transferts et les changements rythment invariablement chaque saison et chaque club.

« Une carrière comme la mienne fait aujourd'hui figure d'exception dans le monde du football. »

Loïc PERRIN

Joueur et capitaine emblématique de l'ASSE durant plus de dix-huit ans, qui a joué trois-cents-quatre-vingt-dix matchs de Ligue 1 et trente-huit de Coupe d'Europe.

« Je suis un pur Stéphanois. Je suis né, j'ai grandi et je vis toujours à Saint-Étienne. J'ai été formé au centre de l'ASSE et footballeur professionnel pour ce même club pendant dix-sept années. Ma femme est originaire de la même région. Nos enfants sont nés ici. Ma famille et ma belle-famille vivent dans les environs.

Je suis conscient qu'une carrière comme la mienne fait aujourd'hui figure d'exception dans le monde du football. J'ai eu une vie "normale", si je puis dire, loin des transferts et des déménagements. Une stabilité quasi impossible dans une carrière de footballeur. C'était une réelle chance, et je l'ai toujours considérée comme telle, dès mon adolescence. Si j'avais dû intégrer un centre de formation loin de chez moi, je ne suis pas sûr que j'aurais pu tenir. Je rentrais chez moi tous les soirs, je retrouvais mes parents, mon frère et ma sœur, mes amis, comme n'importe quel gamin. Je suis admiratif devant tous ces joueurs qui sont partis de chez eux à treize ou quinze ans et qui ont réussi. Il faut une sacrée force mentale.

Cependant, je n'avais pas prévu de passer toute ma carrière à Saint-Étienne, je n'avais même pas imaginé cela possible. Quand tu débutes, tu ne peux pas savoir combien de temps durera ta carrière, ni de combien de transferts tu feras l'objet, mais tu sais que ça fait partie intégrante des règles du jeu et tu les acceptes. Au football, tout est question d'opportunités à saisir : partir ou rester.

J'ai régulièrement été approché par d'autres clubs, mais je n'étais pas intéressé. Je ne donnais même pas suite aux propositions de rencontre, tout en sachant que les offres qu'ils m'auraient faites seraient financièrement à mon avantage. Je n'en avais pas envie. Ce n'était pas un manque d'ambition de ma part. Non. Saint-Étienne suffisait à mon bonheur et me comblait sur tous les plans. J'étais réellement un privilégié.

Cependant, j'ai failli quitter le groupe à deux reprises.

Une première fois en 2010. L'ASSE avait connu deux saisons difficiles, j'avais été blessé plusieurs fois, et cette période m'avait usé moralement. Christophe Galtier avait repris le club en cours de saison et n'avait pas encore mis en place sa stratégie. Il y avait un climat d'instabilité, je ne savais pas où l'on allait.

J'ai été sollicité par Monaco et me suis dit que c'était peut-être le moment de changer, de tester mes limites en sortant de ma zone de confort. Les Monégasques et moi sommes donc parvenus à un accord. Restait à trouver une entente entre les clubs. En d'autres termes, le montant de mon indemnité de transfert, car j'avais encore deux ans de contrat avec Saint-Étienne. Ils n'y sont pas parvenus.

J'ai donc stoppé immédiatement les négociations. Il était inconcevable pour moi d'aller à la confrontation avec mon club formateur : ce n'était pas ma façon de faire et ce ne le sera jamais. Ils ne voulaient pas me laisser partir. Ils étaient dans leur droit, et je respectais leur choix. Je l'acceptais. Pour moi, un départ était possible uniquement si les trois parties étaient satisfaites. Je suis donc resté sans remord ni rancune, et l'avenir m'a prouvé que j'avais eu raison, car l'année suivante, Monaco descendait en Ligue 2, et trois ans plus tard, Saint-Étienne, remonté progressivement dans les classements, remporta la Coupe de la Ligue.

En 2014, l'équipe d'Arsenal est venue me faire une proposition. J'avais vingt-neuf ans. Physiquement, techniquement et mentalement, j'étais à l'apogée de ma carrière. Arsenal, ça ne se refuse pas. Je m'étais toujours dit que si je quittais Saint-Étienne, ce serait pour passer un palier important. C'est un autre joueur qui a finalement été retenu par le club londonien. Je ne regrette rien. Ces années Galtier ont été les plus belles de ma carrière, et qui sait si ma famille se serait adaptée ou plu en Angleterre ?

J'étais et suis toujours convaincu que, pour être performant, il faut être bien dans sa vie privée. La cellule familiale est primordiale. Tu ne peux pas être bien sur le terrain si tu as des soucis à la maison. Il y a forcément des répercussions sur ta concentration et tes résultats. Ça a été le cas pour moi : j'avais de la stabilité dans mon quotidien, une famille épanouie et un entourage présent. Lors d'un transfert, c'est toute une famille qu'il faut déplacer ; le conjoint et les enfants doivent faire preuve d'adaptabilité, et ce n'est pas toujours évident.

J'ai eu la chance de choisir et d'être choisi par une femme qui ne suivait pas du tout le foot. Quand je l'ai rencontrée, elle ne savait pas vraiment qui j'étais. Elle m'a pris pour ce que j'étais. Au fil des années, elle ne s'est pas beaucoup plus intéressée au football, aux classements, aux scores, aux équipes adverses... Elle venait assister aux matchs sans se soucier de tout cela. Elle venait pour moi, et c'était ce qui importait le plus à mes yeux. Son détachement me convenait bien. Il me permettait de prendre du recul et m'apportait un équilibre au quotidien.

Ma femme n'a jamais arrêté de travailler : c'était important pour elle de continuer à faire ce qu'elle aimait, de rester indépendante et de maintenir une vie sociale riche. Elle n'a pas un métier facile sur le plan psychologique. Elle travaille dans un service hospitalier et échange tous les jours avec des gens malades, de tout âge. Elle a appris à relativiser et à minimiser les petits tracas du quotidien qui semblent bien superficiels après de telles rencontres, lorsqu'elle rentre le soir. Elle a fait entrer cette philosophie dans notre foyer, et cela m'a beaucoup aidé face à la pression du métier de footballeur.

Quand je dis qu'une telle carrière n'aurait pas pu être possible dans un autre club, je suis objectif. L'ASSE est un club à part : la passion y est très forte. Saint-Étienne est ce qu'il est grâce à son histoire, grâce à cette épopée des années soixante-dix, où les Verts ont fait aimer le football à la France entière. Aujourd'hui, cet amour s'est transmis de génération en génération. C'est un club particulier, soutenu par un public incroyable. Je suis vraiment fier d'avoir participé à cette belle aventure. »

Nancy : quand tu sens la fin approcher

J'ai donc signé pour deux ans à l'AS Nancy Lorraine. Il me fallait tourner cette belle page verte sur les lignes de laquelle j'avais connu tant de moments extraordinaires. L'année qui venait de s'écouler avait été compliquée, et j'avais vraiment besoin de me sentir désiré par mon nouveau club. Or la transition fut difficile, car l'ambiance était très différente. Je n'ai pas ressenti beaucoup d'envie chez eux à l'idée que je les rejoigne.

Comme je suis un sentimental, il me faut de la passion. Je souhaitais vivre de bons moments pour terminer ma carrière sportive, et j'ai connu l'ambiance des vestiaires plombée par la peur de perdre. Nous avons eu cinq entraîneurs en une saison, alors que j'en avais connu seulement trois en quinze ans à Lyon, Glasgow, Paris et Saint-Étienne.

Pablo Correa, qui était à l'initiative de ma venue à Nancy, a été limogé dix jours après mon arrivée. J'ai vécu ce départ comme un mauvais présage. L'entraîneur suivant, Vincent Hognon, m'a affirmé son soutien et son envie de travailler avec moi, mais il a été le dernier. Les coaches d'après m'ont ouvert une jolie porte de placard, me faisant jouer juste les fins de matchs en tant que remplaçant. Je ne peux pas leur en vouloir, j'avais signé un contrat stipulant sa reconduction pour une troisième année si je jouais titulaire plus de vingt matchs. Je percevais le salaire le plus important du club. Les dirigeants n'avaient ni l'envie ni les moyens de me garder. Le message était passé auprès des entraîneurs, et moi, je ne cessais de me demander pourquoi ils m'avaient fait venir.

Je ne peux pas le nier : mon passage à Nancy a été le moins passionnant de ma carrière et celui où j'ai pris le moins de plaisir. J'y suis sûrement pour quelque chose. Nancy venait de descendre en Ligue 2, et ce n'est pas le Jérémy vieillissant que j'étais dont ils avaient besoin. Ma motivation baissait au fil de la saison, étant même parfois carrément en berne. Malgré tout, je m'efforçais de rester le plus professionnel et le plus consciencieux possible. Je m'imposais une discipline rigoureuse. On ne voulait plus de moi, je pouvais l'accepter, mais je n'aurais pas supporté que l'on remette en cause mon implication au travail ou mon intégrité.

Les résultats ont reflété l'ambiance du club : il n'y a pas eu d'alchimie entre eux et moi. Cette relation de confiance qui me tient tant à cœur n'a jamais vu le jour : cela a été un échec réciproque. Dommage, car j'y ai malgré tout rencontré de belles personnes, tant dans le vestiaire qu'en dehors, comme mon coéquipier Youssouf Hadji, avec qui j'ai partagé le terrain, mais aussi les gradins lorsque nous allions encourager nos fils respectifs qui évoluaient dans le même club.

Après avoir été un adversaire redoutable, Youssouf est devenu un super coéquipier sur le terrain, et c'est avec plaisir que nous nous retrouvions dès que nous le pouvions sur le bord du stade pour encourager nos fils respectifs qui jouaient dans le même club. Dans les gradins, c'est un papa discret qui porte sur son fils un regard bienveillant, loin des agitations et des folies de certains parents d'aujourd'hui.

« Je me suis posé la question de savoir quel rôle je devais avoir avec mon fils lorsqu'il joue au football et que je le regarde. »

Youssouf HADJI

Footballeur marocain qui a fait toute sa carrière en France, essentiellement à l'AS Nancy Lorraine. Celle-ci fut exceptionnellement longue pour un attaquant - vingt ans - avec plus de quatre-cents matchs professionnels joués et soixante sélections en équipe nationale marocaine.

« Mon fils n'a que onze ans et il est passionné de foot. Il a la chance d'avoir un entraîneur qui organise d'autres activités en dehors de ce sport, comme des sorties au parc aquatique et des repas entre enfants. C'est super pour l'esprit de groupe. Les enfants "kiffent". Cela créé des liens forts entre eux.

Je me suis posé la question de savoir quel rôle je devais avoir avec mon fils lorsqu'il joue au football et que je le regarde. Le regard du père bienveillant ou celui de l'ancien professionnel qui décidait en un quart de seconde quelle option de jeu choisir ? J'ai vite tranché.

Lors de ma dernière année à Nancy, mon petit garçon jouait avec celui de Jérémy dans la même équipe de jeunes. Cela m'a rapproché encore plus de Jérémy : nous nous retrouvions l'un à côté de l'autre à regarder jouer nos enfants. Très à l'écart des autres parents pour ne pas être reconnus et pouvoir regarder tranquillement nos fils prendre du plaisir à jouer. Quand j'entends des parents hurler comme des fous sur la touche ou des enfants regarder leurs parents dès qu'ils ratent un dribble, cela me fait mal au cœur. Vraiment. En revanche, cela m'a permis de profiter de cet humour complètement décalé de Jérémy...

Mon petit a suivi mes matchs et essaie de me copier. Cela m'amuse. Au début, il voulait jouer gardien et m'a demandé de lui acheter des gants. Au bout de trois ou quatre entraînements, il m'a dit que ce n'était pas un poste pour lui. Il voulait jouer attaquant. Cela m'a fait rire. Il joue déjà à une touche de balle et redemande tout de suite le ballon. Alors que moi, à son âge, il me fallait trois contrôles pour maîtriser le ballon... Il y a du mimétisme dans sa façon de jouer.

Ceci dit, son avenir dans le football est une question que je ne me pose pas. Je souhaite juste qu'il fasse du sport. Peu importe lequel. Le sport, c'est fondamental. La pratique d'un sport collectif apprend tout, fait côtoyer tous les caractères et permet de se faire des potes. C'est l'école de la vie : irremplaçable pour la construction d'un jeune. J'ai eu un peu peur quand mon fils a commencé avec la PlayStation. Heureusement, l'attrait pour le vrai ballon a pris le dessus. Quel soulagement ! »

Cependant, un souvenir précis d'un match à Nancy restera ancré en moi pour toujours. Le 22 janvier 2019, à l'occasion d'une rencontre avec le club de Guingamp, j'ai eu la chance de pouvoir entrer sur le terrain accompagné de mon fils aîné Roméo. Les onze enfants plus méritants de l'équipe U10 du club de Nancy avaient été sélectionnés pour entrer sur le stade aux côtés de l'équipe professionnelle. J'avais silencieusement partagé la fierté de mon fils lorsque qu'il m'avait annoncé qu'il faisait partie des qualifiés.

Ce soir-là, quand je suis entré sur le terrain avec sa main dans la mienne, la solitude qui me pesait depuis mon arrivée était moins lourde à porter sur le gazon. Je goûtais la saveur du moment. Dans le souterrain qui mène des vestiaires au stade, je lui avais rappelé que c'était la deuxième fois qu'il entrait sur le terrain avec moi, mais que ce serait sûrement la dernière. « Pense à apprécier le moment. » La première fois, c'était à Saint-Étienne, cinq ans plus tôt, et il avait râlé, car il ne voulait pas porter le maillot de l'équipe adverse, l'Olympique de Marseille. Qu'aurais-je donné à son âge pour un tel maillot !

Cinq ans plus tard, lui comme moi avions grandi, et ce moment avait une saveur bien différente : celle du renouveau, du plaisir d'être accompagné, la joie de lire la passion dans les yeux de mon fils. Le « Bon match ! » qu'il m'a lancé dans un timide sourire avant de quitter le stade a été le meilleur des « Bon match ! » qu'on ait pu me souhaiter de toute ma carrière. À chaque fois que j'entrais sur le terrain, une petite voix me soufflait de profiter au maximum. Le manque de partage et de plaisir était omniprésent pour moi à Nancy. Avant d'entrer sur le terrain, je devais « m'automotiver », sauf ce soir-là.

En fin de carrière, j'ai eu des contacts avec des intermédiaires pour jouer sur un autre continent, mais cela n'est pas allé plus loin que de simples discussions. Repartir une nouvelle fois aurait chamboulé notre équilibre familial, et l'heure était à la stabilisation et au retour à nos racines plutôt qu'à l'excitation d'une nouvelle aventure à cinq. Le football m'a permis de découvrir des endroits très variés en France, et même si j'ai un attachement viscéral à l'Isère, j'ai été comblé par la découverture des régions et des villes où j'ai joué.

Bourgoin-Jallieu : une retraite anticipée

À la fin de mes deux années de contrat pro à Nancy, ma femme et moi avons décidé de retourner dans notre région d'origine et de nous y installer avec nos trois enfants. Le club de Bourgoin-Jallieu, qui joue en National 3 (N3, l'ancienne CFA 2), m'a proposé de le rejoindre et de jouer dans l'équipe 1, tout en m'occupant des U14, les jeunes amateurs de moins de quatorze ans.

J'ai réfléchi une journée et accepté la mission. Redonner un peu de ce que j'avais reçu m'a paru une évidence. C'était également l'occasion de préparer l'obtention des diplômes en vue de devenir entraîneur, un tout autre métier que celui de joueur.

J'ai pris beaucoup de plaisir durant cette année passée avec ces jeunes adolescents. Faites un test si vous avez des enfants de treize ou quatorze ans. Demandez-leur de faire venir quelques-uns de leurs copains et prenez la parole face à ce petit groupe pour évoquer un sujet banal, au prétexte de leur demander leur avis. Calculez le temps que vous tenez avant que l'un d'eux sorte son téléphone portable. Ce geste témoigne que votre communication ne passe pas. Les ados de cet âge ne font pas de cadeau : soit vous les captez tout de suite, soit ils zappent.

Cela a été une excellente chose de commencer avec eux. Ils étaient trop jeunes pour avoir suivi ma carrière et ne s'intéressaient qu'au moment présent. J'ai rencontré des gamins très à l'écoute, respectueux, drôles, travailleurs, attachants. La confiance s'est très vite établie entre eux et moi. Ce n'est pas un âge facile, mais paradoxalement, s'ils se sentent en confiance, leur adhésion est totale.

À leurs côtés, je me suis revu à leur âge, lorsque seul le football comptait. Quand un enfant aime une activité, il est primordial de le soutenir. Les sports collectifs inculquent de belles et durables valeurs, qu'il est important de ne pas oublier.

Lorsque je vais voir jouer mon fils aîné, je suis très discret. Je me mets dans mon coin et le regarde en tant que père, non en tant que « spécialiste du foot ». Des spécialistes, il y en a autant que de spectateurs. Tout le monde sait tout sur tout. Tous ces commentaires que j'entends m'insupportent. Toujours critiques. Pas la moindre tolérance pour l'erreur, le geste technique raté. J'entends des mots qui font mal autour des terrains, surtout lorsqu'ils concernent des gamins de dix ou douze ans. Ils peuvent blesser encore plus que les coups reçus. Il faut être attentif à cet aspect des choses et apprendre la tolérance. Les critiques doivent être justes et mesurées.

Un soir de mars 2020, après un week-end aux côtés de mes U14 passionnés, j'ai enfilé pour la dernière fois sans le savoir mon maillot aux couleurs de l'AS BJ, ciel et grenat. L'arbitre a sifflé la fin du match, et puis plus rien. Le premier confinement lié à la pandémie de coronavirus a été décrété. Les gradins et les pelouses se sont vidés. Ma carrière de footballeur professionnel s'est arrêtée.

CHAPITRE 3
Du rire et du plaisir pour réunir et réussir

« Rien n'est plus sérieux que le plaisir. »
Jean Cocteau

Le plaisir est un composant indispensable à ma vie. Depuis mon enfance, j'en ai eu tant que je ne peux pas accepter un quotidien qui m'obligerait à m'en priver. J'ai toujours vécu en groupe, avec mes copains ou en famille. Rire en bonne compagnie est pour moi presque aussi normal que respirer. Cela fait partie de l'hygiène de vie comme la douche. Rire, c'est la douche de l'esprit.

Je n'ai jamais compris les réactions du genre « Regarde-les rire ; ils ne sont pas sérieux ni concentrés. » Rire et plaisir ne sont pas incompatibles avec les performances, les bons résultats et le travail bien fait, pas plus en sport que dans les entreprises.

Quand on a la chance de vivre de son rêve d'enfant, la notion de plaisir fait partie intégrante du quotidien, surtout lorsqu'il s'agit de football. Le plaisir du stade, du public. Le plaisir de l'adrénaline, de la victoire. Tout cela n'est qu'évidence. Néanmoins, pour réussir, le plaisir d'être ensemble est primordial. L'union.

Pour être unis et solidaires les uns des autres dans un groupe ou une équipe, il faut avoir vécu, travaillé et lutté ensemble, mais aussi ri ensemble. Le rire est pour moi l'une des meilleures façons de se créer des souvenirs communs indélébiles. On se souvient tous de nos plus grands fous rires.

C'est principalement dans les vestiaires après un entraînement ou à la fin d'un match que j'ai connu les plus grands moments de rire de ma carrière, lorsque la pression redescend. Le vestiaire est un lieu chargé d'émotions, et lorsque ces dernières sont bonnes, il est primordial de s'en nourrir et de les entretenir.

À Lyon, j'étais trop jeune et n'aurais jamais osé prendre l'initiative de lancer des séances de rigolade au sein du groupe en plein exercice. À Glasgow, il y avait la contrainte de la langue, et malgré mon niveau d'anglais plus qu'acceptable, passer le cap du second degré me semblait complexe.

Au PSG, Sylvain Armand et moi inondions souvent le vestiaire de chansons des années quatre-vingt. On ne les choisissait pas toujours pour leurs paroles ou leurs mélodies, mais surtout pour leur rythmique et leur effet euphorisant et dynamisant. Le petit coup de fouet avant d'entrer sur le terrain, comme on entrerait sur un dancefloor.

Je n'ai jamais aimé danser. En soirée, je suis plutôt du genre pilier de comptoir, le gars accroché au bar un verre dans une main, un téléphone dans l'autre, en train de sélectionner la prochaine musique à passer pour régaler les amis. Cependant, au risque de passer pour le ringard de service, ce que je préfère, ce sont les chansons à texte, parfois nostalgiques, celles qui vous prennent aux tripes, vous déclenchent des frissons et vous donnent envie de chanter, de hurler à pleins poumons.

Avant les matchs, j'allais puiser mon énergie dans ces chansons mélancoliques : *À toutes les filles* de Didier Barbelivien, *Femme que j'aime* de Jean-Luc Lahaye, *Le coup de soleil* de Richard Cocciante, et tant d'autres, encore ! Vous trouverez la liste de mes douze coups de cœur en fin de chapitre, douze titres pour les nostalgiques comme moi, qui ont envie de s'époumoner dans leur voiture ou sous la douche.

À Saint-Étienne, lorsque c'était à mon tour de choisir de la musique, j'ai parfois eu droit à des remarques du genre : « Jérémy, t'es pas sérieux. On a envie d'aller se pendre avec ton truc. » Et tout le vestiaire partait dans un grand éclat de rire.

J'aime la chanson française, toutes générations confondues. Je suis toujours impressionné par la puissance des mots et des mélodies, par l'infinie créativité des paroliers et compositeurs.

Pendant ma carrière, j'ai eu la chance d'échanger et de sympathiser avec de nombreux chanteurs, notamment à l'occasion des Foot-Concerts organisés par l'association Huntington Avenir. Né en 2005, suite à la rencontre de Joël Bats, entraîneur des gardiens à l'Olympique Lyonnais, et Michaël Jones, célèbre guitariste et chanteur, cet événement réunissait des artistes à voix et des footballeurs autour d'un tournoi en salle, suivi d'un concert. Les bénéfices étaient reversés à l'association, qui aide les personnes atteintes de la maladie héréditaire d'Huntington. Cette affection rare s'attaque de façon irréversible au système nerveux, entraînant une dégénérescence neurologique lente, puis la mort.

Toutes les célébrités présentes participaient de façon bénévole. Les rencontres étaient simples, vraies et riches en émotion. J'ai participé à chaque édition. Même lorsque j'étais à Paris, je trouvais systématiquement le temps de rejoindre Lyon pour l'évènement, en amenant dans mes bagages un ou plusieurs nouveaux bénévoles, comme Ludo Giuly. Que de bons souvenirs ! C'était vraiment des moments de pur plaisir et de partage, et cela se ressentait dans les coulisses, où régnait une bonne ambiance, tout comme dans le public. C'était super de pouvoir échanger avec Amel Bent, Florent Pagny ou Grégoire, ces individus au grand cœur dont la voix fait vibrer les foules, comme nous, footballeurs, le faisons avec nos pieds.

La dernière édition a eu lieu à Saint-Étienne en mars 2016. Il n'y avait aucun accord entre Lyon et l'association Huntington Avenir, et les organisateurs n'avaient plus de réels contacts au sein du club ; leur action bénévole commençait à s'essouffler. C'est à l'occasion d'une rencontre avec l'un d'eux que j'ai suggéré de l'organiser à Saint-Étienne. L'idée a plu, et avec l'aide, au sein du club stéphanois, de l'ancien joueur Lionel Potillon, directeur de l'ASSE Cœur-Vert, et de Marguerite Garcia, présidente de l'association Huntington Avenir, les portes du Zénith se sont ouvertes.

J'ai activement participé à l'organisation de l'événement, prenant notamment en charge la partie « recrutement » des joueurs bénévoles. Tout le monde a joué le jeu : Loïc Perrin, Franck Tabanou, Laurent Battles, même mon ami Sylvain Wiltord, ex-lyonnais, qui avait instantanément répondu positivement à mon invitation. Cette soirée a indéniablement contribué à unir d'avantage notre groupe.

J'ai vraiment passé de super moments sur et en dehors du terrain avec Ludovic. C'est un vrai boute-en-train, quelqu'un qui amène beaucoup de légèreté dans un groupe. Je voulais connaître son « après foot ». Découvrir comment il avait vécu sa fin de carrière, cette nouvelle vie « hors d'équipe », lui qui a toujours mis un point d'honneur à entretenir une dynamique et cohésion de groupe.

« Le football a été mon passé, est mon présent et sera mon futur. »

Ludovic GIULY

International français, qui a joué successivement à l'Olympique Lyonnais, à l'AS Monaco, au FC Barcelone, à l'AS Roma et au PSG.

« À l'issue de leur carrière, les joueurs se scindent en deux catégories : ceux qui disparaissent des radars, car ils sont programmés pour faire tout autre chose que du football, comme Jérémy Toulalan ou Philippe Mexès – c'est leur caractère –, et ceux qui ne peuvent pas se passer du terrain, de l'ambiance des vestiaires, de l'adrénaline de la compétition, du plaisir du jeu. Je fais partie de ceux-là.

Néanmoins, j'avais tellement donné pendant vingt ans que j'ai ressenti le besoin de couper, de prendre du recul avec ma famille et de profiter de ce temps libre pour réfléchir et envisager toutes les options. Cela m'a permis de me plonger dans la vraie vie, celle de nos fans. Après quinze ou vingt ans de carrière professionnelle, un joueur ne connaît rien de la vie, du quotidien des gens qui l'entourent, de leurs contraintes. Il a vécu dans une bulle pendant sa carrière, et il doit découvrir cet aspect de la vie.

En ce qui me concerne, j'ai commencé par respecter un engagement que j'avais pris auprès du président de mon club formateur de Chasselay, parti trop tôt, malheureusement : terminer ma carrière là où je l'avais commencée, en CFA. Promesse tenue. J'ai retrouvé le vestiaire, le terrain, les trajets de plusieurs heures en bus. J'ai observé mes nouveaux coéquipiers et découvert que la passion n'est pas forcément la même que celle que j'avais à leur âge, quand j'arrivais avant l'entraînement et continuais après, le temps de faire et refaire mes gammes. Encore et encore.

Ensuite, je suis devenu Ambassadeur de l'AS Monaco, club où j'ai joué sept ans, et participé à une finale de la Ligue des Champions. Là aussi, une question de fidélité.

Ayant joué trois ans à Barcelone entre 2004 et 2007, j'ai passé mes diplômes d'entraîneur en Espagne, puis suis devenu consultant. Cela m'a permis de rester en contact avec le monde du football, d'observer, de suivre l'évolution du football et d'apporter aux téléspectateurs un éclairage sur ce qui se passe sur le terrain.

Aujourd'hui, je suis arrivé à la conclusion que le football a été mon passé, est mon présent via mon activité de consultant, et sera mon futur, mais pas à n'importe quel prix, ni n'importe comment. J'ai toujours aimé l'ambiance détendue, la rigolade, la gaieté dans le vestiaire ; je ne vais pas me renier et devenir rigide du jour au lendemain. Je vais attendre le bon moment et le bon club, celui avec lequel je partagerai les mêmes objectifs et les mêmes valeurs.

Cela commence par le respect du maillot, de l'histoire du club et du travail fait par tous ces bénévoles, sans lesquels rien ne serait possible. Ce respect doit exister chez tous les joueurs. Quelles que soient les stars dans une équipe, qu'il y en ait une, deux ou trois, elles ne sont rien si elles ne s'entendent pas entre elles et si les coéquipiers ne les mettent pas en situation de briller. Sans les autres, aussi performant sois-tu, tu n'es rien.

En ce qui concerne le jeu pratiqué par les équipes, j'ai conscience d'être en décalage avec les entraîneurs d'aujourd'hui. Pour moi, le football est quelque chose de simple. Quand je vois de nouveaux systèmes de jeu se mettre en place et des joueurs être positionnés dans un registre qui n'est pas le leur, je suis plus que dubitatif. J'espère ne jamais tomber dans ces travers.

La qualité d'un entraîneur passe par sa capacité d'analyse des forces et faiblesses de chacun de ses joueurs et d'adaptation à eux. Non l'inverse. Son rôle est de les mettre là où ils seront les plus performants et de s'assurer que le vestiaire vit bien. L'expression peut paraître théorique, mais c'est une réalité. Un groupe uni donne des signes de son harmonie. Avant et après les matchs.

Bien sûr, tout le monde ne peut pas aimer tout le monde. Il y a la concurrence, des caractères opposés, des conceptions variables du respect, des analyses différentes d'une situation, etc., mais l'entraîneur doit fédérer son groupe autour de quelques idées fortes : un tronc commun d'exigences, d'implication et de sens collectif. Quand je vois parfois des schémas tactiques en 3-5-2, où les joueurs paraissent perdus sur le terrain, cela me fait de la peine. Pour eux, pour l'entraîneur, pour les spectateurs.

Depuis la fin de ma carrière, j'ai appris à écouter et à entendre les autres. Avant, tout allait dans mon sens. Aujourd'hui, c'est différent. Je ne suis plus le centre de tout. Je me suis adapté à la vie réelle et aux jeunes. C'est une autre époque. Je mets de côté tout ce que j'ai vécu, mais sans le renier, tout en évoluant. Avec une certitude qui traverse les époques : si tu veux réussir, fixe-toi des objectifs précis et donne-toi les moyens de les atteindre. »

Comme tous les autres métiers, celui de footballeur possède des avantages et des inconvénients. Pour ma part, j'ai toujours eu du mal avec les mises au vert, ces rendez-vous hebdomadaires invariables où je devais m'éloigner de ma famille, de mes enfants. Je trouvais cela d'autant plus frustrant quand elles se déroulaient les veilles de matchs à domicile, où nous devions passer les deux journées et la nuit d'avant-rencontre au centre d'entraînement, à seulement quelques kilomètres de la maison.

Certaines soirées pouvaient sembler interminables. Cependant, je garde quelques très bons souvenirs, car parfois, l'ambiance pouvait un peu virer en mode « colonie de vacances entre copains » (les tournois de tarot et les gentilles « blagues » dont j'étais l'instigateur y étaient pour beaucoup).

Je me souviens d'un soir, à L'Étrat, « quartier général » de l'ASSE Cœur-Vert, où l'ambiance était particulièrement morose, car nous avions subi plusieurs défaites. Ni une, ni deux, j'étais descendu en catimini dans le réfectoire du centre et avais dérobé deux bouteilles de vin dans la cave exclusivement réservée au staff technique. Celui-ci buvait un peu de vin à chaque repas, ce qui pour nous, les joueurs, était formellement interdit. En revenant dans ma chambre où quelques coéquipiers m'attendaient pour le tarot, j'avais été accueilli comme une rock star. Nous étions huit, dont Loïc Perrin, Jean-Pascal Mignot, Laurent Battles, Sylvain Marchal et Fabien Lemoine. Le calcul avait été vite fait : deux petits verres de vin chacun. Cela n'allait pas nous faire de mal, mais notre veillée y avait gagné un petit côté festif.

Cependant, le lendemain, nous avons moins rigolé. Une femme de ménage avait retrouvé les bouteilles vides et des emballages de fast-food et de bonbons en tous genres dans l'une des poubelles du couloir. Christophe Galtier a passé un savon mémorable à l'ensemble du collectif. Je me suis dénoncé pour le vin, mais ni mes partenaires de cartes ni moi n'étions à l'origine de l'introduction illégale de junk food au sein du centre. J'ai défendu notre cause auprès du coach en soulignant qu'à l'époque où il était joueur professionnel, ses coéquipiers et lui devaient faire bien pire. Imaginez les années 1980/1990 à Marseille ou Lille, entre autres...

Sur le coup, cela n'a pas semblé l'interpeller, mais heureusement pour nous – et peut-être grâce à cette petite transgression qui nous avait soudés –, le soir-même, nous avons remporté le match, et quelques semaines plus tard, lors du dîner de mise au vert (veille de match, donc), Christophe Galtier s'est levé. Il est venu se planter devant notre table, une bouteille de vin à la main et, avec un petit sourire, il a simplement demandé : « L'un d'entre vous a envie d'un verre de vin ? » La tradition était née. Même si elle n'est pas devenue systématique, nous avons eu droit à notre verre de vin de façon récurrente lors des dîners à L'Étrat. Quant à moi, j'ai arrêté de piquer les bouteilles de vin du staff technique !

Pour souder les gens dans le milieu professionnel, je suis convaincu qu'il faut parfois savoir faire abstraction du professionnalisme, justement. Christophe appartient à ces coaches qui l'ont compris. Au-delà de ce petit verre de vin riche en polyphénols, lorsque nous partions en stage d'entraînement, avant la reprise de la saison, il avait toujours cette petite phrase la veille du départ : « Et n'oubliez pas de prendre un jean ! » Sous-entendu : « O. K., on va bosser, on va vous décrasser de vos quelques semaines de vacances, mais on fera aussi une petite sortie au resto pour fêter nos retrouvailles. » Invariablement, ces quelques mots avaient le don de nous faire sourire. Le travail, mais pas que...

J'adore son personnage de Chicandier, son côté bof et franchouillard, dans lequel je me retrouve énormément, sans parler de son sketch Bleu métal *! J'ai contacté Laurent au culot et je n'ai pas été déçu. J'étais certain qu'au-delà de toutes ces « conneries » qu'il balance sans filtre, il aurait des idées fortes à partager.*

« Perdre mon boulot a été une révélation. »

Laurent REGAIRAZ

Chroniqueur, humoriste, auteur, producteur, comédien et acteur français.

« Depuis que j'ai douze ans, je suis attiré par la scène. Pendant mon adolescence, avec les copains, on écrivait des pièces de théâtre, des parodies et des sketchs. On se filmait et on envoyait nos VHS à Canal+. En grandissant, j'ai laissé mes rêves de côté, en me disant que les places dans ce milieu étaient trop rares et trop chères.

J'ai fait mon droit et eu mon diplôme de notaire, puis j'ai bossé en entreprise, mais je n'ai jamais cessé d'écrire. Avec l'ascension des réseaux sociaux, et notamment de Facebook, j'ai découvert qu'Internet m'offrait une incroyable tribune. J'ai recommencé mes vidéos. Je publiais régulièrement des petits billets d'humeur humoristiques. J'ai intitulé l'un d'eux Enculé de banquier. *L'actionnaire majoritaire de ma boîte était une banque... Il n'a pas vraiment apprécié, contrairement aux internautes...J'ai été viré très vite ! Dans la foulée, j'ai créé le personnage de Chicandier et publié la vidéo qui m'a propulsé sur le devant de la scène :* Bleu Métal.

Chicandier, c'est une grande gueule, bien franchouillard et un peu beauf sur les bords. Le public l'a vite adopté, mais rapidement, j'ai essayé de lui donner plus de profondeur d'âme, un peu de culture et de réflexion. Je voulais qu'il sorte de cette image de mec qui bouffe, picole et braille dans sa bagnole.

Chicandier, c'est une part de moi : il me ressemble, mais heureusement, pas tout le temps. Sinon, ma femme et ma fille se seraient barrées depuis longtemps, et sans elles, en trois mois, je me retrouve sous les ponts.

J'ai donné à Chicandier le pouvoir de dire tout haut ce que beaucoup pensent tout bas. Pour écrire ces sketchs et ces chroniques, j'ai pris le temps de regarder et d'étudier notre société. Aujourd'hui, j'ai le sentiment que les Français en ont ras le bol et ont besoin de liberté. Or celle-ci passe par les petits plaisirs du quotidien qui font partie de notre culture.

On veut faire ce qu'on veut, et il n'y a pas de mal à ça, tant que ça reste légal et que personne n'en souffre. Laissez-nous manger de façon outrancière, boire un canon de trop, faire la fête et assumer notre physique de non-sportif. Entre le travail, les obligations familiales, les problèmes financiers, la santé et le reste, la vie est suffisamment compliquée : on n'a pas besoin de se culpabiliser en plus si l'on ne mange pas cinq fruits et légumes par jour et si un prof de yoga ne nous attend pas au pied de notre lit. C'est ça le message que je veux faire passer sur scène ou derrière mon écran. La vie est déjà bien assez compliquée, alors lâchez-nous la grappe et laissez-nous profiter !

Perdre mon boulot a été une révélation. À ce moment-là, j'ai compris que j'avais passé près de quinze ans dans la peau d'un imposteur. Je me planquais. Je n'étais pas à ma place et ne faisais rien pour changer cette situation. J'effectuais chaque jour un métier qui ne me plaisait pas et ne pouvais rien y faire. J'étais pris dans une spirale infernale.

Ce licenciement et cette reconversion ont été une libération.

Aujourd'hui, au-delà de mon métier d'humoriste, ce que je souhaite, c'est proposer un vrai projet de vie. Je ne veux pas que faire rire. La notoriété n'est pas une finalité : bien entendu, c'est un incroyable tremplin, mais il faut voir plus loin. Se remettre en question, se renouveler, explorer les voies qui nous appellent. Il faut être prêt à accepter les périodes de doute : il en sort toujours un enseignement.

La puissance des réseaux est à double tranchant. Le public derrière son écran peut vous atteindre. On a parfois la sensation de ne plus s'appartenir. Dans cette nouvelle vie professionnelle qui s'est ouverte à moi, il m'a semblé important d'être autonome financièrement et ne pas être tributaire d'un tiers. J'ai créé mon écosystème en me concentrant sur les domaines qui me passionnent. De ce développement sont nées différentes marques de golfs, de bières, de fringues, et je viens juste d'acheter des vignes, tout en continuant à développer mes projets sur scène et sur les plateaux. Me diversifier est un peu ma façon de préserver ma liberté.

Désormais, le plaisir est mon moteur quotidien. Bien évidemment, il n'exclut pas le travail : tu deviens même plus performant lorsque tu fais un métier qui te passionne. Et cela a des répercussions positives sur tout ton entourage. J'ai entraîné ma femme dans cette aventure. Elle qui était banquière et n'aimait guère son travail a tout plaqué pour prendre les rênes de l'ensemble de la partie administrative des sociétés que j'ai créées. Elle s'est épanouie dans cette reconversion, qui nous a énormément rapprochés. C'est mon socle, et je ne pourrai jamais être pleinement épanoui si ma famille ne l'est pas.

Je n'aime pas donner de leçons, mais si je devais seulement transmettre un message de ma propre expérience, ce serait : "Faites-vous confiance. Lancez-vous. Faites les choses sans attendre que quelqu'un les fasse pour vous." »

Lors des déplacements dans d'autres villes, les mises au vert n'avaient qu'un seul avantage : les hôtels, bien plus sympas que les chambres austères des centres d'entraînement. J'y ai parfois vécu des moments particuliers, voire inoubliables. Pas toujours drôles, cependant, comme la fois où l'alarme à incendie de tout l'établissement s'était déclenchée parce qu'un coéquipier fumait une chicha dans sa chambre. Pour le côté « bêtises de colonie de vacances », on ne fait pas mieux. Seulement, dans le hall d'hôtel où tous les clients avaient dû se regrouper, le sermon ne s'adressait pas à des ados de douze ans...

En beaucoup plus traumatisant, il y eut ce soir au retour de la finale du Trophée des Champions. Nous avions vaincu Auxerre, mais la joie de la victoire nous avait rapidement quittés lorsque notre avion privé de l'OL avait violemment touché le sol. Le train d'atterrissage avait littéralement transpercé la carlingue, un pneu avait éclaté, et il y avait du feu à l'extérieur. Aucun blessé à déplorer, heureusement, mais de nombreux traumatismes émotionnels. Par la suite, nous avons appris que ce jour-là, par chance, nous volions dans un avion à hélice. S'il s'était agi d'un avion à réaction, nous serions tous morts !

En beaucoup plus cocasse, je me souviens de ce jour à Marseille où le match OM/PSG tant attendu a dû être annulé pour raisons sanitaires, à seulement quelques heures du premier coup de sifflet. Les résultats d'analyse sanguine venaient de tomber. J'étais le quatrième cas détecté de grippe A dans l'équipe. Celui de trop. Passé ce chiffre, il était formellement interdit de maintenir la rencontre. Dans la presse, c'est mon nom qui était sorti, le « malade responsable de l'annulation ». Au-delà de la culpabilité que j'ai pu ressentir, je vous laisse imaginer la colère et la frustration des supporteurs marseillais...

Tous ces souvenirs en dehors du terrain représentent des moments forts, qui soudent un groupe par le rire, l'exceptionnel ou même la peur. L'union fait la force. Quel que soit le domaine, pour qu'un groupe réussisse, il est indispensable que ses membres aient tissé des liens forts. Si ceux-ci sont solides, si l'entente et la cohésion sont bonnes, alors le plaisir que chaque joueur ressentira sur le terrain ou à l'entraînement deviendra par extension le plaisir du groupe dans son ensemble.

Dans son autobiographie publiée en 2015, l'entraîneur mythique de Manchester United, Sir Alex Ferguson, évoque l'importance de la notion de plaisir : « Si vous dirigez des gens, il est utile de savoir qui ils sont, comment ils ont grandi, quelles mesures permettront d'exploiter au mieux leur potentiel et ce qui risque de les inquiéter. Pour le comprendre, il faut savoir pratiquer deux activités trop souvent négligées : écouter et regarder. »[1] Il résume en quatre lignes la fiche de poste d'un grand coach, qui doit réaliser un mix de ses connaissances techniques et tactiques et faire preuve d'intelligence humaine pour tirer profit au mieux de ses joueurs et de leurs personnalités.

Claudio Ranieri doit être un fervent adepte de Sir Alex Ferguson. En 2016, cet autre entraîneur a conduit au titre de Champions d'Angleterre le club de Leicester, composé de joueurs peu connus. Avec l'un des budgets les plus faibles du Championnat anglais, il s'est imposé devant des clubs comme Manchester, Chelsea, Arsenal et Tottenham.

Encore une fois, il n'y a pas de vérité dans le football. Chacun pourra trouver des exemples et des contre-exemples pour justifier ces affirmations. Le football n'est pas une science exacte. Je

1 Citation extraite du livre *Management Football Club*.

suis persuadé que les futurs grands managers européens seront ceux qui sauront le mieux prendre en compte les personnalités qui composent leurs équipes et en tirer le maximum. Comment fonctionnent-ils ? Avec quels autres joueurs auront-ils leurs meilleurs rendements ?

Pour un coach, imaginer et mettre en place les interactions efficaces entre toutes ces personnalités est plus important que le travail technique ou tactique. Une fois que vous avez onze joueurs décidés à renverser des montagnes sur le terrain, rien ne peut leur résister. Toutefois, pour arriver à ce résultat, il faut beaucoup de psychologie. Les réglages à faire dans une équipe de Ligue 1 peuvent se comparer à ceux d'une voiture de Formule 1. Extérieurement, tout est beau sur la ligne de départ avant le premier match d'une nouvelle saison du Championnat. Cependant, au fil des semaines, la différence se fera en fonction des réglages effectués à l'abri des stands, sous le capot.

Je crois plus à la recherche sur l'humain que sur les data, ces logiciels désormais à la mode dans les clubs, qui transforment le moindre comportement physique en statistiques : quel est le rythme cardiaque d'un joueur, quelle distance a-t-il parcouru durant un match ou un entraînement, à quelle vitesse maximale a-t-il couru, quelles accélérations et quelles puissances a-t-il développées, etc. ? Ces logiciels pourront aussi montrer les déplacements faits par un joueur sur un terrain ou par toute l'équipe au même moment. Était-ce logique avec la tactique mise en place par le coach ou pas ? Combien de passes réussies ? Combien de duels gagnés ou perdus ?

Ces technologies alimenteront des cartes et des statistiques qui, en quelques secondes, synthétiseront le rendement des deux équipes. Comment ? Grâce à des puces dans les maillots des joueurs et à la transmission des données en temps réel au staff technique au bord du terrain, qui pourra alors évaluer immédiatement la baisse de rendement de tel ou tel joueur. Cependant, aucun logiciel ne vous expliquera jamais les raisons de la panne de motivation dans la tête d'un joueur : c'est au coach de comprendre, d'écouter et de trouver les bonnes solutions.

Les data constituent un élément d'appréciation comme un autre. Je pense qu'elles peuvent être intéressantes et utiles dans n'importe quel club de tous niveaux, mais qu'elles ne doivent pas primer sur l'humain. Dans les centres de formation, elles sont importantes pour confirmer des décisions humaines, mais pas pour se substituer à elles. Au fond de moi, lorsque je parle à un joueur, ce qui m'importe est son envie et sa compréhension de ce qu'il faut faire.

Certes, il y a des données à vérifier pour s'assurer qu'un joueur a le potentiel physique pour prétendre au plus haut niveau, mais le rôle des data s'arrête là. Le reste se passe dans la tête et dans le cœur. Et là, le travail devient beaucoup plus subtil. Lorsque l'on exerce une profession comme footballeur, où la passion est le dénominateur commun de chaque joueur, les statistiques et les graphiques semblent parfois bien insignifiants. Si tant est qu'on le puisse, la passion se mesure avec les tripes, la sueur, le cœur et les rêves. En aucun cas avec des chiffres.

Et si l'on se penche uniquement sur « l'élite » du football, les meilleurs, les grands, ceux pour qui la passion s'unit au génie, pour eux, j'aime à penser qu'il faut ajouter une once de folie. Je crois que ces athlètes d'exception ont en eux une part d'ombre, de folie noire qui, en opposition à la passion lumineuse qui les habite, fait briller et vibrer de leurs dons les stades du monde entier.

Comme les plus grands artistes en musique, en art visuel ou en cinéma, leur prodigieux talent est parfois terni par un caractère excessif, provoquant ou arrogant, voire un penchant destructeur pour certains vices, qui masque souvent une grande fragilité émotionnelle. Est-ce une façon de compenser, de faire face à une enfance difficile, un drame familial, un complexe douloureux ou, tout simplement, le poids écrasant du succès et de l'adulation des foules ? Je pense au grand Maradona et, plus récemment, à Neymar ou Messi. Ces dieux du terrain, inimitables, irremplaçables.

Si l'on écarte ces joueurs hors norme, ce qu'il faut retenir pour vivre et savourer pleinement sa passion, c'est le plaisir que l'on en tire. Durant ma carrière, j'ai eu plusieurs fois des discussions avec les coaches sur la notion de plaisir, en particulier lorsque je ne voulais pas renoncer à skier.

À Saint-Étienne, j'avais une énorme admiration pour Dominique Rocheteau, alors directeur sportif du club. Il était l'Ange vert que toute personne qui s'intéresse un peu au football connaît. Il a fait rêver des millions de personnes avec son style si particulier. Il planait réellement au-dessus des terrains tellement il était doué, mais il possédait, en plus, des qualités humaines de modestie et d'écoute.

Un jour, il a évoqué le sujet du ski avec moi, en présence des kinés. Il m'a parlé des risques de ce sport et rappelé que sa pratique était interdite, que cela figurait dans le règlement intérieur du club et que je n'avais pas le droit de faire des sports à haut risque. Je lui avais expliqué que je skiais depuis tout petit, que c'était une passion, et que me priver de cette activité serait beaucoup plus contre-productif que de me l'autoriser, malgré les risques. Il m'avait regardé étonné, avait réfléchi et m'avait dit que ce serait une faute grave si je me blessais au ski : « C'est mon rôle de te prévenir. Prends tes décisions en toute connaissance de cause. » J'avais simplement répondu que si, par malchance, je me blessais, j'assumerais. Je connaissais les risques, mais le plaisir que je prenais à skier valait beaucoup plus que les conséquences en cas de blessure : ne pas être payé et éventuellement être limogé. Il n'avait rien dit et clos la discussion, qui s'était déroulée sans aucune élévation de voix : un échange d'opinions entre gens intelligents, respectueux l'un de l'autre, avec des avis opposés. Dominique a cette intelligence humaine des situations.

Aujourd'hui, lorsque j'y repense et que je réfléchis aux risques que j'ai pris, je ne regrette rien et reste convaincu de la pertinence de mes choix. Je voulais absolument faire du ski avec ma famille et mes potes. Ma volonté était inébranlable tellement je savais le plaisir que j'y prendrais et les effets positifs que ce plaisir aurait sur moi dans les semaines suivant sa pratique. Je ne me serais jamais imaginé un seul instant attendre ma famille et mes amis en bas des pistes. Je serais revenu totalement déprimé. Donc, forcément, skier ne pouvait qu'être la bonne solution, et rien ne pouvait m'arriver de mal.

Que ferais-je aujourd'hui si je me retrouvais dans la même situation que celle de Dominique ? Je ne sais pas. Sans doute que je mettrais le joueur devant ses responsabilités et me tairais, comme Dominique l'avait fait avec moi : au footballeur de prendre sa décision et d'assumer si les choses ne se passaient pas comme prévu.

La situation s'est reproduite avec une autre activité dangereuse : la moto. Je venais régulièrement aux entraînements avec ma Harley. Je ne faisais pas cela par provocation, même si, aujourd'hui, avec le recul, je comprends que cela pouvait être interprété ainsi. Je ne roulais pas vite, je ne prenais aucun risque. J'avais juste besoin de ressentir ce plaisir de conduire un tel engin, d'entendre le bruit parfait du moteur et de sentir cette puissance sous les manettes. En allant aux entraînements et en en revenant, j'avais ce plaisir qui contribuait à me mettre en condition pour me donner à fond.

Le plus souvent, j'essaie de trouver du plaisir dans ce que je fais, même pour les tâches ingrates ou difficiles. C'est le regard que l'on porte sur les choses qui les rend agréables ou non.

Dans le livre de Michaël Aguilar, *50 Secrets de Champions pour être au top dans votre vie*, le secret révélé de Yann Cucherat, Champion d'Europe de gymnastique en 2010, est une phrase de son entraîneur prononcée un jour d'abattement : « N'attends pas d'être champion pour prendre du plaisir, mais prends du plaisir pour être un champion. »

Vous pouvez vous amuser à faire de cette phrase la vôtre en remplaçant le mot champion par un autre : heureux, épanoui, diplômé, amoureux, retraité... Vous verrez, le plaisir, c'est la clé ! Moi, j'en ai fait ma philosophie de vie, et je vous la dévoilerai dans quelques chapitres.

J'ai toujours été amusé et intrigué par cette grande gueule qu'est Jérôme. Un personnage atypique, souvent moqueur, parfois très drôle, quelquefois énervant, auquel je me suis attaché lors de mon passage au PSG. Je voulais avoir son avis sur différents sujets, car j'étais certain que ce serait punchy ! D'ailleurs, quand nous avons eu fini de discuter, il m'a gentiment rappelé la chose suivante : « Ça y est, grâce à moi, tu vas faire un bestseller !!!!! » L'humour dans toute sa splendeur, à la Jérôme Rothen.

« J'ai toujours dit ce que je pensais. »

Jérôme ROTHEN

Ancien footballeur de l'AS Monaco et du PSG, entre autres, sélectionné treize fois en équipe de France et élu meilleur passeur de Ligue 1 en 2003, il est aujourd'hui consultant TV et radio, et anime l'émission *Rothen s'enflamme* sur RMC.

« J'ai toujours dit ce que je pensais, sans langue de bois. Je n'ai jamais été en quête de notoriété, mais j'estimais qu'elle allait de pair avec une carrière réussie. Elle a vraiment grandi lorsque je suis arrivé à Monaco, en 2002, l'une des meilleures équipes de l'époque, coachée par Didier Deschamps. L'expérience m'a appris que la notoriété et l'image sont deux choses bien différentes. La notoriété, c'est le nombre de gens qui savent qui vous êtes, tandis que l'image, c'est ce qu'ils pensent de vous. Cette seconde notion est bien plus dure à maîtriser, car le grand public se forge son opinion via les médias, qui peuvent rapidement vous coller une étiquette... souvent déformée et erronée.

J'étais le parfait "client" : j'aimais le contact avec les journalistes, je n'avais pas ma langue dans la poche, j'aimais chambrer. J'étais franc, direct, je n'arrondissais pas les angles. J'énonçais les faits sans détour. Cette image de grande gueule n'était pas fausse, et je l'assumais.

Sur le terrain, j'étais vrai, entier ; je ne trichais pas. Je vivais les matchs pleinement. Sous l'effet de l'adrénaline, de la pression, de la fatigue, mon visage exprimait on ne peut plus clairement les émotions que suscitaient une victoire ou une défaite en moi. Quelques bouts de phrases et quelques images sorties de leur contexte, et je me suis retrouvé avec l'étiquette du "connard arrogant" collée au milieu du front. Je l'ai acceptée : ça faisait partie du jeu, et les journalistes l'avaient bien compris. Ils savaient où appuyer pour déclencher chez moi une bonne punchline qui ferait vendre du papier et animerait les débats télévisés d'après-match.

Je dois reconnaître qu'il m'est arrivé de sortir à chaud de grosses conneries, mais la plupart du temps, je suis resté fidèle à moi-même. Évidemment, il n'y a pas eu que du négatif entre les médias et moi, bien au contraire : ils ont aussi souvent véhiculé une belle et bonne image de moi, mais malheureusement, c'est rarement celle qui reste ancrée dans les esprits. J'en prenais conscience lorsque je sympathisais avec de nouvelles personnes et qu'elles me disaient : "Mais en fait, tu n'es pas du tout comme on le dit..." Je ne vais pas le nier, j'ai connu beaucoup de moments comme celui-là. Les débuts dans un vestiaire sont parfois difficiles, mais lorsque vos coéquipiers apprennent à vous connaître, les relations deviennent très positives.

Je n'ai pas souffert directement de cette mauvaise réputation, car je m'étais créé une carapace. Malheureusement, je n'ai pas pu étendre cette barrière protectrice autour de mes proches. C'est leur souffrance, celle de mes parents, de ma femme, de mes amis, face à cette image faussée de moi, qui m'a souvent blessé.

Cette réputation m'a surtout desservi à la fin de ma carrière. Quand vous êtes au sommet, les clubs pensent à votre technique, et non à votre caractère. En revanche, avec l'âge, vous commencez à décliner, et les doutes s'installent. Après le PSG, j'ai connu plusieurs discussions à ce sujet avec des présidents de clubs qui voulaient me recruter, mais me disaient clairement que leurs entraîneurs étaient réticents, car ils avaient peur de ne pas savoir gérer un caractère comme le mien. Les gens ne m'avaient jamais rencontré, mais ils avaient déjà un avis tranché sur moi. Bastia a fini par me faire confiance, et j'estime que nous avons été gagnants tous les deux.

Aujourd'hui, je suis en permanence face aux caméras et aux micros. Je différencie bien mon métier de consultant de celui des journalistes. Je respecte toujours autant leur travail, mais nous ne sommes pas là pour la même chose. Je laisse mon expérience du terrain et du vestiaire parler, et lorsque j'énonce des critiques, qu'elles soient positives ou négatives, je m'efforce de les rendre constructives.

La décision d'arrêter ma carrière de footballeur a été prise très vite, en moins d'une semaine. Un matin, je me suis levé sans entrain, pareil le suivant et le troisième. Pour la première fois de ma vie, je suis allé carrément à reculons à l'entraînement. À trente-six ans, tu dois demander à ton corps de redoubler d'efforts pour maintenir ton niveau et garder le rythme face aux petits jeunes qui te talonnent. L'envie n'était plus là. Le plaisir non plus. Ce troisième matin, j'ai compris que c'était fini. Je n'ai pas triché. Je suis resté en accord avec mes convictions. Il me restait encore deux ans de contrat, mais je suis allé voir mon président et j'ai été honnête avec lui. J'ai arrêté.

Un mois plus tard, je commençais ma nouvelle carrière dans les médias. Le plaisir et la motivation ont tout de suite été au rendez-vous. Un nouveau souffle, un nouveau départ, tout en ayant la chance de rester au plus près de ma passion : le football. C'est l'essentiel pour moi. Je suis né dans le football et je n'imagine pas ma vie sans.

Je ne regrette rien de ma carrière et, si c'était à refaire, je ne changerais rien. Je n'aurais pas aimé vivre dans un vestiaire d'aujourd'hui, car les langues sont moins déliées : chacun garde son avis pour lui, de peur de se retrouver exposé sur les réseaux sociaux et de voir ses propos repris ou travestis. J'ai la sensation que la nouvelle génération met un frein à main avec la presse, comme avec les membres du staff technique, le doc, les kinés. Ils se coupent du monde. Ils s'enferment dans une bulle, sûrement par peur. Mais je suis convaincu qu'ils sortiraient gagnants et grandis s'ils s'ouvraient un peu plus, si l'humain reprenait le dessus, plutôt que de rester sur la touche de la méfiance.

Un club, au sens large – ses joueurs, son staff, ses supporteurs, le cuisinier, le magasinier, le jardinier, le chauffeur du bus, etc. – doit créer des liens à vie entre ses membres. Des liens dans le partage et le respect. J'ai gardé des amitiés avec plusieurs personnes dans chaque club où j'ai évolué.

Je ne l'ai jamais caché, je suis un "affectif" : j'ai besoin de me sentir aimé, apprécié au sein d'un groupe, dans un vestiaire comme dans une rédaction. Seulement, pour être aimé, il faut également savoir aimer. Il faut que ce soit réciproque. Donnant, donnant. Bien entendu, on peut ne pas s'entendre avec tout le monde, mais il faut au minimum être respectueux et cordial, et respecter les gens qui travaillent dans l'ombre. J'ai l'impression que le football a un peu perdu de ces principes. Ce n'est pas normal, et c'est surtout bien dommage.

Aujourd'hui, la société consomme le football différemment. Le nombre de spectateurs diminue, et l'audimat est en baisse. Je pense que les joueurs ont leur part de responsabilité. Depuis plusieurs années, ils se sont éloignés de leur public. Pour un grand nombre d'entre eux, ils sont devenus intouchables. J'aimerais leur dire de ne pas avoir peur de l'étiquette que l'on pourrait leur coller tant qu'ils n'oublient pas qui ils sont. Cela fait partie du jeu. Dévoilez-vous un peu plus, remettez un peu plus de cœur et d'humain dans votre métier et votre passion : vous rendrez un grand service au monde du football. »

Mes douze coups de cœur musicaux

- *One*, U2
- *Perché lo fai*, Marco Masini
- *Marionnettiste*, Pierre Bachelet
- *Elle est d'ailleurs*, Pierre Bachelet
- *Elle*, Didier Barbelivien
- *À toutes les filles*, Didier Barbelivien
- *Le coup de soleil*, Richard Cocciante
- *Chasing cars*, Snow Patrol
- *Toute première fois*, Jeanne Mas
- *Le portrait*, Calogero
- *Je te promets*, Johnny Hallyday
- *Pour que tu m'aimes encore*, Céline Dion

CHAPITRE 4
Connais-toi...

« N'écoute que ton corps et tes envies :
tout est en toi et dans ton pouvoir de décision. »
Alain Robert, Champion d'escalade

Le corps physique

Comprendre le fonctionnement de son corps est essentiel pour un sportif de haut niveau. Le cerveau, que l'on appelle souvent le mental, et le reste du corps sont indissociables – comme dans une voiture, où la tête du pilote commande les organes mécaniques. Dans le corps, le cerveau dirige, entre autres, les jambes et les bras. Mon corps va refléter l'état de mon mental. Si tout va bien là-haut, dans ma tête, le corps fonctionnera comme une machine bien huilée. Si ma tête est « en vrac », il se traînera lamentablement. Il n'y a pas d'exemple du contraire. Nulle part. Jamais. C'est le mental qui détermine le reste.

Je n'ai pas fait d'études de psychologie, mais je suis certain de ce que les terrains de football m'ont appris : les victoires se construisent d'abord dans la tête. Programmé positivement, mon corps va réaliser ce que je lui demande. En revanche, si mes idées sont floues, fluctuantes, contradictoires, mon corps ne comprendra pas ce que je lui demande, et il va bugger.

Le corps est comme une Formule 1. Imaginez tout ce qu'il doit recevoir comme informations pendant quatre-vingts ans, en moyenne, et tout ce qu'il réalise en une vie. Chaque corps est un miracle de la nature. Aucun supercalculateur ne pourrait faire ce que notre corps nous offre tout au long de notre vie. D'où l'importance de connaître le nôtre, de l'écouter et de le respecter, afin qu'il réponde du mieux possible lorsqu'il est sollicité. Il faut apprendre à capter les messages qu'il nous envoie, quand il fatigue ou se carence.

Dans les clubs professionnels, les staffs médicaux sont constitués de gens extraordinaires. J'ai toujours eu de très bonnes relations avec eux. Ils ont un avis et un regard différents des entraîneurs. Ils voient tout, entendent tout. Par la force des choses, ils deviennent les confidents des joueurs. Le secret médical, englobant les maux et les mots, accentue la confiance que les joueurs portent à l'équipe soignante et les amène à dire ce qu'ils n'évoqueraient pas devant le coach.

La table de massage est comme le divan du psychiatre : le joueur sait que la confidentialité de ce qui se dit est garantie. C'est le contrat de confiance entre chaque joueur, le doc et les kinés. Ceux-ci soignent les corps, mais savent aussi trouver les mots justes lorsque le mental faiblit.

En dix-sept ans de carrière, je n'ai jamais entendu un joueur se plaindre des kinés ou d'un docteur. Au contraire, il y a unanimité pour dire qu'ils sont essentiels pour notre réussite. Avec eux aussi, un regard suffit pour qu'ils sachent ce qui va ou ne va pas sous le capot de la Formule 1. Ils n'ont pas besoin de poser beaucoup de questions pour faire le bon diagnostic et se mettre au travail.

Je ne sais pas si les coaches s'appuient sur eux autant qu'il le faudrait. Pourtant, rien n'échappe à un kiné : la forme du moment ou, au contraire, la baisse de tonus. Le moral au beau fixe ou, à l'inverse, les soucis personnels qui préoccupent le joueur. Si, un jour, je dirige une équipe entourée d'un ou plusieurs kinés, je n'oublierai pas l'importance que leur avis peut avoir. C'est la caverne d'Ali Baba : on y trouve tout, des plus belles histoires de chacun aux épreuves douloureuses que la vie impose parfois. La nature humaine y est à nu, au propre comme au figuré.

À Paris, le médecin qui nous suivait s'appelait Éric Rolland. Il était très attentif et sensible à nos émotions et nos comportements. Il nous disait souvent que nous pouvions nous en remettre à lui pour n'importe quel sujet. Ainsi, un jour, je suis allé le voir pour me confier. La marraine de notre fils venait de nous annoncer que son mari allait subir une biopsie et que tous deux suivraient un protocole de fécondation in vitro pour avoir un enfant, chose impossible pour eux naturellement. À l'époque, je n'avais jamais entendu parler de tels traitements. Les FIV ne faisaient pas encore partie du quotidien des jeunes Français. Nous venions d'avoir Roméo et, tout comme moi, Sylvia a été très peinée par cette annonce. Cela m'a miné.

Sans attendre, j'en ai donc parlé au docteur Rolland. J'aime à croire qu'il n'y a pas de hasard dans la vie. Sa femme était endocrinologue au sein du service PMA (Procréation Médicale Assistée) de l'hôpital Antoine-Béclère à Clamart, en banlieue parisienne. Elle travaillait sous la direction du Docteur Frydman, chef du service et obstétricien de renom, qui participait depuis le début des années quatre-vingt au développement des techniques et à la recherche sur la maturation in vitro. En d'autres termes, le numéro 1 au niveau national.

Après avoir écouté mes confidences, le docteur Rolland m'a tendu le numéro de portable de sa femme et simplement dit : « Dis à tes amis de l'appeler de ma part. » Quelques mois plus tard, la marraine de mon fils et son mari entraient à l'Hôpital Antoine-Béclère pour la première fois, afin d'y suivre leur protocole. Comme à l'époque, je venais de m'installer à Saint-Germain-en-Laye et y vivais seul, ils restèrent chez moi plusieurs semaines. Et là non plus, il n'y a pas de hasard : leur présence et leurs paroles m'ont aidé à sortir un peu du brouillard et de la boue qui m'engluait. Leur fille Automne est née à la suite de ce premier essai.

Par cette anecdote, je veux souligner l'importance du dialogue, de la confiance, de l'écoute et de l'échange, mais aussi combien il est essentiel de laisser les autres nous aider, de savoir dire « oui » et d'oser partager ses peurs, ses soucis et ses problèmes. Rien de bon ne peut sortir de la solitude.

Dans un registre beaucoup plus drôle et léger, j'ai vécu un autre moment particulier sous la houlette du docteur Rolland. C'était après la trêve estivale ; nous revenions tous de vacances, et l'équipe médicale nous faisait subir un check-up complet. Lorsque l'on nous a remis les flacons pour les prélèvements d'urine, un coéquipier est venu me voir et m'a demandé sans détours : « Tu peux pisser dans mon pot ? » Face à mon regard interloqué, il a ajouté « J'ai fumé un peu d'herbe pendant les vacances. » Sa franchise m'a beaucoup fait rire, et j'ai accepté sans hésitation. Nous étions bien naïfs ! À la lecture des résultats, le doc n'a pas été dupe une seule seconde, et il nous l'a fait comprendre sur le ton de la plaisanterie en fin de saison. Cependant, il nous a couverts. Personne n'a jamais rien su.

Quand la blessure arrive

Sur le plan des traumas physiques, deux évènements importants ont marqué ma carrière : le premier lorsque j'avais dix-huit ans. Je venais de signer mon contrat professionnel à l'OL. J'avais mal à la hanche, mais j'étais jeune et ne connaissais pas encore bien mon corps. J'avais forcé toute la semaine à l'entraînement sans rien oser dire à personne. J'étais trop content d'être pro et j'avais peur de rater le moindre entraînement. Ma manière à moi d'appliquer le « marche ou crève » des militaires.

La veille du match, la douleur était telle que j'ai dû stopper l'entraînement. J'ai dit à Paul Le Guen ce qui s'était passé et que j'avais trop mal pour pouvoir continuer. Impossible d'aller plus loin. Mon corps s'était mis en sécurité. Paul a littéralement disjoncté, puis il a pris la parole devant tout le monde, m'a reproché de ne le prévenir que la veille du match et d'avoir ainsi tronqué sa préparation.

À ce moment, Sidney Govou, figure emblématique du club, a pris la parole et m'a défendu. Je ne savais plus où me mettre, moi, le jeune de dix-huit ans qui débutait à peine, défendu par une telle personnalité qui exprime un avis différent de celui du coach de l'équipe championne de France. C'était un geste gratuit de sa part, que j'ai trouvé d'autant plus beau que rien ne l'obligeait à prendre la parole. C'est à son image. Peut-être avait-il désapprouvé que la critique ait eu lieu en public, devant tous les autres joueurs, alors qu'elle aurait pu être faite en entretien individuel.

Ma faute était évidente. Peut-être une explication directe entre le coach et moi, sans témoin, aurait-elle été plus efficace ? Avec un discours qui aurait pu être alors encore plus brutal. Du genre : « Tu m'as fait le coup une fois. Une fois de trop. Ne le refais pas une seconde fois. » Cependant, on dit souvent que « répéter, c'est assimiler. » Toutefois, avec une telle humiliation publique, je n'ai plus eu besoin de sermon sur l'importance d'écouter mon corps et de ne rien cacher à l'équipe médicale. Finalement, la réaction de Paul Le Guen a été d'une efficacité redoutable !

L'autre événement important eut lieu en mars 2013. À vingt-neuf ans, j'étais au mieux de ma forme, au summum de mon potentiel. Ma deuxième saison à Saint-Étienne se passait bien, l'ambiance était excellente dans le club, et tous les voyants étaient au vert sur mon tableau de bord personnel. Ce samedi 2 mars, nous jouions en nocturne à Geoffroy-Guichard contre Nice. L'ASSE était 4e au classement, et Nice 5e. C'était un duel pour l'obtention d'une place en compétition européenne, et la rivalité entre les deux clubs était forte. Ceci explique sans doute l'excès d'engagement sur le terrain. Peut-être aussi la conséquence des consignes données dans les vestiaires ?

À la 24e minute de jeu, le joueur de Nice Valentin Eysseric m'a taclé sans toucher le ballon, malheureusement. Il est arrivé directement sur le bas de ma jambe droite avec une vitesse et une intensité incroyables. Ma cheville s'est retournée immédiatement, et le diagnostic est tombé : triple fracture ouverte du tibia, du péroné et de la malléole. Je ne me souviens pas de ce qui s'est passé dans le stade. La douleur était telle que j'étais incapable de percevoir quoi que ce soit d'autre et de voir la réaction des joueurs sur la pelouse. Je me souviens seulement du crac, de mes mains qui s'agrippent à ma jambe, de mes hurlements et de mes yeux qui se ferment, de mes paupières que je serre très fort pour ne rien voir.

Les médecins ont pris le relais des soigneurs. Dans le vestiaire, j'étais stone : pour un temps, la morphine qui m'avait été injectée avait éloigné la douleur. Je planais. Je me souviens juste d'avoir dit à Christophe Galtier que je serais rétabli pour jouer la finale de la Coupe de la Ligue. Pourquoi une telle pensée à ce moment-là ? Inconsciemment, je savais certainement que j'allais rater un moment historique du club. Les faits me donneraient raison. J'étais bien sur pied pour assister au Stade de France à cette finale. Présent physiquement, mais avec deux béquilles comme appui. Pas les appuis que j'avais l'habitude d'avoir sur mes jambes…

J'ai été opéré la nuit-même à l'Hôpital Nord de Saint-Priest-en-Jarez, à un kilomètre du centre d'entraînement de Saint-Étienne. C'est le Professeur Rémi Phillipot, véritable chirurgien magicien, qui a réussi à reconstituer le puzzle de ma jambe et de ma cheville : un champion des plaques et des vis ! (Il a opéré, entre autres, Djibril Cissé lorsque celui-ci s'est cassé le tibia avant la Coupe du Monde et, plus récemment, le coureur cycliste Christopher Froome, maillot jaune à plusieurs reprises, après une chute lors d'une étape du Tour de France.) En plus de réparer les dégâts, il a consolidé ma jambe. Je suis devenu un homme de fer avec toutes les plaques qu'il a fixées en moi !

Il m'a invité à dîner chez lui avec ma femme et mes enfants, ainsi les membres du staff médical de l'ASSE qui se sont occupés de ma rééducation. Les voir tous réunis a beaucoup compté pour moi : c'est un moment que je n'oublierai jamais. Le lien est maintenu à travers des textos de temps en temps. J'ai beaucoup de gratitude pour son savoir-faire, mais aussi son savoir-être.

Le dimanche matin, à 7 h, j'étais à peine sorti du bloc que Christophe Galtier était dans ma chambre pour prendre des nouvelles avant d'aller diriger l'entraînement. Je crois qu'il n'avait pas dormi de la nuit, rongé certainement par les images de ma jambe. Nous avons reparlé de ce que je lui avais dit la veille par rapport à ma présence à la future finale de la Coupe. Je lui ai dit que je connaissais le chemin à suivre pour remporter les finales, vu celles que j'avais gagnées auparavant avec le PSG et que nous allions toujours au même endroit pour les préparer. Superstition ou fruit du hasard ?

Les images impressionnantes de ma cheville qui avait complètement explosé ont fait la une des médias. L'expression « tacle assassin » a été reprise en boucle. Les réseaux sociaux et les journaux télévisés montraient le choc au ralenti et les conséquences de ma fracture. C'est ce que l'on m'a raconté, car je n'ai jamais vu les images de mon accident. Ma cheville pliée à 90°, mon visage tordu par la douleur. Je ne suis pas très téméraire lorsqu'il s'agit de voir du sang ou des blessures. Alors mon sang, mes os... : très peu pour moi !

Bercé plusieurs jours par la morphine et focalisé sur les conséquences que pourrait entraîner cet accident, je n'ai pas réalisé immédiatement la violence du choc qui avait également frappé mon équipe, mon coach et ma famille. Mes coéquipiers ont eu du mal à finir le match, et en particulier celui qui m'avait remplacé : Joshua Guilavogui. Il m'a confié qu'au moment de rentrer sur le terrain, il était tétanisé à l'idée de jouer. Je me souviens avoir entendu sur mon lit d'hôpital l'interview en fin de rencontre de Loïc Perrin, capitaine de l'équipe ; il avait les larmes aux yeux au moment de faire l'analyse du match au micro. Ou celle de Christophe Galtier qui avoua qu'il aurait préféré perdre le match plutôt que de me perdre.

J'ai une reconnaissance éternelle pour le scientifique qui inventa la morphine. Pendant les premiers jours, la douleur était telle que cet antidouleur m'était indispensable. Je me forçais à n'en prendre que le minimum nécessaire, car ce médicament est miraculeux, mais on devient vite accro. Il me fallait trouver le bon compromis entre la dose nécessaire pour atténuer la douleur et ne pas devenir dépendant de cette drogue hyper puissante.

Durant les trois premières nuits, une infirmière me réveillait toutes les trois heures pour vérifier ma tension, car la fracture avait été ouverte, et ce contrôle permettait de vérifier que tout se remettait correctement en place. Dormir sur le dos avec une jambe surélevée et fixe n'était pas évident... et ces réveils rythmés ne me laissaient aucun répit. J'avais la sensation de m'engluer dans une spirale de fatigue et de douleur. Les deux plaies, côté fracture et côté opération, étaient nettoyées tous les jours pour éviter l'infection, et au début, j'évitais soigneusement de baisser les yeux vers mon pied. J'ai pu me lever au bout de trois jours, sous le regard bienveillant et encourageant de mon chirurgien. Quitter mon lit pour un fauteuil roulant était déjà une petite victoire pour moi.

Le directeur de l'hôpital avait donné comme consigne de ne pas communiquer mon numéro de chambre. Le standard était submergé d'appels de personnes qui voulaient venir me voir. Tous ces gestes de sympathie m'ont beaucoup touché. Venant des amis proches, de la famille, cela me semblait normal, mais l'inquiétude de tant d'inconnus m'a nettement surpris. J'ai senti une grande solidarité du monde du football. Leurs témoignages m'ont touché.

Les infirmières et infirmiers étaient aux petits soins pour moi, et leurs présences souriantes et efficaces m'ont énormément aidé. Je pense souvent à eux, dans leurs luttes de tous les instants pour ramener les plus touchés à la vie et les autres à une vie la plus normale possible lorsqu'ils quittent l'hôpital. Leurs valeurs sont les miennes, et j'ai une gratitude immense pour ces femmes et ces hommes de l'ombre qui luttent nuit et jour pour apaiser les douleurs des gens, sans poser aucune question sur l'origine, la religion, les convictions. De l'humanité à l'état pur qui soigne les victimes quotidiennes du champ de bataille qu'est la vie, où tombe tellement de monde frappé par des blessures physiques ou mentales. Quelle belle mission que d'aider l'autre, cet inconnu, avec autant d'abnégation !

Tous les joueurs du groupe sont venus avec des attentions touchantes, comme les crêpes du Breton Fabien Lemoine ou la super bouteille de Côte Rôtie de Loïc Perrin. Un soir, à l'hôpital, j'ai reçu un SMS d'un pote qui m'envoyait une photo circulant sur le Net. Une femme habillée en infirmière, avec écrit sur son décolleté dénudé « COURAGE JÉRÉMY CLÉMENT ». Je ne la connaissais pas. Après, j'ai su qu'il s'agissait de Virginie Caprice, une actrice X habituée à faire ce genre de chose en guise de soutien.

Je me souviens qu'à l'époque, Sylvia m'avait dit : « C'est incroyable à quel point ta blessure t'a fait connaître. » J'avais touché un public différent grâce à la diffusion des images dans les journaux télévisés de toutes les chaînes, dans la rubrique des faits divers. Effectivement, voir une cheville partir à 90° sur une pelouse en direct est assez rare. Leçon d'anatomie gratuite pour tout le monde ! C'est amusant de constater comme on peut marquer les gens suite à un moment exceptionnel.

Tous les jours, j'avais la visite du docteur de l'ASSE, Tarak Bouzaabia, et de mon kiné, Hubert Largeron. Je me souviens des mots de celui-ci : « Jérémy, il y a beaucoup de monde qui vient te voir, mais tu verras, dans quinze jours, tout ce cinéma sera fini. Quand il n'y aura plus personne, rassure-toi, nous, on sera là pour toi. »

Depuis, j'ai une relation exceptionnelle avec ces personnes. Souvent, nous nous retrouvions le matin pour boire le café avec le docteur et le kiné. Moments d'échange sur la vie, les convictions et les croyances de chacun, qui restent d'excellents souvenirs pour moi.

J'ai tissé une relation forte avec le doc Tarak et son staff médical dès mon arrivée à l'ASSE. Après ma blessure, ce lien s'est encore renforcé. Ces personnes de l'ombre font partie de notre vie de sportif de haut niveau : ils sont quasiment présents sept jours sur sept dans l'enceinte de club. Ce sont des passionnés indispensables. Avoir son regard extérieur sur le football, sur l'évolution des mentalités et sur la partie médicale était important pour moi.

« J'ai dû me désintéresser du football que j'aimais tant pour me focaliser uniquement sur les hommes. »

Tarak BOUZAABIA

Père de famille passionné de football et médecin du club de l'AS Saint-Étienne depuis 2006.

« Je suis né à Paris, mais j'ai fait ma scolarité secondaire dans un lycée à l'étranger. À vingt ans, j'ai choisi la fac de médecine de Saint-Étienne pour la simple et bonne raison que j'étais fan des Verts. Je n'y avais pas de connaissance ni d'attache, mais je n'ai jamais quitté cette ville depuis.

Après mon internat, je me suis installé comme médecin généraliste. Je n'ai pas voulu choisir de spécialité. Ce qui me plaisait, c'était cette notion de médecin de famille : suivre les personnes au quotidien, leurs enfants, leurs évolutions. Ce côté proximité et humain m'a toujours motivé. Savoir écouter. Je m'étais dit qu'après quarante ans, je ferais autre chose, comme de la philo ou des études de lettres.

C'est alors que l'ASSE est venue me chercher. C'est encore une fois le côté humain qui m'a décidé à entrer dans l'équipe. En signant au club, j'ai dû complètement me désintéresser du football que j'aimais tant pour me focaliser uniquement sur les hommes. Être médecin de footballeurs, ce n'est plus vraiment être médecin : concrètement, vous passez vos journées à ausculter des personnes en excellente santé. Les traumas sont souvent les mêmes, sans grande gravité, la plupart du temps. Vous développez donc plus le côté bien-être mental. Vous devenez confident, psy, conseiller : une réelle relation de confiance s'installe.

Lorsque je suis arrivé, Christophe Galtier était l'adjoint d'Alain Perrin. Une belle relation s'est rapidement créée entre nous deux. Nous étions sur la même longueur d'ondes. Nous nous sommes construits ensemble. Il est devenu un entraîneur très intelligent, qui écoutait et associait tout le monde avant de trancher et de prendre une décision. Il a emmené Saint-Étienne au plus haut niveau, et cette longue ascension a été une aventure merveilleuse.

Jérémy a connu ces années-là. Elles ont été pour moi les plus belles. Aujourd'hui encore, il ne s'écoule pas une semaine sans que j'en parle avec nostalgie avec mon kiné chef, Hubert Largeron. Il existait une ambiance et une entente incroyables au sein du collectif. Les choses étaient simples, franches et vraies. Je prenais un réel plaisir à m'intéresser aux familles, aux enfants, à l'environnement des joueurs. Le groupe était exceptionnel. Il y avait une réelle symbiose entre les joueurs et le staff technique et médical. Une confiance, un respect. Il n'y avait pas de faux semblants ni de langue de bois. Le vestiaire respirait la sérénité. Une intelligence de tout le monde pour écouter l'autre et s'enrichir de l'autre. On ne s'en rend pas compte de l'extérieur, mais c'est quelque chose de plus en plus dur à créer dans le milieu du football.

J'ai rapidement sympathisé avec Jérémy. Il était vrai et sain. C'était un bourreau de travail. Un vrai compétiteur, mais dans le sens noble du terme. Il était là pour gagner, mais gagner dans le respect du jeu, des règles et surtout des adversaires. Un soir de match, il a prononcé des mots à ses coéquipiers que jamais plus je n'entendrais dans la bouche d'un joueur.

L'ASSE affrontait à l'extérieur une équipe d'un niveau technique inférieur. À la mi-temps, nous menions 3 à 0. À l'abri du vestiaire, Jérémy a pris la parole et a juste dit : "Eh, les mecs, respect pour les autres. On est là pour gagner, pas pour les humilier." Du Jérémy tout craché. Il ne pouvait pas se taire face à une injustice. Il était capable d'aller trouver le coach et de lui demander de faire jouer un autre à sa place au match suivant s'il avait apprécié les efforts de ladite personne à l'entraînement et s'il estimait qu'elle méritait plus sa place sur la feuille de match que lui !

Lorsqu'il a été blessé, c'est l'ensemble du vestiaire qui a été atteint. Au sein du corps médical, malgré les inquiétudes du chirurgien, nous avons tous été d'accord pour dire qu'il rejouerait. Il avait la volonté et le caractère pour y arriver. Ce que nous n'avions pas imaginé, c'est qu'il réussirait l'exploit de retrouver le plus haut niveau aussi rapidement. Ça a eu un réel effet de booster sur l'ensemble du club.

À cette époque, nous étions une vraie famille à l'intérieur comme à l'extérieur du stade. Quand Jérémy a quitté l'ASSE, en même temps que Christophe Galtier et plusieurs "anciens" qui composaient le ciment de ce beau groupe, les choses ont commencé à changer.

Aujourd'hui, tout est un peu différent. J'ai parfois le sentiment que l'humain s'est quelque peu effacé face à l'argent. Il m'arrive d'avoir du mal à créer des liens avec la nouvelle génération de footballeurs. Ils se confient moins à moi. Les rencontres avec leurs familles deviennent plus rares. J'ai plus de mal à les amener à se livrer à moi. Est-ce moi qui suis trop vieux ? Ou cette nouvelle génération qui distille sa vie de façon contrôlée sur le Net est-elle devenue méfiante des relations humaines ?

Maintenant, les réflexions se mènent dans l'instant présent, dans l'urgence. Il devient donc difficile au coach et au staff de créer une émulation qui donnera des fondations solides au groupe. La confiance se construit sur le temps, et cette notion n'est plus en adéquation avec la société de consommation dans laquelle nous évoluons.

Je pense toujours que le rôle du médecin au sein d'un club est primordial. En quinze ans, j'ai réussi à mettre en place ce que je voulais, et je l'ai maintenu avec difficulté. Je pense avoir donné au football tout ce que j'avais à lui donner, et il me l'a bien rendu. »

La rééducation

Le staff médical de l'ASSE a été incroyable d'efficacité, de disponibilité et de compréhension pour m'accompagner sur le chemin de la guérison, de la rééducation et de la remise en forme. J'ai réussi à rejouer cinq mois pile après mon accident. Cette victoire est aussi la leur.

Malgré tout, la convalescence fut longue. J'ai eu la sensation d'être à l'écart du groupe sans que ce ne soit la volonté de personne : ni du club, ni des joueurs, ni de Christophe, ni de la mienne. Ce qu'Hubert m'avait prédit se réalisa. Passé le premier mois, le soutien initial s'est étiolé. Tout le monde a replongé dans son quotidien, et la vie a repris son cours. Comme après n'importe quelle épreuve, la douleur et le chagrin se sont estompés peu à peu pour laisser place aux souvenirs. Durant ma rééducation, j'ai traversé des moments de doute : « Vais-je retrouver mon niveau ? Ma place de titulaire indiscutable ? »

Je suis rentré chez moi au bout de huit jours. Les infirmiers ont alors pris le relais pour les traitements quotidiens, me laissant juste le soin de me faire une piqûre par jour dans le ventre pour éviter le risque de phlébite. Pour un hyperactif comme moi, être bloqué à la maison était insupportable.

Comme il fallait tenir jusqu'au début de la rééducation avec les kinés du club, je me suis lancé dans l'apprentissage de la guitare. Juste suffisamment pour l'embarquer avec moi pour la finale de la Coupe de la Ligue avec l'ASSE au mois de mai. J'étais loin d'être devenu un expert ! Je me souviens que certains de mes coéquipiers m'avaient bien chambré l'avant-veille au soir, quand nous nous étions réunis dans une chambre tous ensemble. Nous refaisions le monde, c'était sympa et, bien sûr, quelqu'un me lança le défi de montrer mes progrès à la guitare. Grosse partie de rigolade ! Heureusement, Romain Hamouma me sauva la mise en prenant la guitare et en jouant à la perfection. Je n'ai jamais vu quelqu'un comme lui. Dès qu'il commence une nouvelle activité, il la maîtrise très rapidement. Il a une facilité d'apprentissage étonnante. Un don, du talent. Il est doué dans tout ce qu'il fait : foot, golf, guitare.

L'un des moments difficiles à vivre fut lorsque j'ai accompagné l'équipe pour la finale de la Coupe la Ligue. L'habitude veut que, la veille, les équipes s'entraînent au Stade de France. Ce fut très dur de voir mes coéquipiers sur la pelouse, presque insupportable d'être en béquilles au bord du terrain. Si je n'avais pas été blessé, j'aurais été sur la pelouse, titulaire, devant la défense en sentinelle. Des pensées comme « je ne jouerai peut-être plus jamais de finale de Coupe dans ma carrière » ou « je ne me rendais pas compte de la chance que j'avais lorsque je disputais une finale... » me revenaient en boucle dans ma tête.

Lorsque je voyais leurs visages, souriants, heureux, concentrés, j'étais envieux. Content pour eux, bien sûr, d'autant plus que la victoire fut au rendez-vous, mais j'aurais tellement voulu participer ! J'avais déjà joué et gagné une finale de Coupe de la Ligue, mais j'en voulais encore. Je me souviens que, pour évacuer ma déception, j'étais allé m'enfermer seul dans le vestiaire et m'étais imposé une séance d'abdos/gainage/pompes. Il fallait que je transpire, que j'évacue ma frustration de ne pas être avec mes copains pour disputer l'un des matchs les plus importants du club depuis ces vingt dernières années. Je ne voulais voir ni parler à personne. Seulement évacuer mon mal-être.

Trois ans après, le joueur niçois qui m'avait cassé la jambe a été recruté par l'ASSE, et nous avons joué ensemble. Je me souviens du jour où Christophe Galtier m'a convoqué dans son bureau. « Jérémy, on envisage de recruter Valentin Eysseric. Es-tu d'accord pour qu'on le fasse venir ? S'il y a le moindre souci de ton côté par rapport à lui et à ta blessure, on ne le prend pas. Ton bien-être est plus important. »

Je n'avais aucun souci avec lui. C'est un super gars. Il était venu me voir à l'hôpital après mon opération, accompagné de l'intendant du club de Nice. Il m'avait apporté des pâtisseries. J'avais apprécié son déplacement. Le courage d'échanger en face à face alors qu'il aurait pu se contenter d'un appel ou d'un SMS. Plusieurs membres de mon entourage étaient très en colère contre lui. Moi pas : je ne lui en ai jamais voulu.

Il n'a pas été bien pendant de nombreux mois après ma blessure. Il a été suspendu pour le reste de la saison. Il s'en voulait de ce qu'il avait fait et, psychologiquement, ce fut compliqué pour lui de vivre avec l'« image de marque » qui lui collait à la peau. À tous les matchs, il peut y avoir des blessures de ce genre. Dans un excès d'engagement, j'aurais pu, moi aussi, casser la jambe d'un adversaire sans le vouloir.

C'est un joueur élégant, classe, qui a toujours « le short propre ». À ma question « Toi qui ne tacles jamais, qui ne défends pas beaucoup, comment as-tu pu faire un tel geste ? », il n'a pas répondu : il a juste souri. Même s'il ne me l'a jamais avoué, je pense que son geste avait pour origine un conditionnement fait dans le vestiaire pour disputer un « match de guerriers » sur le plan de l'engagement physique. Cependant, il est inutile de se voiler la face : quand on joue au football à haut niveau, les enjeux financiers sont tellement importants que l'on demande évidemment aux joueurs d'être des lions et non des moutons sur le terrain. À nous de trouver le juste milieu entre engagement physique puissant et respect des règles et de l'adversaire.

Je me répète, mais ce témoignage confirme ce que de nombreuses personnes ont eu du mal à croire, car vraiment, je maintiens mes propos : je n'en ai jamais voulu à Valentin pour son tacle malheureux ! C'est peut-être cela, d'ailleurs, qui m'a aidé à m'en remettre aussi vite, contrairement à lui. On se soucie d'abord du blessé et on oublie souvent le « blesseur » qui, lui aussi, a vécu un trauma suite à un accident qu'il n'a pas prémédité. Lorsqu'il est venu me voir à l'hôpital, j'ai été touché par son geste. Il m'avait apporté des pâtisseries ; il semblait tellement mal et coupable ! Je me souviens d'avoir essayé de le mettre à l'aise et de détendre l'atmosphère.

« On m'a collé une étiquette, et j'ai dû la porter de nombreuses années. »

Valentin EYSSERIC

Footballeur français milieu offensif toujours en activité dans le club turc de Kasimpasa, il a joué notamment à AS Monaco, l'OGC Nice, l'ASSE, la Fiorentina et Hellas Vérone.

« En 2013, je vivais ma première saison au haut niveau. Ce soir-là, face à Saint-Étienne, c'était un match à enjeu : les deux clubs se talonnaient au classement. Avec le recul, je réalise que j'étais trop jeune et inexpérimenté pour bien gérer la pression de ce match-là.

Je perds le ballon suite à un contact avec un joueur stéphanois, l'arbitre ne siffle pas de faute, le ballon part à quelques mètres devant moi, j'accélère. Jérémy le récupère en mettant son pied en opposition, bien en appui dans le sol. Tout va très vite, trop vite, trop fort, je tacle. Je passe littéralement à travers sa cheville. Je sens que je l'ai touché, trop touché. J'étais loin d'imaginer la vision d'horreur que j'allais découvrir en me relevant. L'ampleur des dégâts. L'angle improbable de sa cheville, puis le sang, la chair, les os. Tout s'accélère autour de moi, mais à cet instant, mon cerveau est comme pétrifié. Je n'entends plus les hurlements de douleur, ni ceux du staff médical ou du public. Je n'entends que ma propre voix qui hurle dans ma tête "Pourquoi ?", "Pourquoi ?", "Pourquoi as-tu fait ça ?"

Dans un brouillard, on me sort du stade. Le visage de Jérémy, déformé par la douleur, ne quitte pas mon esprit. La culpabilité me tord les tripes. Pourquoi ? Pourquoi ? Pourquoi ? Lorsque je reverrai les images, je réaliserai que je n'avais même pas touché le ballon.

Rapidement, après le choc, je dois l'avouer, je me mets à penser à moi, à ma carrière. Seul, un nouveau sentiment commence à m'assaillir : la peur. La peur de tout perdre. Et la colère : je suis en colère contre moi. Je viens peut-être de briser ma vie, mon rêve, et je ne peux m'en prendre qu'à moi-même. Les phrases réconfortantes de la famille et des coéquipiers, "ça arrive", "ça fait partie du jeu", "c'est un accident", "tu n'es pas responsable", etc. n'ont aucun effet sur moi.

Dès le lendemain, à peine rentré à Nice, j'ai demandé à le voir. J'en avais besoin, je ne pensais qu'à lui. J'avais besoin de le regarder dans les yeux, d'affronter sa colère. En arrivant devant la porte de sa chambre d'hôpital, après plusieurs heures de route interminables, j'étais vraiment mal, mais je voulais assumer. Je n'étais pas sûr qu'il accepte de me laisser entrer, mais pour moi, c'était une question de respect et d'honneur d'être là. Quand je l'ai vu reprendre le football quelques mois plus tard, j'ai vraiment été heureux pour lui.

Cette saison qui s'annonçait si belle pour moi s'est brutalement arrêtée. J'ai été suspendu onze matchs : c'était logique et mérité, mais je n'étais pas conscient de l'impact négatif que cela aurait pour la suite de ma carrière. Cela m'a lourdement handicapé.

On m'a collé une étiquette, et j'ai dû la porter de nombreuses années. Qu'il s'agisse des journalistes, des supporteurs ou des coéquipiers, la seule chose que les gens retenaient de moi, c'était cet accident, cette blessure que j'avais infligée à Jérémy Clément. "Le tacle meurtrier d'Eysseric", "L'assassin", "Le meurtrier", etc. : les médias s'en sont donnés à cœur joie. J'ai dû apprendre à surmonter ma peur de blesser à nouveau, ma peur du contact qui fait partie du football. Cela a mis beaucoup de temps à sortir de ma tête.

Quelques années plus tard, le destin a voulu que je signe dans le même club que Jérémy. J'ai été sincèrement heureux de constater que de nous deux, c'était finalement lui qui avait récupéré le plus vite. Nous avons passé un an ensemble et avons bien sympathisé, mais ça a été compliqué pour moi de passer outre. Lorsque je le regardais, je ne pouvais pas m'empêcher de penser à ce que je lui avais fait. J'imaginais la colère justifiée qu'il avait dû avoir envers moi et me disais qu'elle devait encore être là. Du moins en partie. Si les rôles avaient été inversés, moi, je serais en colère.

Lorsque j'ai appris à le connaître, j'ai compris qu'il avait avancé plus vite que moi, car il avait un objectif : revenir sur le terrain, retrouver le haut niveau. Il a travaillé dur pour y arriver, en ne comptant que sur sa force de caractère. Moi, à l'inverse, je n'avais pas d'objectif pour me sortir de cette situation. Je devais patienter et attendre que l'image que l'on avait de moi s'estompe. Que l'on me trouve de nouveau digne de jouer au football. Cela a été long, mais aujourd'hui, c'est enfin arrivé. »

Dans ce domaine, les médias abordent souvent le dopage en évoquant les performances parfois surprenantes de telle ou telle équipe et les raisons d'une telle performance collective. À titre personnel, j'ai des convictions, comme une éthique, qui m'interdissent de prendre des substances illicites et je ne me suis jamais trouvé dans une situation d'avoir à faire un choix sur ce sujet. Aucun club ne m'a proposé de prendre des produits dopants. Est-ce que le sujet existe ailleurs ? Je n'en sais rien, et cela ne m'intéresse pas, à partir du moment où je ne suis pas concerné. Les « remèdes » que j'ai pu prendre se limitaient à ceux que tout un chacun prend de temps en temps, présents dans les armoires à pharmacie de nombreuses familles : Guronsan, Berocca, Doliprane et Voltaren.

Les signaux du corps

Au fil des années, j'ai appris à écouter mon corps et à comprendre les signaux annonciateurs d'un souci musculaire ou d'une mauvaise performance. Il y a quelques années, l'ASSE devait jouer une demi-finale de Coupe de la Ligue. La veille de la rencontre, j'avais constaté que, depuis plusieurs matchs, j'étais moins performant. Je n'avais aucune douleur, mais je me sentais moins bon. C'était la première fois que cela m'arrivait. Je me suis alors demandé si je devais en parler ou faire comme si de rien n'était. Le souvenir de la « beuglante » de Paul Le Guen en début de ma carrière m'avait poussé à opter pour la transparence.

Quelques semaines auparavant, Christophe m'avait confié que je faisais systématiquement partie des premiers joueurs dont il inscrivait le nom sur ses fiches de préparation de match. Au-delà de mon bon niveau sportif et de l'adéquation de mon jeu avec ses besoins de coach, je pense qu'il avait décelé le respect et la loyauté que je lui portais. Il avait confiance en moi. Il sentait, à juste titre, que je lui étais fidèle et que je ne le lâcherais pas.

Lorsque je me suis donc senti moins performant, je ne pouvais pas aller contre mes principes. Cette place de titulaire indiscutable que j'occupais me gênait par rapport à mes autres coéquipiers : Cohade, Bodmer, Guilavogui et Lemoine. De super joueurs qui tournaient à quatre pour deux postes, le rôle de sentinelle m'étant invariablement réservé. Cette veille de demi-finale, j'étais donc allé voir le coach Galtier et lui avais annoncé de but en blanc : « Coach, ne me fais pas jouer demain. Je ne suis pas bon en ce moment. Je suis lucide sur mes performances. C'est trop facile de venir toujours réclamer pour jouer. Je fais donc la même démarche, mais dans l'autre sens. Je me trouve moins bon, ne me fais pas jouer. »

Christophe m'avait regardé, stupéfait. Il ne s'était jamais retrouvé dans cette situation. D'habitude, il lui fallait « vendre » aux non-titulaires la raison de ses choix, et aujourd'hui, c'était un titulaire incontestable dans son esprit qui lui demandait de ne pas jouer. Il avait refusé et m'avait envoyé son adjoint, Laurent Battles, pour comprendre ce qui se passait. Je lui avais tenu les mêmes propos de cohérence par rapport au groupe.

Finalement, le coach avait maintenu sa décision de me titulariser.

Ce soir-là, j'ai fait un vrai bon match. Peut-être qu'avoir parlé en toute franchise à Christophe de ce que je ressentais depuis plusieurs rencontres avait servi d'exutoire et m'avait remis d'équerre. La psychologie est vraiment une discipline passionnante. Les mots ont un pouvoir extraordinaire lorsqu'ils sont bien choisis, au bon moment. Christophe ne m'en a jamais reparlé, sauf tout récemment, au mariage d'un ami commun. « Je n'en suis toujours pas revenu que tu aies pu me faire un coup pareil ! Cela ne m'est arrivé qu'une fois dans ma carrière de coach. » Le joueur qui ne voulait pas jouer... un comble !

Être sportif professionnel implique que le corps ait un niveau minimum de forme pour pouvoir exprimer son talent. Le plus doué de tous ne pourra jamais montrer son potentiel si le corps ne suit pas, s'il est hors de forme. La préparation physique varie en fonction des coaches et des préparateurs physiques. Certains joueurs ont besoin de beaucoup d'entraînements, d'autres moins. Là encore, c'est un fin dosage à faire, au cas par cas, pour savoir ce qu'il faut demander à chaque footballeur.

En ce qui me concerne, j'ai toujours aimé les préparations physiques à base d'exercices variés, le footing traditionnel plutôt que la course classique. J'ai d'excellents souvenirs des stages faits à Tignes avec l'Olympique Lyonnais. J'avais de superbes sensations quand on faisait du vélo, des randonnées, du ski de fond sur glacier, du rafting. Si les moyens financiers le permettaient dans le football amateur, j'aimerais faire découvrir plein d'activités différentes à mes joueurs en intersaison, afin qu'ils ressentent des sensations individuelles et collectives fortes dans d'autres domaines que le football.

Le seul footing que j'appréciais vraiment était celui de reprise. C'était comme une rentrée des classes. J'aimais ce moment propice à la discussion, aux rigolades et aux échanges entre joueurs. Pour nous, les vacances, c'est une coupure d'un mois, et quand on se retrouve fin juin, on a plein de choses à se raconter, comme dans la cour de récréation à l'école. On devient de vraies pipelettes. Ça parle, ça parle, et les kilomètres qui défilent sous nos pieds sont vite oubliés. J'ai toujours aimé ces retrouvailles pleines de sincérité. On va vivre une saison en vase clos, se côtoyer tous les jours, et la prise ou reprise de contact est importante. En revanche, les stages qui duraient trop longtemps me pesaient. Trois à cinq jours, c'était le grand maximum. Après, l'éloignement me pesait.

Une fois le niveau physique minimum acquis par tout le groupe, chaque club professionnel dispose d'équipements spécifiques pour faciliter la récupération : bain froid, cryothérapie, masseurs, pédicures, ostéopathes, etc. Tout cela permet évidemment d'améliorer la récupération, mais dans quel pourcentage ? Et à l'opposé, quelles sont les incidences d'une mauvaise nuit de sommeil, d'une hydratation insuffisante, d'un régime alimentaire déséquilibré ou de mon état d'esprit si je ne suis pas heureux ? La priorité est de s'occuper des choses essentielles : être heureux, bien dormir, s'alimenter et s'hydrater correctement. Le reste est anecdotique.

Je n'ai jamais été adepte des longues séances de musculation, sauf lorsque j'étais blessé et qu'il m'a fallu reconstruire la musculature de ma jambe. Je prenais ces exercices comme un défouloir. C'était devenu presque une addiction, avec une volonté de repousser les limites des charges au développer/coucher. Avec le recul, je me dis que si j'avais été plus adepte des séances d'abdos et de gainage, j'aurais probablement été plus fort. Mais je me sentais bien dans mon corps et dans ma tête, et je savais que mon corps résistait bien aux efforts musculaires. J'avais les mêmes sensations qu'au volant de ma moto : je ressentais le moteur, j'étais attentif aux signaux qu'il me donnait et je ne voyais pas l'intérêt de le mettre en surrégime pendant les entraînements.

Il en était de même pour les exercices de relaxation et de sophrologie, que j'ai toujours pris à la légère. Lorsque j'entendais l'intervenant dire « Imaginez-vous sur la plage, au soleil ; vous êtes bien, les pieds dans l'eau, sur le sable doux... », je ne pouvais pas m'empêcher de rire. Je n'ai jamais réussi à me mettre en condition. Je suis passé à côté.

Si je veux être honnête, je dois avouer que pour moi, la meilleure des thérapies était une bonne fête avec les amis de toujours. Bien sûr, cela se traduisait par un excès d'alcool, un manque de sommeil et une overdose de fous rires. Lorsque je me laissais aller à de tels abus, j'imposais ensuite à mon corps une bonne séance de décrassage et quelques repas équilibrés pour me faire pardonner, mais ma tête, elle, me remerciait pour cette minithérapie à coups de chaleur humaine. Bien entendu, de tels « dérapages » ne pouvaient pas être quotidiens ni même hebdomadaires, mais lorsqu'ils se produisaient, j'étais conscient de l'équilibre que je devais trouver entre l'écart néfaste pour mon corps et celui bon pour mon moral. Tout n'est jamais tout blanc ou tout noir : l'important est de trouver le bon dosage qui marche pour chacun d'entre nous. Le corps et l'esprit sont en interaction permanente. L'un n'est rien sans l'autre.

J'ai toujours respecté les joueurs qui s'imposaient une hygiène de vie drastique, mais je dois reconnaître qu'ils me laissaient souvent perplexe. J'en ai connu qui ne s'autorisaient aucun écart : nourriture équilibrée et pesée, pas d'alcool, beaucoup d'eau et de sommeil, étirements à outrance et qui, paradoxalement, étaient souvent blessés. J'en ai connu d'autres moins rigoureux, mais qui angoissaient à l'approche de la pesée, s'interdisant la moindre ingestion alimentaire et même la moindre goutte d'eau dans les vingt-quatre heures qui la précédaient.

Parallèlement, j'ai toujours adoré voir des joueurs avec des corps de « non-sportifs », preuve qu'ils avaient laissé libre cours à des excès et ne s'en formalisaient absolument pas. Je pense souvent à mon ami Mathieu Bodmer. Nous avons joué ensemble au PSG, puis à Saint-Étienne. Au premier regard, on ne peut pas dire qu'il ait le physique de l'athlète de haut niveau comme on se l'imagine dans le monde du football : sec et tout en muscles. Pourtant, quel joueur !

Il a un toucher de balle exceptionnel, une vision du jeu et une technique extraordinaires. Durant les entraînements, j'ai plus d'une fois été scotché par l'aisance et la précision avec lesquelles il réalisait certains gestes très techniques. Il est la preuve que le football n'est pas qu'une question de vitesse, de puissance ou d'endurance.

À trente-huit ans, il vient juste de mettre fin à sa carrière professionnelle. J'admire ces joueurs qui, à quarante ans passés, réussissent encore à jouer en Ligue 1 ou 2. Ils parviennent à accroître le plaisir qu'ils ont de jouer, à compenser le manque ou la perte de leur physique grâce au développement de leur puissance mentale.

C'est peut-être là le plus important à retenir : tout n'est qu'une question d'équilibre entre le corps et l'esprit.

Avec mon fils Roméo, nous sommes de sacrés fans de Koh-Lanta *et nous adorons Claude. « Il est trop fort ! » Lorsque j'ai découvert qu'il était supporteur du PSG, j'ai osé l'appeler. J'avais envie d'échanger avec lui, de faire le lien entre nous, son expérience, son parcours et les vérités que la vie lui avait enseignées. Comme ça, juste pour le plaisir !*

« On a tous en nous une immense force. »

Claude DARTOIS

Recordman des victoires individuelles à *Koh-Lanta*, il est considéré comme le meilleur aventurier de l'histoire de cette émission, qui vient de fêter ses vingt ans d'existence.

« Lors de ma première inscription à Koh-Lanta *en 2010, j'ai envoyé ma candidature sans grande conviction. Je n'étais pas du tout attiré par le côté télévisé. C'était l'aventure qui m'appelait : le mythe de l'île déserte à la Robinson Crusoé, qui me faisait rêver étant gamin. Je ne m'imaginais pas sortir aussi grandi d'une telle expérience. Mes participations suivantes ont toutes été différentes, mais tout autant enrichissantes.*

Une aventure comme Koh-Lanta *peut être déstabilisante, car tu te coupes de ton entourage et de toutes les choses matérielles qui remplissent ton confortable quotidien, tu dors mal, tu es fatigué, sale, et tu ne manges pas ou peu. Cependant, au fil des jours, tu réalises que tu peux trouver du plaisir en tout : la découverte d'un lieu, l'apprentissage de nouvelles choses, la satisfaction d'avoir pu aider, de t'être senti utile au sein d'un groupe, la simplicité des échanges humains et des rencontres. Le plaisir de vivre quelque chose de différent que tu ne peux pas trouver dans ton quotidien.*

Je n'ai pas suivi d'entraînement spécifique comme un athlète de haut niveau. Je faisais – et fais toujours – un peu de sport plusieurs fois par semaine, mais sans excès. Ça me permet d'être beaucoup plus polyvalent et adaptable. Il faut laisser une part de magie et de spontanéité à une aventure comme Koh-Lanta.

Pendant les épreuves, ce qui me motivait le plus ce n'était pas la notion de dépassement de soi, mais l'envie de bien faire. Agir au mieux et en être fier. Lorsque tu fais les choses pour toi, tu n'as jamais de regret, car tu donnes tout ce que tu peux, et au final, le résultat importe peu. Prendre conscience de ce que l'on est capable de réaliser et ne pas avoir peur de se tromper, de chuter ou d'échouer, cela réduit fortement la pression. Il ne reste qu'une pression saine et bénéfique, qui est un excellent carburant pour la motivation. Il ne faut jamais se battre contre les autres, seulement contre soi-même. C'est bien plus valorisant et enrichissant.

J'ai perdu ma mère à l'âge de neuf ans. Trop jeune, j'ai dû apprendre à trouver mes repères, prendre mes décisions et me fier à mon instinct. Aujourd'hui, je suis père de deux enfants et, naturellement, j'ai envie de les protéger de tout, de leur offrir le meilleur, le confort et la sécurité. Cependant, maintenant, je sais que l'on apprend, se forge et s'améliore dans tout l'inverse : les épreuves et les difficultés. Mais l'on n'en veut pas pour nos enfants, et il me semble compliqué de trouver le juste milieu. Les bases qu'on leur donne pendant les premières années de leur vie sont essentielles. Je me rassure en me disant qu'il faut laisser faire les choses et essayer de ne pas trop s'inquiéter. Les aléas incontrôlables de la vie se chargeront de "l'endurcissement".

Ce que j'ai compris, aujourd'hui, c'est que l'on est tous capables de faire de belles choses, peu importe notre niveau, d'où l'on vient, ce que l'on a fait avant. C'est nous-mêmes qui nous mettons nos propres barrières et limites en fonction de nos croyances, nos peurs ou nos doutes, mais dans le fond, nous sommes tous capables. Inutile d'avoir eu un parcours de vie torturé pour aller chercher la force au plus profond de soi. Nous avons tous en nous une immense force : il suffit d'en être conscient et de croire en soi. Oser, avancer, progresser : c'est le but de la vie. Une fois que nous avons compris cela, plus rien ne peut nous arrêter. »

CHAPITRE 5
Paie tes impôts !

L'argent et le football, vaste sujet. Il n'y a pas une semaine où il n'est pas abordé dans les médias et, par ricochet, dans les foyers, les stades et les bistrots. Tout le monde en parle. Tout le monde a son point de vue, son avis. Que d'encre versée, que de bons mots distillés ! Aujourd'hui plus que jamais, les chiffres annoncés sont vertigineux ; les millions se multiplient au même rythme que les critiques.

À bien des égards, le football des « grands clubs » a dépassé le statut de sport ou de simple passion. C'est devenu un réel business, une multinationale emmenée par des millions d'adeptes, de supporteurs et de clients. Le football a évolué dans tous les domaines, du vestiaire aux rayons de produits dérivés. Dans les vestiaires, les relations humaines ont un peu perdu de leur spontanéité, et le staff technique et médical compte aujourd'hui autant de membres que de joueurs. Le coach, le médecin et les kinés ont été rejoints par des nutritionnistes, podologues, préparateurs mentaux, professeurs de yoga, etc. Quant aux produits dérivés, les maillots et écharpes aux couleurs du club se retrouvent noyés sous une myriade d'objets et consommables en tout genre, qui ont quitté depuis longtemps les vitrines des boutiques officielles pour envahir les différents rayons des grandes surfaces, les magazines et les panneaux d'affichage.

Face à de tels changements, il est normal que les clubs et les joueurs aient été emportés par cette inflation exponentielle. Les salaires des footballeurs ont augmenté, tout comme les montants de leurs transferts, mais toujours de façon proportionnelle aux sommes qu'ils engendrent. Les droits télévisés sont généralement la première source de revenus des clubs, auxquels s'ajoutent les partenariats et sponsorings, les ventes de billets et l'offre impressionnante de produits publicitaires mentionnés ci-dessus.

Il y a aussi la subtile stratégie achat/vente de joueurs : bien acheter et bien revendre. Stratégie complexe, fondée sur de nombreuses inconnues. Jeux de paris, d'instinct, d'intuitions… dont le résultat peut rapporter gros, le plus incroyable en date étant le transfert de Kylian Mbappé, alors âgé de seulement dix-neuf ans, en 2018. Transfert entre son club formateur l'AS Monaco et le PSG pour l'incroyable somme de cent-quatre-vingts millions d'euros.

N'oublions pas non plus que les finances internes d'un club se retrouvent parfois encore plus chamboulées lorsque de riches investisseurs privés, issus de différents horizons, viennent lui offrir de puissants appuis financiers et la possibilité de développer son équipe, sa structure et son staff technique. Là encore, ce sont des dizaines de millions d'euros qui viennent animer les débats et discussions, comme ce fut le cas lors de ma dernière année au PSG avec l'arrivée des Qataris.

Désormais, dans les grands clubs, les enjeux financiers sont colossaux. Pourtant, les objectifs sportifs et la course aux titres restent les mêmes pour tous. Ils sont identiques et donc tout aussi importants pour un club plus modeste, dont les finances permettent moins de folies, mais dont l'activité est similaire.

Le jeu du négoce tripartite doit être mené d'une main de fer par des experts bien entourés et conseillés. Le vendeur et l'acheteur – en d'autres termes : les clubs – doivent trouver une entente sur une « marchandise » dotée d'un cerveau et d'un libre arbitre, le joueur, le plus souvent assisté d'un agent ou d'un avocat. C'est un acte commercial complexe, où tout se négocie : le transfert en lui-même, le salaire, les clauses de reconduction ou d'augmentation en fonction du nombre de matchs joués, mais aussi des avantages annexes et parfois surprenants, comme une voiture, le loyer d'une maison, un jardinier, une assurance individuelle, une prime exceptionnelle de signature, voire une prise en charge des impôts sur le revenu.

Plus un joueur coté se rapproche de sa fin de contrat, plus sa puissance de négociation peut être importante. Bien entendu, ces tractations varient en fonction des qualités du footballeur : qualités de jeu, avant tout, mais également commerciales. Aujourd'hui, de grands noms comme Mbappé ou Neymar, véritables génies du ballon rond, sont aussi devenus des « marques » à part entière. Leurs noms rapportent autant, si ce n'est plus, que leurs prouesses techniques sur le stade. Le joueur vend donc ses talents, mais aussi son image, au même titre que Michael Jordan au basket ou Roger Federer au tennis.

Pour « préserver » ces athlètes d'exception, les grands clubs ont développé une réelle course à l'assistanat, afin que le joueur n'ait qu'à penser au football. On l'assiste sur tout, de la location de sa maison à la gestion de son image, en passant par le choix de son jardinier ou de la nounou pour ses enfants. L'éloignement des grands joueurs face au commun des mortels n'a donc rien d'étonnant : ils deviennent de super stars, inaccessibles, s'éloignant des réalités du quotidien.

La question essentielle est : face à de tels changements, n'a-t-on pas tendance à oublier l'essentiel – la passion du football, du jeu et le plaisir que celui-ci est censé procurer sur le terrain pour le joueur et ses supporteurs ? Qu'en est-il des relations humaines dans le vestiaire ? Face à de tels écarts ou à de telles pressions, que deviennent l'esprit d'équipe et l'amour du maillot ?

Ces derniers paragraphes ne sont que le fruit de mes réflexions sur le football français actuel et l'image qui en est véhiculée dans les médias. Bien entendu, ces observations ne s'appliquent pas à tous les clubs et joueurs, mais juste à une élite poussée sur le devant de la scène. Ces dizaines, voire centaines de millions d'euros qui font les unes des journaux et peuvent desservir l'image du football ne sont pas monnaie courante et restent une exception. De part et d'autre du terrain, et surtout au sein d'une même équipe, les écarts entre les salaires sont énormes. Entre les surdoués, les dieux du stade, les petits nouveaux et les joueurs en fin de carrière, les salaires en Ligue 1 française oscillent entre 5 000 € brut par mois et plus de 2 000 000 € pour quelques exceptions. Le salaire moyen des footballeurs français communiqué dans les médias n'a donc aucun sens. Il est complètement faussé par de tels extrêmes.

Beaucoup de footballeurs professionnels ont du mal à gérer l'aspect financier de leur vie professionnelle, point qui n'est jamais développé dans les biographies de joueurs. Sujet tabou ? Sûrement, mais qui revient souvent dans les questions que l'on me pose lors de mes conférences ou interventions en entreprise. C'est un thème que je ne veux pas éluder.

Dans le vestiaire, la question des rémunérations n'est pas abordée. Il y a les vedettes, les stars de l'équipe, et les autres. On se doute bien que les salaires sont différents, mais c'est logique. Les piliers du groupe méritent un salaire supérieur. Pour ma part, j'ai commencé ma carrière pro avec un salaire de 3 800 € brut à Lyon, mais il a vite augmenté, atteignant finalement les sommets après deux ans au PSG, avec 110 000 € mensuels. Lors de mon transfert à Saint-Étienne, mon salaire a diminué, tout en restant cependant l'un des plus élevés de mon nouveau club.

Et c'est avec un revenu de 2 300 € brut que j'ai fini ma carrière en National 2 à Bourgoin-Jallieu.

La difficulté de gérer l'argent que gagne un sportif de haut niveau n'est pas propre au football. Tous sports confondus, la moitié des athlètes professionnels finissent ruinés à la fin de leur carrière. Si cette statistique était affichée dans les vestiaires, peut-être contribuerait-elle à une prise de conscience anticipée. Ne faudrait-il pas mettre à la disposition des sportifs de vrais conseillers indépendants, plutôt que faire la politique de l'autruche ? Combien de footballeurs ont connu une fin de carrière perturbée par ces difficultés, sans pouvoir les régler ? Et que dire de l'état d'esprit dans lequel ils jouaient pendant ces moments-là, sans que le coach ou leurs coéquipiers comprennent ce qui se passait dans leurs têtes ?

Ce sujet est compliqué, et chaque joueur est un cas particulier, avec des objectifs différents. Depuis le centre de formation, le joueur professionnel vit dans un univers où il est assisté pour la moindre chose. En revanche, dans ce domaine de la gestion de son argent, motus : chacun est laissé seul. C'est l'une des raisons pour lesquelles autant d'erreurs sont faites et que la petite mort correspondant à la fin d'une carrière s'accompagne souvent de difficultés financières, liées à la baisse non anticipée des revenus, aux mensualités des prêts à payer et à la cupidité de certains entourages de joueurs. La Française des Jeux a créé une structure d'accompagnement des gagnants du loto sur les plans financier et psychologique. Pourquoi le syndicat des joueurs ou la Ligue de Football professionnel ne le feraient-ils pas aussi ?

Bryan et moi étions au centre de formation ensemble. Je l'ai toujours beaucoup apprécié. C'est quelqu'un de très généreux. À l'époque, j'étais admiratif de ce qu'il faisait pour sa famille. Lors de nos débuts à Lyon, nous avons eu les mêmes conseillers financiers.

« J'ai vite compris qu'on était une majorité à s'être fait arnaquer. »

Bryan BERGOUGNOUX

Ancien joueur de l'Olympique Lyonnais, père de quatre enfants et aujourd'hui entraîneur de l'équipe de football d'Évian, qui évolue en National 3.

« Le tabou du silence cause des dégâts énormes partout où il s'installe. Je me contenterai de parler des ravages qu'il fait dans le football, lorsqu'il s'agit des investissements immobiliers faits par les joueurs.

J'en ai été victime tôt... très tôt : à dix-huit ou dix-neuf ans. Sur des sommes importantes. Et j'en ai porté le fardeau pendant toute ma carrière. Quand je parlais de ce qui m'arrivait, quand je questionnais le vestiaire sur leurs propres investissements, je sentais bien que la question gênait, mais les réponses étaient les mêmes : "Nous, ça va, on a fait de super investissements, ça marche bien. Pas de problème !"

Mon œil ! À force de discuter avec les uns et les autres, j'ai vite compris qu'on était une majorité à s'être fait arnaquer. Mais personne ne voulait en parler, et encore moins le reconnaître. Cela m'a déçu.

En 2015, j'ai donné une interview à France Football *pour faire de la prévention et mettre les jeunes en garde. J'ai reçu en écho énormément d'appels de joueurs me disant s'être fait avoir comme moi. Je ne pensais pas que les dégâts étaient si étendus. Les voyous à l'origine de ces montages frauduleux savent qu'il y a une omerta sur l'argent dans le football. Ils en profitent et exploitent ce silence. J'ai été déçu que les autres joueurs n'aient pas voulu parler après mon interview. Ils ont préféré rester anonymes. Dommage.*

Les confidences que j'avais faites à mes coéquipiers amenaient parfois des réflexions du genre : "Mais Bryan, si j'avais le dixième de tes problèmes, je me pendrais." Peut-être parce que mon enfance n'avait pas toujours été facile, je me suis blindé contre tous ces aléas de la vie, et j'ai été sauvé par ma femme, mes enfants et le plaisir d'être sur un terrain de football. Quand je jouais, j'oubliais tout.

Revenons au point de départ. J'ai toujours été à l'aise avec la notion d'argent. Je disais mon salaire à mes coéquipiers sans aucune gêne. J'étais l'un des rares à le faire, et on m'a vite fait comprendre qu'il ne fallait pas le dire. J'étais en marge.

Jeune, j'étais un électron libre. Je n'en faisais qu'à ma tête. Des pseudo-conseillers immobiliers qui n'étaient que de vrais escrocs m'ont proposé de faire tel ou tel investissement, en me disant que tous les joueurs faisaient pareil. À coups d'emprunts, ces voyous m'ont fait investir plusieurs millions d'euros dans des programmes immobiliers bénéficiant de tel ou tel avantage fiscal, qui n'ont finalement jamais vu le jour. Je connais personnellement plus de cent joueurs qui se sont fait avoir comme moi, et je ne parle que de ceux que je connais. Vous imaginez donc le nombre total ! Immense.

Ces gens-là vont jusqu'à convaincre les parents, les familles et mettent une grosse pression sur l'entourage des joueurs. À partir du moment où le footballeur a signé l'acte chez le notaire, le piège se referme sur lui. Les programmes ne se concrétisent pas, alors qu'il faut rembourser les mensualités des prêts. Pas besoin de faire de longs commentaires pour comprendre l'impasse financière quand vous avez des échéances à payer, sans avoir les loyers en face. Les découverts s'accumulent, les banques mettent la pression et envoient les huissiers qui saisissent ce qui vous reste.

J'ai été en commission de surendettement avec un échéancier pour rembourser mes dettes. Je suis devenu un paria. J'assume mes erreurs du passé. Je rembourserai jusqu'au dernier centime. J'ai quatre enfants de trois, quatre, dix et douze ans. Ils sont nés avec mes dettes et me relient à la vie. Ma femme a encore plus souffert de la situation que moi.

J'espère que, depuis, les clubs professionnels ont mis en place des actions pour mieux informer leurs joueurs sur ce sujet. L'UNFP (Union nationale des Footballeurs Professionnels) essaie aussi de faire de la prévention, mais il faut des témoignages. Il faut ôter ce sentiment de honte. Mon ego en a souffert, et c'est logique. J'ai vécu des moments difficiles et traversé des périodes de dépression.

Si j'avais un seul conseil à donner à un jeune footballeur professionnel en matière d'investissement, ce serait celui-ci : "N'achète que ce que tu vois. Va sur place, regarde, compare, mais ne fais jamais d'achat sur plan, sous prétexte de je ne sais quel dispositif fiscal qui impose je ne sais quoi. Jamais !"

Second conseil : "Intègre qu'une carrière est tributaire de beaucoup de facteurs : une blessure, un changement de coach, une descente en division inférieure. Prendre des engagements financiers sur vingt ans, alors que la visibilité du contrat en cours est de trois ou quatre ans est une erreur. N'oublie pas que le temps d'une carrière n'est pas le même temps que celui des investissements. Mieux vaut des choses simples comme des placements en assurance-vie."

Lorsque l'on vient d'un milieu défavorisé, le plaisir en début de carrière, c'est de pouvoir payer le loyer de l'appartement de ses parents, leur offrir une voiture. Il faut prendre ces bonnes habitudes au départ, et placer seulement l'argent que l'on a, pas celui qu'il faut emprunter.

Troisième conseil : "Apprends à hiérarchiser tes valeurs." J'ai eu une enfance difficile et je sais aujourd'hui ce à quoi je tiens le plus au monde. Ma femme et mes enfants valent tous les trésors. Je me suis forgé une carapace qui fait que plus rien ne peut m'atteindre. C'est une force capitale pour ma reconversion.

Quatrième conseil : "Assume la situation et travaille dur pour rebondir." J'ai obtenu le DES (Diplôme d'État Supérieur) et j'espère pouvoir prochainement préparer et obtenir le BEPF (Brevet d'Entraîneur professionnel de Football). La sélection pour intégrer la formation est sévère, et le programme difficile. C'est mon objectif, et j'y arriverai. Je pourrai alors exercer le métier pour lequel je suis fait et faire de la prévention auprès des jeunes joueurs en matière d'investissements. Avec des discussions directes, d'homme à homme, lorsque la prestation d'un joueur ne sera pas bonne sur le terrain : "Dis-moi, qu'est-ce qui se passe ? Tu n'es pas bon actuellement sur le terrain. As-tu d'autres problèmes en tête que le foot ?" Et je leur permettrai d'éviter les pièges dans lesquels je suis tombé. C'est comme cela que je vois mon rôle d'homme, de footballeur, de véritable éducateur pour aider les futurs talents à réussir. En disant les choses, les yeux dans les yeux, telles qu'elles doivent être dites. Sans tabou. »

Quand un jeune intègre un centre de formation à treize ans, l'argent n'est pas le sujet : la seule chose qui lui importe est de vivre sa passion. Ce fut ma seule motivation à Lyon. Jouer, jouer et jouer encore. Encore et encore... Je ne me suis jamais projeté dans le futur. Seuls m'importaient le moment présent et le match du dimanche suivant.

Au moment de signer mon premier contrat pro, ce sont mes parents qui s'en sont occupés. Je ne m'en souviens même pas ! Le côté matériel des choses me passait au-dessus de la tête, et j'avais une confiance totale et aveugle en mon agent qui, par chance, s'en est toujours montré digne. Je l'ai rencontré lorsque j'avais seize ans. Il avait des informateurs au sein des éducateurs de l'Olympique Lyonnais qui le briefaient sur les jeunes qui avaient des chances de percer. J'ai commencé à discuter seul avec lui, puis mes parents ont pris le relais. La relation était saine, et son discours clair : « Il te faut privilégier le temps de jeu à l'argent. L'important est de jouer. L'argent viendra plus tard. »

Cela me convenait tout à fait, et durant toute ma carrière, il m'a proposé des options en ligne avec ma personnalité. Il avait compris que je fonctionnais au plaisir, à la passion et qu'il me fallait un vrai projet collectif pour m'exprimer. Le plaisir est le carburant qui me faisait avancer.

À dix-huit ans, j'étais pro, j'avais la confiance de mes éducateurs et du coach, Paul Le Guen. Que demander de plus ? Vous pensez bien que je n'allais pas me prendre la tête pour discuter le montant du contrat !

Malgré tout, j'ai compris assez vite qu'il fallait y réfléchir lorsque j'ai découvert que ma première paie était supérieure aux deux salaires de mes parents réunis. Cela fait mûrir plus vite quand cette anomalie arrive très et trop tôt. Cependant, elle peut aussi faire tourner rapidement la tête.

À la même époque, je me suis mis à jouer de façon occasionnelle au PMU avec l'un de mes amis d'enfance. Nous lisions quelques comptes-rendus de courses, puis nous pariions sur la course suivante, 10 € chacun, jamais plus. On misait sur les favoris, plus deux ou trois autres chevaux au hasard. Après seulement quelques paris, jackpot ! Le quinté dans l'ordre : 82 000 €, soit 41 000 € nets d'impôts pour moi !

Du haut de mes dix-neuf ans, aucune folie ne m'est venue à l'esprit pour dépenser cet argent tombé du ciel. J'ai demandé conseil à ma mère. Elle m'a dit d'acheter un petit studio sur Lyon, ce que j'ai fait. J'ai eu la chance d'avoir une famille et, surtout, des parents qui ne m'ont jamais rien demandé. Je les ai aidés occasionnellement, mais contrairement à d'autres coéquipiers, ils n'ont jamais exigé de percevoir une partie de mes revenus, sous prétexte que leur soutien m'avait ouvert les voies du football professionnel. Bien après mes débuts, j'ai connu des joueurs de mon âge, mariés et pères de famille, ruinés par leurs proches, des parents qui avaient un accès illimité à leur compte en banque personnel et dépensaient sans même les prévenir. Il y avait aussi des joueurs qui envoyaient la quasi-totalité de leurs revenus à l'étranger pour faire vivre une famille au sens élargi, voire un village entier.

En début de carrière, il est impossible de savoir combien de temps va durer cette félicité financière. Deux ans ? Quatre ? Huit ? Davantage ? Tellement de facteurs entrent en ligne de compte ! Il m'apparaissait comme une évidence que je devais placer cet argent en pensant à l'avenir.

Avec les années, j'ai pu observer les différentes voies prises par mes condisciples, les économes, les flambeurs, les pragmatiques, les spoliés. J'ai acquis la certitude qu'au-delà du montant qui apparaît sur la fiche de paie, l'essentiel est de savoir quoi faire de ce qui reste réellement une fois les taxes et autres charges payées. Comment pérenniser ses économies pour ne pas se retrouver sans rien lorsque le rêve prendra fin ? Quels placements privilégier ? Vers qui se tourner ?

J'ai décidé de tout investir dans l'immobilier. Sur les encouragements appuyés et rodés de conseillers financiers, je me suis persuadé que je devais essayer de défiscaliser au maximum mes revenus mensuels, alors fortement imposés (jusqu'à 52 %). Au fil des années, il m'est arrivé de faire des erreurs dans ce domaine, dont je paie les pots cassés encore aujourd'hui. Des projets qui n'ont jamais vu le jour, mais pour lesquels je rembourse encore des traites tous les mois. Des biens et des travaux surévalués par rapport au marché et revendus à perte.

Alors oui, j'ai défiscalisé, j'ai déduit des montants colossaux de mes impôts, mais lorsque je fais le bilan, entre les plus-values, les pertes et les transactions à zéro, les comptes ne sont pas bons. Je me retrouve à peine en positif. Et si je déduis le temps passé et perdu à traiter ces dossiers, les contrariétés et les déceptions, là, je passe vite en négatif. Il aurait mieux valu que je donne tout de suite la moitié de mes salaires à l'État.

On ne parle jamais de ce genre de sujet : des riches qui perdent de l'argent, on évite de le crier sur les toits. On ne va pas tendre le bâton pour se faire battre. Quand on décide de jouer, il faut prendre ses responsabilités !

J'ai voulu comprendre le pourquoi de ces mauvais placements et progresser. C'est l'un de mes traits de caractère : comme sur le terrain, lorsque la partie commence, je ne lâche plus rien. Cela m'a demandé un travail important. Je suis allé jusqu'à passer les examens pour pouvoir devenir gestionnaire de patrimoine, et j'en ai tiré la conclusion suivante : sur le long terme, la défiscalisation est un leurre : l'État finit toujours par percevoir son dû, mais comme j'aime à le dire, « il faut payer pour apprendre ! »

J'ai eu une belle carrière, une belle relation avec mon agent, qui m'a toujours suivi et épaulé. Je n'ai manqué de rien. J'ai profité, je me suis fait plaisir. Pour être plus précis, j'ai appris à me faire plaisir et à dépenser mon argent.

Depuis notre rencontre à Lyon quand j'avais seize ans, David a toujours été à mes côtés jusqu'à aujourd'hui. Adolescent, il a passé deux ans au centre de formation de l'OL, il n'a pas poursuivi de carrière en tant que footballeur, mais cette expérience a fait de lui un agent intègre et crédible lorsqu'il s'adressait à de jeunes joueurs, notamment ceux de haut niveau, sélectionnés en équipe de France des jeunes. Cela lui a permis de leur parler le langage de la vérité, en sachant, pour l'avoir vécu, ce qui se passe dans la tête des joueurs au moment de prendre des décisions importantes pour leurs carrières.

Il a toujours été de bon conseil, en adéquation avec ma personnalité et mes envies. J'ai trouvé judicieux d'avoir son regard sur un métier peu connu et quelques fois décrié du grand public.

« Ma préoccupation fut toujours la même : comprendre la personnalité du joueur en face de moi. »

David VENDITELLI

Ancien agent au sein de la société Score Agencies, dont il était le président et associé majoritaire avec son associé Alexandre Bonnefond, il a accompagné la carrière de plus de cent-vingt footballeurs de 2000 à 2020, dont celle d'Éric Abidal, Loïc Perrin, Kurt Zouma ou Alexandre Lacazette. Il est aujourd'hui président du club de football de Bourg-en-Bresse Péronnas, qui évolue en National.

« Durant ces vingt années en tant qu'agent de joueurs, ma préoccupation fut toujours la même : comprendre la personnalité du joueur en face de moi, savoir ce qu'il souhaitait, le faire évoluer si nécessaire dans sa réflexion et lui trouver le club correspondant à ses objectifs. J'ai plus raisonné en temps de jeu dans son futur club qu'en termes de rémunération, car jouer est la base de tout pour un footballeur professionnel. En face, je connaissais les coaches, les styles de jeu, les futurs partenaires, les mentalités des clubs. Je savais si tel ou tel joueur avait une chance de réussir dans tel ou tel club. Le football n'est pas une science exacte, mais avec l'expérience, les erreurs de diagnostic furent rares.

Ce métier d'agent de joueurs est méconnu dans l'esprit du grand public. Il souffre d'une réputation sulfureuse et d'une mauvaise image de marque, car il a été "mal vendu" dans les médias, et les dossiers des agents qui apparaissent dans la rubrique Faits divers *des journaux font plus vendre que ceux qui font correctement et discrètement leur travail.*

Même si l'organisation de la profession d'agent de joueurs est un peu atypique en France par rapport aux autres pays européens, les obligations sont les mêmes : passer avec succès les examens requis et se déclarer comme intermédiaire du football. Score Agencies fut la première société en France à être agréée comme agent de joueurs et à leur proposer un service global, pendant et après leurs années de footballeurs professionnels, en intégrant, bien sûr, la carrière de joueur, mais aussi tous les aspects de conseil dont il a besoin sur les plans fiscal, juridique et patrimonial.

Il n'est pas possible de faire correctement ce métier en étant seul. Pour bien comprendre la situation et les projets du joueur, il faut voir celui-ci et sa famille régulièrement. Nous étions plusieurs à nous répartir le travail pour proposer un suivi de qualité à chaque joueur dont nous nous occupions.

Je prends un exemple dans la carrière de Jérémy pour montrer à quel point cette complicité entre le joueur et son agent est importante. Je le connaissais tellement qu'il me suffisait de le regarder jouer pour savoir ce qui se passait dans sa tête. Ainsi, en 2011, j'ai compris qu'après quatre saisons au PSG, la vie à Paris ne correspondait plus à ce dont il avait besoin. J'ai contacté Christophe Galtier qui m'a dit rechercher un profil correspondant exactement à celui de Jérémy. L'affaire s'est faite aussitôt, et Jérémy a rejoint l'ASSE, où il a connu les plus belles années de sa carrière.

Aujourd'hui, le joueur a tendance à aller vers l'agent le mieux-disant, c'est-à-dire celui qui lui fait miroiter le salaire le plus élevé. C'est une approche réductrice. À chaque structure de bien faire comprendre l'ensemble des enjeux et de conseiller au mieux le joueur. L'arrivée des avocats comme conseil des joueurs est une bonne chose. Ils apportent une approche complémentaire, intéressante pour aider le joueur dans sa réflexion. Même s'ils ne connaissent pas forcément aussi bien les coulisses du football que les agents implantés depuis des années, ils ont cette vision globale du conseil. C'est une évolution intéressante de la profession.

Actuellement je suis le président d'un club de National, l'antichambre du football professionnel. Les agents que je rencontre à ce niveau de Ligue 2/National sont plus passionnés par le football que ceux de Ligue 1 ; ce ne sont pas les mêmes. Les discussions sont plus saines avec eux.

Ce métier d'agent de joueurs va continuer à énormément évoluer, et je suis convaincu que la compétence deviendra de plus en plus le critère n° 1 pour faire la différence entre les uns et les autres. »

À Paris, poussé par mon ami Sylvain Armand, j'ai découvert les grands restaurants et les voitures de sport, tout en continuant à penser que débourser 230 € pour un jean Diesel était un peu excessif. J'ai aimé ne pas avoir à compter ou contrôler mes finances. Je me suis offert une belle voiture, une Harley, un téléviseur géant et un ordinateur sans me poser de questions, mais j'ai préféré continuer à aller en vacances au camping avec mes copains à Vias-Plage, plutôt que de m'envoler pour Saint-Barth. Je dirais que j'ai été « mesuré » face à cet argent, ce qui m'a permis de rester proche du mode de vie de mes amis non footeux et de ne pas ressentir de perte de pouvoir d'achat lorsque j'ai quitté la Ligue 1.

Si c'était à refaire, qu'est-ce que je changerais dans mes investissements ? Je maintiendrais ma décision d'investir dans l'immobilier, mais je le ferais différemment.

La priorité est d'acquérir son refuge, cette maison ou cet appartement qui va constituer l'endroit privilégié où se ressourcer. Son véritable cocon. Qu'il soit résidence principale ou secondaire, peu importe : il doit être le port du marin, l'endroit où il fait bon aller dès qu'il y a quelques jours de calme dans cette vie faite de déplacements permanents.

Les plaisirs liés à la montagne sont tellement ancrés dans ma mémoire que j'ai privilégié l'achat du chalet de mes rêves dans le village le plus haut d'Europe, à Saint-Véran. C'est le bien qui me tient le plus à cœur, où l'on aime se retrouver en famille, entre amis, et où les souvenirs se construisent.

La presse se fait régulièrement l'écho d'escroqueries immobilières à grande échelle portant sur des sommes considérables. Comment ces arnaques impliquant des promoteurs, des sociétés de commercialisation de programmes immobiliers, des banques et des notaires peuvent-elles être mises en place et piéger des dizaines de personnes, parmi lesquelles, bien souvent, des athlètes de haut niveau ? Je fais partie de ces victimes. Jeannick Moisy m'a assisté dans la restructuration de mon patrimoine immobilier et dans la renégociation de mes prêts immobiliers.

« Dans un vestiaire, personne n'osera dire qu'il a été victime d'arnaque. »

Jeannick MOISY

Avocat fiscaliste, associé du Cabinet LINTAX et membre de COALLIANCE Conseil, structure regroupant des experts du droit et du conseil patrimonial.

« Quel conseil donnez-vous à un jeune sportif lorsqu'il passe professionnel, avec un salaire élevé, pour la gestion de ces sommes d'argent importantes, mais le plus souvent limitées à trois ou quatre ans ? »

Jeannick : *« J'en donne deux. Mais terriblement importants.*

Le premier : anticiper.

Le jeune doit tout de suite se poser les bonnes questions par rapport au salaire qu'il commence à percevoir et qui est censé augmenter, parfois de façon exponentielle. Que veut-il faire de cet argent ? Comment veut-il le dépenser et le placer ? Comment voit-il la suite de sa carrière et sa vie d'après ? Mais anticiper, c'est aussi anticiper les sollicitations de son entourage.

Et c'est là mon deuxième conseil : savoir bien s'entourer.

Il est bien connu que les "amis" et parfois même la propre famille du jeune peuvent s'avérer de vrais prédateurs, tant il pourrait y avoir d'argent à récupérer en cas de sollicitation du jeune à la "bienfaisance".

En tant que conseils indépendants, notre rôle est de défendre les intérêts de nos clients, y compris et surtout ces jeunes qui ne sont pas préparés à gagner de telles sommes et qui n'ont parfois aucune connaissance en placement, finance, fiscalité et autres. Mais nous ne sommes pas des chaperons. Si le jeune décide de ne pas suivre nos conseils et s'il part droit à l'échec, parce que des gens mal intentionnés tournent autour de lui, nous ne pouvons que le déplorer. D'où notre rôle de les mettre en garde dès le début de leur carrière et de leur faire comprendre qu'ils doivent faire appel à des professionnels (avocats, experts-comptables, notaires, conseillers en gestion de patrimoine indépendants) et non pas à des pseudo-conseils qui rôdent autour des stades et traînent dans les vestiaires pour glisser une carte de visite et vendre du rêve.

J'insiste sur un point : un placement où l'on ne paie pas d'impôts, cela n'existe pas !!! »

« Pour les sportifs qui ont la chance d'inscrire leur carrière dans la durée, comment évoluent vos conseils avec le temps ? »

Jeannick : *« Dans l'idéal, il y aurait trois phases.*

La première a déjà été évoquée : anticiper et se poser les bonnes questions dès le début. Il s'agira de mettre en place une stratégie de protection du joueur. Cette protection pourrait être financière, mais pas uniquement. Le footballeur pourra être protégé civilement, par exemple grâce à une assistance dans le choix de son régime matrimonial en cas de mariage, mais aussi juridiquement et fiscalement, notamment avec une assistance dans ses investissements (création de SCI, de société de placement, gestion des aspects fiscaux des investissements et des carrières à l'étranger, etc.)

La deuxième phase pourrait être une phase de consolidation, où le joueur devra piloter et arbitrer ses placements et ses choix en fonction de son évolution de carrière, mais aussi familiale.

La dernière phase serait de l'accompagner dans sa reconversion. Il s'agit d'une période très délicate pour un footballeur qui a été adulé, sous les feux des caméras et sous une pluie d'argent. Sa retraite constitue pour lui une petite mort où tout s'arrête. Nombreux sont ceux qui font une profonde dépression.

À ce moment-là de sa vie, la personne aura encore plus besoin de conseil que jamais. Si, jusqu'ici, nous avons bien fait notre travail, l'ex-joueur pourra bénéficier du fruit de ses placements en tant que source de revenus de substitution, voire d'un capital, s'il souhaite s'investir dans un projet professionnel.

Nous l'accompagnons dans sa vie d'après, surtout s'il veut se lancer dans un projet où il devra tout apprendre de la vie des affaires et des contraintes du chef d'entreprise. Quand on sait qu'un dirigeant de PME *préparé à une telle carrière a déjà la nécessité de faire appel aux conseils que nous sommes, vous imaginez ce dont aura besoin un joueur retraité qui se lance dans les affaires !* »

« Une étude récente révèle que 50 % des sportifs professionnels de haut niveau, tous sports confondus, sont ruinés à la fin de leur carrière. Comment expliquez-vous ce pourcentage si élevé ? »

Jeannick : « *L'absence de conseil, ou plutôt l'absence de "bons" conseils.*

Quand nous rencontrons ces sportifs, nous sommes effarés de voir à quel point ils ont été mal conseillés. Ils ont été victimes de conseillers véreux, de promoteurs immobiliers qui ont disparu sans laisser de trace, ou de professionnels présents lorsqu'il y avait de l'argent à gagner, mais subitement muets quand il fallait sortir leurs clients de l'ornière.

Et tout cela se passe dans une quasi-omerta, où seuls quelques courageux osent dire tout haut qu'ils ont été ruinés, lorsque beaucoup d'entre eux finissent dans le silence en commission de surendettement. D'après ce que nous en savons, personne n'osera dire dans un vestiaire qu'il a été victime d'arnaque. C'est trop délicat pour en parler devant les autres. Chacun continue alors à suivre les "conseils" de personnes malintentionnées, sans que personne n'ait la force de dénoncer ce système. Espérons que de plus en plus de langues se délieront pour stopper ce phénomène et éviter l'impunité de ces escrocs. »

« Vous avez évoqué les conseils préventifs, mais vous intervenez aussi à titre curatif. Lorsque les dégâts sont faits et que les sportifs sont confrontés à des contentieux, le temps de la justice est long quand il faut la saisir, alors que les impasses de trésorerie sont à court terme. Que faire dans ces situations ? »

Jeannick : *« Le joueur doit se dessaisir et ne plus intervenir seul. À ce stade, c'est d'abord et surtout avec les banques que les discussions doivent avoir lieu.*

Notre philosophie n'est pas d'enclencher des procédures judiciaires à tout prix, mais de négocier des assouplissements avec les établissements bancaires, afin de permettre au joueur de faire face à ses échéances à court terme, d'une part, et de proposer des stratégies de sortie à long terme, d'autre part. Néanmoins, s'il faut aller au contentieux, nous y allons et défendons bec et ongles les intérêts de nos clients.

Cela étant, le joueur doit comprendre que sa démarche ne sera crédible que si le banquier a un professionnel en face de lui, surtout s'il s'agit d'un avocat. Nôtre rôle, ici, sera donc de trouver des solutions amiables (comme une suspension de paiement des échéances ou une remise partielle de la dette), en présentant un dossier faisant état de la situation actuelle et des solutions de rétablissement de la situation que nous lui proposons. C'est seulement en cas de refus de la banque à toute forme de discussion que nous envisageons les solutions judiciaires (commission de surendettement, suspension judiciaire des échéances, mise en jeu des responsabilités, etc.). »

« **Pour prendre une comparaison avec le monde médical, vous êtes à la fois le médecin généraliste qui fait du préventif, mais aussi parfois le réanimateur et le chirurgien qui va opérer en urgence le dossier fiscal, immobilier ou financier de vos clients. C'est bien cela ?** »

Jeannick : « *C'est tout à fait cela. Si nous avons la chance de rencontrer nos clients au début de leur carrière, nous pouvons mettre en place une stratégie visant à le protéger de tous les aléas que nous avons précédemment évoqués. Sinon, nous faisons le "pompier".* »

« **Quel regard portez-vous sur les interlocuteurs habituels de vos clients : les banques, les conseillers en gestion de patrimoine, les experts-comptables ? Ne manque-t-il pas à ces personnes spécialisées dans un domaine précis un chef d'orchestre capable de les faire travailler en harmonie toutes ensemble ? Comment faire pour que le conseil donné ne soit pas uniquement dicté par le montant de la commission que va percevoir l'intermédiaire ?** »

Jeannick : « *Nous portons le même regard que celui que nous portons par rapport à de nombreux chefs d'entreprise. Premièrement, il y a la problématique que vous évoquez des conseils guidés uniquement par la commission qu'ils pourront toucher. Votre conseiller bancaire change tous les deux ans. Il n'y a pas de relation dans la durée, et sa prime sera fonction des produits qu'il vous placera. Il sera donc fortement tenté de vous placer le plus de produits possibles, et surtout ceux lui rapportant la plus grosse commission. Pas forcément les mieux adaptés...*

Ensuite, lorsque les situations sont complexes et que les enjeux sont importants, un seul de ces conseillers ne peut gérer à lui seul l'ensemble des difficultés. Dans ce cas, ce sont parfois les corporatismes et la peur de perdre son client qui guident les mauvais choix.

Un conseiller en gestion de patrimoine ne peut pas gérer seul les intérêts d'un joueur africain qui commence par venir jouer en France, puis poursuit sa carrière internationale dans d'autres pays, en investissant à chaque fois dans tous les états où il joue et dans celui où il est né. Les aspects civils, juridiques et fiscaux sont trop complexes pour lui, mais il est tenté de ne pas partager le gâteau des commissions et honoraires avec des spécialistes.

Un expert-comptable ne peut gérer à lui seul une opération complexe de restructuration d'un groupe de sociétés. S'il fait appel à des avocats pour gérer les aspects juridiques, fiscaux et sociaux, il aura trop peur de perdre le contrôle et sera parfois prêt à mal accompagner son client, plutôt que de laisser la main à des spécialistes.

Notre équipe est en capacité d'accompagner nos clients à la fois sur leurs problématiques professionnelles (droits des sociétés, droit fiscal, expertise-comptable), mais aussi sur la structuration de leur patrimoine privé (notariat, couverture financière et assurantielle), le tout en une seule et unique intervention coordonnée.

En conclusion, nos interventions sont comparables à des matchs de football. Nous avons des spécialistes à chaque poste et des intervenants entraînés et habitués à traiter des dossiers tout au long de l'année, des plus simples aux plus complexes. Pour chaque dossier, il y a un coach qui définit la stratégie, vérifie qu'elle est bien comprise et appliquée par tous les intervenants et s'assure de l'avancement du résultat tout au long de l'intervention, avant de refermer le dossier, une fois l'objectif atteint. »

CHAPITRE 6
Coach, quel métier !

« Vous ne pouvez pas faire pousser une graine,
vous ne pouvez que créer les conditions
pour qu'elle se développe par elle-même. »
Michaël Aguilar

La complexité de la mission

Un chiffre résume la complexité du métier de coach : 18. C'est la durée moyenne de maintien en poste d'un coach : 18 mois. Comme ses joueurs, celui-ci est en CDD. Situation de plus en plus précaire. Bien sûr, il y a quelques exceptions, comme Arsène Wenger à Arsenal, Christophe Galtier à Saint-Étienne et à Lille, ou Stéphane Moulin à Angers, mais cette rareté ne fait que souligner la difficulté de la tâche et la grande compétence de ces quelques individus. Le coach n'a pas le droit au sursis ; il est au milieu de l'arène, en pleine lumière. Dès les premiers matchs, si les résultats ne sont pas au rendez-vous, les interrogations arrivent de tous côtés : les supporteurs, les réseaux sociaux, la presse spécialisée, les médias et, bien sûr, le président du club.

À travers son témoignage, j'ai voulu inverser les rôles et avoir le ressenti d'un grand journaliste. Lui donner la parole sur toute cette partie communication, sur ces réseaux sociaux qui ont désormais une grande place dans le milieu du football.

« Dire que la communication sportive a changé est un euphémisme. »

Frédéric JAILLANT

Journaliste, ancien directeur des sports de TF1, aujourd'hui directeur de sa propre société de communication, dont l'objectif est d'aider les entreprises, leurs dirigeants et les sportifs de haut niveau à optimiser leur communication à l'heure des réseaux sociaux et de l'instantanéité de l'information.

« Dire que la communication sportive a changé est un euphémisme. Elle a été révolutionnée en vingt ans. Au début des années 2000, le football était encore cantonné à la page Sports *des journaux. Aujourd'hui, l'actualité sportive est partout. Dans la rubrique sportive pour l'analyse de la performance, mais aussi dans les pages économiques pour expliquer les montages financiers et fiscaux lors des rachats des clubs, et parfois dans les pages people pour relater les frasques de tel ou tel sportif.*

Les réseaux sociaux jouent un rôle considérable dans cette évolution de l'image du football. Les joueurs sont devenus des cibles : "Ils sont bien payés ; on peut donc se les payer." L'expression est un raccourci, mais elle reflète une réalité.

En tant que journaliste, je constate les faits. On vit dans une société malveillante. Tout prête à critique, à contestation. Ce monde de concurrence exacerbée est propice à tous les coups bas. Les clubs comme leurs joueurs doivent y être préparés et formés. Le football fait l'objet d'un tel traitement médiatique que les sollicitations des joueurs sont innombrables. Les journalistes veulent faire du buzz et obtenir des informations qui vont parfois à l'encontre des intérêts des joueurs.

Il faut donc que les clubs apprennent aux footballeurs le fonctionnement des médias, à détecter les pièges, mais aussi à exploiter les opportunités qu'ils offrent. C'est une technique comme une autre à travailler. Réaliser des jeux de rôles (intervieweur/interviewé), les filmer et les analyser fait progresser vite. Les joueurs ne doivent pas être laissés seuls à eux-mêmes dans cette société du dénigrement.

Jérémy est très doué pour ce genre d'exercice. Pour lui, c'est naturel. Il a cette aisance devant une caméra, comme s'il discutait avec un ami sur le coin d'une table. Il irradie cette sympathie communicative. Le jour où il deviendra entraîneur au plus haut niveau, comme il le souhaite, cela l'aidera, mais comme disait Georges Brassens : "Sans technique, un don n'est rien qu'une sale manie." Jérémy était assidu à ces formations médias et n'était jamais satisfait de ses prestations. C'est un bourreau de travail.

Dans ce domaine de la communication, les joueurs se parlent entre eux. Les "boulettes" des uns profitent aux autres. Le sujet est traité dans les centres de formation des clubs professionnels, et les jeunes comprennent qu'ils ont besoin d'être conseillés. Les agents de joueurs ne sont pas des communicants. Ce n'est pas leur métier. L'UNFP fait du bon travail sur ce sujet, en informant et en orientant les joueurs. D'ailleurs, les grands groupes de communication l'ont bien compris et ont mis en place des services dédiés aux footballeurs.

Un joueur ne peut pas refuser toutes les sollicitations des médias. Il doit les choisir, sur des critères précis. À quel moment parler ? Pour dire quoi ? En plaçant quelle phrase ? Tout se prépare, comme les options de jeu sur le terrain. Il y a des intérêts d'images, de liens avec les supporteurs, ainsi qu'une notion de plaisir. Sans être narcissique, expliquer qui on est et qui on n'est pas peut devenir un vrai plaisir pour un joueur. Prenez l'exemple d'Ibrahimovic : il communique comme il est sur le terrain, avec un mélange de provocation et de spontanéité. Il est conseillé dans ce sens.

La communication des sportifs est comparable à celle des grands patrons d'entreprises. Certains préparent leurs prestations, d'autres misent sur leurs capacités d'improvisation. Ces derniers perdent à tous les coups. Beaucoup de patrons ne répètent pas. Ils sont dans un monde de toute-puissance et pensent que les journalistes peuvent être traités comme un N-1 ou N-2. Erreur de diagnostic. Ils donnent des interviews les mains dans les poches de leurs costumes. Comme le joueur de football avec les mains dans son survêtement, qui voit juste l'adulation de ses fans. Tous deux oublient qu'ils ont en face d'eux un journaliste venu avec ses questions-pièges et que, sans préparation, ils tombent dedans à tous les coups.

Il n'y a pas d'affect entre un journaliste et un joueur, juste des intérêts mutuels. Le off est très dangereux, car il ne tient pas longtemps et est vite trahi. Je crois davantage à la relation gagnant/gagnant. Le journaliste doit ménager le joueur et, en contrepartie, il peut avoir la primeur de certaines informations.

Dans l'intérêt des joueurs, un discours de responsabilisation est préférable à un discours de victimisation. À vingt ans comme à trente, on ne peut pas tout savoir. Il faut donc être conseillé, se former et travailler les fondamentaux. Il n'y a pas forcément besoin de devenir un spécialiste des médias, mais il faut savoir éviter les fautes éliminatoires. »

En mai 2019, lorsque j'intègre le club de Bourgoin-Jallieu, qui évolue en National 3, j'accepte de m'occuper en parallèle des jeunes U14. Plus d'une année après, alors que ma carrière en tant que joueur professionnel s'achève, le club me propose de devenir l'entraîneur de l'équipe que je viens de quitter. Avant de me lancer dans cette voie, je ne m'étais pas rendu compte de la complexité du métier de coach, ni de la multitude de compétences qu'il demande. Aujourd'hui, je comprends pourquoi il s'agit d'un métier exigeant, usant et à haut risque. Cependant, il est tellement passionnant. Peut-être plus encore que celui de joueur !

L'objectif que je me fixe dans cette nouvelle aventure est de devenir l'entraîneur que j'aurais aimé avoir. Mon cahier des charges est compliqué, car lorsque j'étais joueur, j'avais toujours l'esprit de contradiction. Je ne sais pas pourquoi, c'était plus fort que moi, je me plaignais souvent : « cet exercice ne me plaît pas », « je n'ai pas envie de faire ça », « ce n'est pas le moment de faire ce truc », etc. Un râleur, un grincheux, mais un vrai gentil quand même !

Je suis entier, et les faux-semblants n'existent pas pour moi. Cependant, avec le recul et la maturité gagnée au fil des ans, j'aimerais dire : « Chers coaches, assistants et préparateurs physiques, soyez remerciés pour l'immense patience dont vous avez fait preuve à mon égard tout au long de ma carrière. » Maintenant, je comprends mieux. Je les comprends mieux. Je me comprends mieux. S'ils ont été si indulgents, c'est certainement parce qu'ils étaient conscients que je ne trichais pas. Je râlais, mais je faisais quand même.

Certes, j'étais difficile à gérer, mais d'un autre côté, je ne faisais pas semblant. Ni à l'entraînement ni pendant les matchs. Dans la colonne des plus et des moins, le plus l'emportait finalement sur le moins, et ils n'avaient pas de surprise avec moi. Il fallait que ça sorte : je ne pouvais pas garder pour moi quelque chose qui ne me plaisait pas. J'étais transparent, et je le suis toujours. Je considère cela comme une réelle force. Sans transparence, sans honnêteté, sans franchise, aucune relation de confiance ne peut se créer. Et comment une équipe peut-elle réussir s'il n'existe pas de confiance entre ses différents membres ?

Lorsque j'étais sur le terrain, mon rôle nécessitait à la fois une grande dépense physique et un diagnostic rapide de la situation. J'étais milieu défensif. Pour celles et ceux qui jouent au football, ma mission était claire. Pour ceux qui connaissent moins ce sport, voilà de façon simplifiée ce que j'avais à faire : dans une équipe, les défenseurs protègent la cage de leur camp, les attaquants marquent les buts, et entre les deux se trouve le milieu de terrain. Je faisais le lien entre le « haut » et le « bas ».

Concrètement, cela signifie que tout en courant quasiment en permanence, je devais analyser ce qui se passait. Pourquoi n'arrivions-nous pas à conserver le ballon ? Pourquoi y avait-il un problème de tel côté du terrain ? Comment le régler ? Comment aider tel coéquipier en difficulté ? Tout cela en trouvant le point faible de l'équipe adverse, afin d'orienter le jeu en vue d'exploiter cette faille.

Ce poste a toujours été considéré comme ingrat, car peu mis en lumière. Celui qui se sacrifie pour les autres, pour l'équipe. Moi, j'ai toujours adoré ce côté « analyse et stratégie », comprendre le jeu et les joueurs. Aujourd'hui, je retrouve ces compétences dans mon rôle d'entraîneur et me dis qu'elles ont sûrement participé aux liens particuliers de respect et de confiance que j'ai eus avec mes anciens coaches. Pendant les matchs, eux sur le bord du terrain et moi au milieu, nous partagions la même mission.

Aujourd'hui, lorsque je me retrouve en face de mes joueurs, je me replonge dans mes souvenirs et j'essaie de canaliser et d'ancrer en moi toutes les bonnes choses que m'ont apportées mes différents coaches, de mon oncle Dad, lorsque j'avais sept ans, aux coaches professionnels de renommée internationale qui ont jalonné ma carrière. Les bons conseils, mais aussi les mauvaises expériences qui, avec le recul et la réflexion, sont devenues de riches enseignements.

La fonction d'entraîneur est infiniment complexe. Il doit penser à tout, tout le temps, avant les autres et pour les autres. Il doit prendre des décisions rapidement, tout en pesant les conséquences et en privilégiant le collectif au détriment de tel ou tel intérêt individuel. Il est celui qui sera critiqué lors des défaites et qui mettra ses joueurs en avant lors des victoires.

Face aux joueurs, son cerveau est en permanence dans l'analyse, la réflexion, la décision et l'action.

Le mien n'y échappe pas. Les questionnements affluent en permanence dans ma tête. Comment m'adapter du mieux possible aux joueurs ? Comment les mettre en situation d'atteindre leurs objectifs ? Que mettre en place à l'entraînement pour qu'ils s'améliorent ? Prennent-ils suffisamment de plaisir, individuellement et collectivement ? Comment faire converger leurs intérêts individuels ? Comment les amener à fonctionner les uns pour les autres et développer l'esprit de solidarité sur et à l'extérieur du terrain ? Suis-je assez juste, et comment mieux les comprendre ?

À toutes ces interrogations s'ajoute la réalité du terrain. La vérité d'un jour n'est pas forcément celle du lendemain, car les lignes bougent. Les aléas arrivent. Les situations ne sont jamais figées, et le moindre grain de sable peut gripper la plus belle des mécaniques. Les personnalités évoluent comme les contextes. Heureusement, la sincérité paie toujours. Les joueurs la ressentent, la vivent, et ils seront toujours plus indulgents et respectueux avec les entraîneurs bienveillants.

Je m'efforce de garder à l'esprit qu'au-delà des aspects physique et tactique que je dois maîtriser pour mes joueurs, la maîtrise du mental est encore plus importante. Ma vérité d'entraîneur est là. C'est elle qui fait de moi l'homme que je suis et le coach que je deviendrai. Je la tiens des innombrables heures passées sur ces terrains, sur ces gazons aux couleurs de l'espoir.

Les joueurs ne sont pas des machines que l'on programme pour courir vite et shooter fort, mais des êtres vivants qui, comme tout un chacun, sont régis par des émotions évolutives qu'il ne faut pas négliger, sans oublier le besoin viscéral de plaisir dont nous avons tous besoin pour avancer et nous épanouir. En psychologie, il n'y a pas de vérité démontrable, mais des intuitions parfois fulgurantes. Le métier de coach a un avenir radieux devant lui, tant la mission est complexe et les enjeux multiples. Quel beau métier d'emmener un groupe ou un individu à aller chercher ses limites et les dépasser !

Pour moi, le coach « idéal » doit bien se connaître, capitaliser sur ses points forts et accepter ses points faibles, en s'efforçant de les améliorer si possible. Avoir une connaissance fine de la nature humaine et savoir adapter son management à la diversité des personnalités de ses joueurs et de leurs entourages. Savoir aussi s'entourer de gens compétents qui osent avoir un avis différent du sien. Oser la confiance et savoir déléguer. Savoir dire « non ». Savoir gérer son stress et celui de son équipe. Il doit savoir regarder, comprendre et écouter.

J'ai bien dit « idéal » ! Peu de personnes arrivent à cocher toutes les cases. Mais quelque part, ne sommes-nous pas tous le coach de quelqu'un ? Un parent, un père, une mère n'est-il pas le coach aimant et bienveillant de ses enfants ? Tout comme un bon patron est le coach de ses salariés. Un chef d'équipe est le coach de ses subalternes. Les amis, entre eux, n'ont-ils pas tous la capacité de se coacher ?

J'aime à me souvenir d'un évènement qui m'avait marqué, en 2012, lorsque j'étais à Saint-Étienne, coaché par Christophe Galtier. Nous avions mal commencé le Championnat. Notre jeu était mauvais, et nous n'étions pas heureux sur le terrain. Face à ce constat, la grande force de Christophe fut de libérer la parole au sein du groupe et d'échanger avec le staff médical, les kinés, les masseurs et le docteur, qui avaient les avis et les ressentis de chaque joueur dans le creux de leurs mains.

Au bout de deux jours d'entretien avec les uns et les autres, Christophe nous a réunis et a pris la parole : « Je me suis planté. Sur la tactique, sur les entraînements, sur ce dont vous avez besoin de ressentir durant les entraînements. En gros, je suis parti dans la mauvaise direction. J'ai voulu mettre en place des tactiques nouvelles, des exercices différents, mais j'ai fait fausse route. Je me suis écarté de ce dont vous aviez besoin. J'ai oublié la base de tout : le plaisir. Nous allons y revenir. »

Ce serait réducteur de limiter les changements intervenus à cette seule prise de conscience, mais dès le match suivant, nous avons gagné 4-0 contre Brest, et ce fut à l'unanimité l'un de nos plus grands matchs de la saison. Tout cela pour en venir où ? Christophe était revenu à l'essentiel et au travail basique, articulé à l'entraînement autour du travail, des jeux et du plaisir. Inutile de chercher des choses compliquées.

Je suis convaincu qu'il n'est pas nécessaire d'avoir les meilleurs joueurs ni la meilleure équipe pour réussir une saison et remporter des titres. L'adhésion à un projet commun, l'identification à un collectif soudé, le plaisir pris à progresser individuellement et collectivement permettent de brillantes performances.

La première priorité est de bien connaître ses joueurs. Dans ma carrière, j'ai eu la chance d'avoir comme coaches deux références : Paul Le Guen et Christophe Galtier. Ils étaient autant attentifs à l'homme qu'au joueur et savaient se rendre disponibles si nécessaire, quel que soit le problème, à tout moment. Ce fut un atout capital dans ma progression et dans le collectif auquel j'appartenais.

Souvenez-vous de 1998, de l'extraordinaire communion entre les joueurs de l'équipe de France. On aurait dit des frères, des amis d'enfance. Après la victoire de la France en Coupe du Monde, cette année-là, Aimé Jacquet a bénéficié d'une aura exceptionnelle. Mais qui se souvient de toutes les critiques qu'il avait eues dans l'année précédente ? Au point d'avoir prévu le scénario catastrophe d'une élimination prématurée et l'obligation dans laquelle il aurait été, selon lui, de quitter momentanément la France ?

Qui se souvient du fameux non qu'il a dû adresser en 1996 à Éric Cantona ? Un non au meilleur pour le bien du collectif, un non qui a suscité bien des incompréhensions et pourtant...

Il a su dire non à toutes les pressions qu'il subissait. Il a refusé les ultimatums. Il est resté fidèle à ses idées et à ses choix. Ce fut certainement compliqué pour lui de s'adresser à Éric Cantona, deux ans avant l'arrivée de cette vague bleu blanc rouge sur la France, pour lui annoncer qu'il allait se priver de lui, alors que ce joueur était considéré comme l'un des meilleurs du monde. L'explication de la décision d'Aimé aurait tenu en ces quelques mots : « Éric, tu es le meilleur de tous. C'est incontestable, mais l'équipe joue mieux sans toi. Donc je ne te sélectionnerai pas. » Moment de vérité entre deux hommes.

La suite des évènements donna raison à Aimé Jacquet, avec la confirmation du joueur exceptionnel qu'allait devenir Zinedine Zidane. Et que dire de la cohésion incroyable qui naquit au cœur de cette équipe comme dans le cœur de tous les Français ce 12 juillet 1998 !

Nous nous sommes rencontrés au Club Med du Portugal. J'ai senti que Thierry était réservé et n'osait pas m'aborder. Moi, c'était la même chose. J'aime les gens comme ça. Donner la parole au sportif le plus titré en sport collectif me semble être une évidence et une bénédiction.

« Le maître mot de ma carrière a été le plaisir. »

Thierry OMEYER

Ancien handballeur, élu meilleur gardien de tous les temps et joueur international français le plus titré : double Champion olympique, quintuple Champion du Monde, triple Champion d'Europe.

« Cette passion du handball m'habite depuis l'enfance. Mon père et ma mère jouaient tous les deux en club, et nous passions tous nos week-ends dans des gymnases pour suivre les matchs de l'un et de l'autre. Avec mon frère jumeau, la seule chose qui comptait pour nous à l'époque était la mi-temps, ce moment où le terrain se vidait et où nous pouvions enfin jouer, nous aussi.

Je ne m'attendais pas à jouer plus de vingt-cinq ans au plus haut niveau. Tout au long de ma carrière, je me suis fixé des objectifs, mais des objectifs progressifs, petit à petit. Intégrer la D1, puis l'équipe de France, asseoir ma position dans ce groupe, puis viser les titres et les décrocher les uns après les autres.

Je me suis réellement épanoui en tant que sportif. Le maître mot de ma carrière a été le plaisir. J'ai pris du plaisir jusqu'à ma dernière année. Je ne me suis jamais lassé de cette exigence quotidienne que je m'imposais. J'avais cette volonté de durer et de prouver que les victoires n'étaient pas le fruit du hasard.

Le poste de gardien que j'occupais est très particulier. Il en découle une grosse responsabilité, une pression supplémentaire. C'est une position dure mentalement.

J'ai un côté perfectionniste, mais la perfection n'existe pas à ce poste. Au handball, il n'y aura jamais un match professionnel avec zéro but encaissé. Cela amène le gardien à toujours se remettre en question, à toujours essayer de s'améliorer.

Ces réflexions font partie des raisons de ma longévité dans ce sport.

J'aimais gagner, mais surtout, je détestais perdre. C'est cette haine de la défaite qui m'a poussé à me surpasser, à m'entraîner plus dur.

J'ai toujours eu beaucoup de mal à encaisser une contreperformance personnelle. Cela m'affectait et me marquait terriblement. Cependant, au handball comme dans tous les sports collectifs, tu n'es jamais seul.

Pour atteindre les sommets avec cette belle équipe de France, on s'est tous tirés les uns les autres. Ces moments forts de partage, le sentiment de cohésion, avancer vers les mêmes objectifs, cela crée des liens à vie. C'est puissant. C'est magique. Au cours de toutes ces années, nous avons été témoins des répercussions positives que nos actes ont eues sur le développement du handball dans les clubs, dans les yeux du grand public, et cela restera l'une de nos plus belles victoires. »

Tout repose sur la confiance

Avoir confiance en soi et en ses choix est essentiel pour pouvoir accorder sa confiance aux autres. Lorsque je remonte le temps, je me revois à treize ans quitter mon club de Rives en Isère pour rejoindre l'Olympique Lyonnais. Je n'étais qu'un gosse choyé dans son cocon familial, je venais d'un club où tout le monde me connaissait, me faisait confiance, car j'étais le meilleur, et attendait que je prenne le jeu à mon compte sur le terrain. Tout se passait bien, et j'avais une confiance en moi absolue, puis du jour au lendemain, je me suis retrouvé seul, à évoluer dans un contexte complètement différent. Je n'étais plus le meilleur, et les bases sur lesquelles reposait la confiance que j'avais en moi n'existaient plus.

Ce phénomène de perte de confiance peut exister pour un bon joueur transféré dans un club plus huppé, où personne ne l'attend. Le coach doit être sensible à cette intégration et vérifier que le nouvel arrivant n'est pas déstabilisé par son nouvel environnement, car s'il n'a plus confiance en lui, il ne pourra jamais avoir confiance en ceux qui l'entourent. Je ne pourrais jamais travailler avec des associés si la confiance n'existe pas entre nous. L'échec serait inéluctable. Pareil avec un président de club. Si, dès le départ, il y avait divergence de points de vue sur des principes non négociables, le grand écart arriverait tout de suite. Autant ne pas commencer.

Comme un grand manager dans une entreprise, un coach ne peut réussir sans faire confiance. À partir du moment où elle est donnée à bon escient, elle devient une source de plaisir. Donner à l'autre la possibilité de progresser, d'aller plus haut, de réussir des choses dont il ne se pensait pas forcément capable est une belle satisfaction. C'est l'accompagnement de l'autre sur la voie du succès, la beauté de la mission du professeur, du formateur, de l'éducateur. Bien sûr, comme le dit l'adage, la confiance n'exclut pas le contrôle.

J'ai connu de multiples exemples où j'ai vu la toute-puissance de la confiance et les résultats extraordinaires qu'elle donne. Sans confiance, il n'y a pas de progrès, pas d'autonomie des joueurs, pas d'intelligence collective. Faire confiance, c'est accepter aussi la possibilité de l'erreur, de l'échec momentané. Mais ne pas faire confiance est pire qu'une erreur : c'est une faute. J'ai parfois le sentiment de faire confiance à l'excès, trop vite. Je suis certain que cela me jouera des tours, mais ce n'est pas grave, je préfère donner ma confiance, prendre un « tacle », me relever et recommencer ou partir dans une autre direction, plutôt qu'être en permanence dans la méfiance.

Prenons l'exemple d'Olivier Giroud et de Didier Deschamps. Si celui-ci n'était pas l'entraîneur de l'équipe de France, Olivier n'aurait jamais eu autant de sélections. Sans lui faire insulte, ce n'est pas le plus grand n° 9 que la France ait connu. Pourtant, il a battu le record de buts de Michel Platini. Même si les époques ne sont pas comparables, cela démontre le talent hors norme d'Olivier Giroud et, au-delà de ses qualités de footballeur, la force de son mental et de la confiance qu'il a en lui et dans les autres. Deschamps et Giroud se font confiance mutuellement. Il y a un pacte non écrit entre eux. On en revient toujours à ce constat : au-delà de leurs savoir-faire, le plus important est la relation humaine qu'ils ont créée. Réunis, ils sont Champions du Monde. Bravo !

Cette année, en N3, j'ai un joueur qui n'était pas titulaire auparavant et à qui je fais confiance. Pourquoi ? C'est difficile à expliquer de façon rationnelle, mais je sens qu'il a le niveau et un potentiel de progression important. L'intuition.

Il est venu me remercier pour le temps de jeu que je lui donne et me dire qu'il se sent bien, qu'il est heureux sur le terrain et que ses performances s'en ressentent. Pourtant, il n'a pas encore progressé techniquement ni tactiquement de façon notable. Ni même physiquement. Mais il est en confiance. Tout devient plus limpide dans sa tête et dans ce qu'il fait sur le terrain. Je lui ai répondu : « Ne me remercie pas. Tout ce qui t'arrive, c'est à grâce à toi, tes qualités, ton état d'esprit. Je t'aime bien, mais ce n'est pas pour cela que je te mets sur le terrain. Je le fais, car tu le mérites. »

S'il y avait un autre entraîneur, les choses seraient peut-être différentes, et cette situation est valable à tous les niveaux, dans tous les clubs, même les plus grands. Créer les conditions pour que les joueurs aient confiance en eux est le beau défi à relever pour un manager, dans le sport comme dans n'importe quelle organisation.

Je prends un exemple cité par Christophe Galtier dans un entretien publié dans la revue *Vestiaires*, il y a de nombreuses années. L'anecdote est dans le domaine public, puisqu'il a pris l'initiative de la dévoiler lui-même. Sinon, je ne l'évoquerais pas. Voici ce qu'il raconte.

« Suite à une lourde défaite, l'équipe était vraiment dans le dur. Certains comportements m'avaient contrarié. Un joueur qui décide de ne pas rentrer à la mi-temps, un autre qui décide de sortir... Là, j'ai pensé : ils sont en train de défier l'autorité. On ne pouvait pas continuer comme cela. Le lendemain, j'ai convoqué tout le groupe et leur ai tenu des propos très durs en leur disant ce que j'avais à leur dire. Ensuite, je leur ai annoncé : "Maintenant, vous avez cinq minutes pour savoir si vous continuez avec moi ou pas. Si la réponse est positive, alors on va avancer comme moi, je l'ai décidé." À l'époque, cette histoire n'est jamais sortie du vestiaire. Personne ne l'a su, pas même les dirigeants. »

Ensuite, l'intervieweur avait demandé à Christophe ce qu'il s'était passé alors. « Un joueur a dit : "On y va comme ça, coach." Il a joué un rôle important, ce jour-là. Il a quasiment pris les choses en main. Les autres ont suivi, et je me suis dit : "Tiens, on est enfin un groupe ; on va s'en sortir." »

Il y a des moments dans la vie, lorsque le bateau tangue et qu'il faut prendre des décisions, où les décideurs ont besoin d'avoir des certitudes. Il faut provoquer des réactions comme celle-ci. Ça passe ou ça casse, mais au moins, la situation est assainie et redevient claire pour tout le monde. Si les joueurs ne l'avaient pas suivi, Christophe serait sans doute parti. Il a géré la crise en patron et remis toute l'équipe dans le sens de la marche. À travers cet exemple qui date, on comprend pourquoi il est aujourd'hui l'un des plus grands entraîneurs d'Europe.

En six ans aux côtés de Christophe, j'ai tout connu : l'ascension, les victoires, les défaites, la peur, les doutes, la douleur, l'espoir et les joies. Les meilleurs et les pires moments de ma carrière. J'ai un profond respect pour lui, et je pense souvent à lui : il m'inspire lorsque je réfléchis à ce métier de coach. Pour moi, il est aujourd'hui le meilleur entraîneur français.

« C'est à moi de me mettre à jour, en adéquation avec la génération que je coache. »

Christophe GALTIER

Ancien joueur de football et actuel entraîneur de l'OGC Nice, après voir été entraîneur de l'ASSE, puis du LOSC, avec lequel il a remporté le titre de Champion de France.

« La première fois que j'ai rencontré Jérémy, avant sa signature à Saint-Étienne, ce qui m'intéressait, c'était de savoir pourquoi il voulait quitter le PSG pour rejoindre l'ASSE. Nous nous sommes retrouvés à l'occasion d'un dîner au camp d'entraînement à l'Étrat, et lorsque je lui ai posé la question, il ne m'a donné aucun argument sportif ou professionnel, mais des raisons familiales. Il m'a parlé de sa volonté et de son besoin de se rapprocher de sa famille.

En amont, bien entendu, je m'étais renseigné sur ses qualités de joueur d'un point de vue technique et je savais qu'il correspondait à mes attentes. Sa réponse ne m'a donc pas bloqué. Au contraire, j'ai apprécié sa franchise. J'ai senti que ça accrocherait entre nous.

Au fur et à mesure de la soirée, je me suis détaché du joueur pour me focaliser sur l'homme. Dans celui-ci, j'ai deviné des valeurs qui étaient communes aux miennes : le partage, la sincérité, le respect du groupe et la justice du vestiaire.

Au cours des six années passées ensemble à l'ASSE, ces impressions que mon instinct m'avait soufflées lors de cette première rencontre n'ont jamais été ternies par les actes de Jérémy. Il a été un équipier au sens noble du terme. Il avait la force de faire passer le bien du groupe avant le sien. Si l'équipe devait se passer de lui pour être meilleur, il était prêt à l'accepter. Cependant, il n'aimait pas être remplaçant. Il n'avait aucun souci pour encourager sincèrement l'équipe, mais il redoublait d'efforts pour revenir dans le groupe et adapter son jeu, afin de permettre à l'équipe de progresser.

Ce côté "bon équipier" a beaucoup compté : cela correspondait aussi au statut de joueur cadre dont j'avais besoin. Une poignée de joueurs qui sauraient créer un noyau au sein du groupe pour mener à bien la progression que j'envisageais pour mon projet stéphanois.

Au fil des années, j'ai eu affaire à un joueur à la fois très professionnel, consciencieux dans sa préparation, mais aussi très fédérateur. Il savait rassembler, unir les gens autour de lui, former un groupe, sans pour autant en être le centre. Il prouvait que l'on pouvait être sérieux, compétiteur et ambitieux en gardant sourire et bonhomie. C'est un joueur qui a accepté les nombreuses contraintes du métier, plutôt que de les subir, et qui a préféré s'appuyer dessus pour en tirer avantage.

"On doit passer beaucoup de temps ensemble, pas de souci. Faisons en sorte que ces moments soient plaisants et que l'on ait envie de les prolonger, plutôt que de les écourter."

Il arrivait le premier et repartait le dernier, prenait le temps de saluer tout le staff technique et médical, mais aussi administratif et logistique. Il a instauré le rituel des parties de tarot qui ont eu parfois le don de m'agacer, tant elles étaient devenues envahissantes. Tout le monde voulait en être ! Il y avait ceux qui jouaient, ceux qui regardaient et ceux qui apprenaient. Un joyeux mélange de générations, de cultures et de nationalités réunies autour d'une table. Le groupe que je menais à Saint-Étienne est devenu ni plus ni moins qu'une grande bande de potes, dont ressortait dans le vestiaire une union sacrée, solidaire dans les bons comme les mauvais moments.

Au-delà de la recherche de la performance, c'est la relation humaine qui me motive dans mon travail : l'envie et le besoin de faire grandir mes joueurs m'animent au quotidien. Pour moi, c'est l'essence même du métier. Voir l'évolution individuelle d'un joueur, sa progression, son parcours, l'aider à grandir et parvenir à associer son identité à un groupe. Démarrer un projet avec une équipe, bien identifiée et identifiable pour arriver à créer, non pas une marque, mais un style.

Pour cela, il faut amener les gens – les joueurs, mais également tous les membres qui composent cet environnement professionnel – à adhérer au projet. Il faut expliquer où l'on veut aller, quel chemin on veut prendre et comment le prendre. Pour moi, c'est indispensable que le club dans son ensemble soit aligné sur les mêmes objectifs. Et sans tenir compte de l'humain dans sa forme individuelle, rien n'est possible.

Pour comprendre l'humain, l'homme, le joueur, il ne faut pas se cantonner à son propre vécu ni à son expérience personnelle, mais il faut vivre avec son temps, avec son époque. Les mœurs, les envies, les caractères ont changé. Très bien. C'est à moi de me mettre à jour, en adéquation avec la génération que je coache. La grande évolution indéniable et malheureuse dans le monde du football aujourd'hui est que si un club n'a pas les moyens financiers de se développer, cela devient très difficile, voire impossible pour lui d'être performant.

Et pour accroître leurs finances, les clubs passent invariablement par le développement et la vente de joueurs. Repérer et révéler des talents, puis les revendre en réalisant une plus-value. Des joueurs comme Loïc Perrin, qui font toute leur carrière dans un même club, cela n'existe plus. Les joueurs multiplient les clubs tout au long de leur parcours. Cela rend plus difficile la mise en place de relations de confiance, mais il faut l'accepter et apprendre à travailler différemment.

Cette nouvelle tendance a aussi des avantages. Aujourd'hui, on est dans un football international, ce que je trouve très enrichissant en tant qu'entraîneur, mais aussi en tant qu'homme et que père. Je travaille avec des garçons, des gamins qui viennent de différents horizons sur les plans culturel et familial, et les échanges qui en découlent sont très riches.

Comme tout le monde, j'avance dans l'âge, mais sur le terrain, j'ai toujours à faire à la même tranche d'âge. Des hommes de dix-sept à trente-cinq ans. Je dois donc rester ouvert et, surtout, éviter de penser "à mon époque ceci", "à mon époque cela"... Au contraire, je dois rester à la page, car il peut y avoir une ou deux générations d'écart entre eux et moi.

Notre société évolue à vitesse grand V, et nous sommes tous impactés. Je me dois d'être conscient des modes de vie, de pensée et de consommation de mes joueurs. Lorsque je parle avec l'un d'eux, j'essaie toujours de penser à une personne de mon entourage du même âge, afin de faire plus facilement le parallèle entre ce que cette personne est, vit, connaît et ce que moi, je peux connaître de ses attentes et de son comportement. Être ouvert et savoir s'adapter : comment réagir, que dire, comment écouter, qu'entendre... Le football est un sport populaire, où il n'y a pas ou peu d'instruction supérieure, mais où il y a beaucoup plus d'intelligence que l'on ne pense.

Quand j'ai commencé le métier d'entraîneur, j'étais papa et j'avais en face de moi des joueurs de l'âge de mes enfants, des célibataires ou de jeunes papas. Aujourd'hui, je suis grand-père, et mes enfants sont devenus eux-mêmes parents. Cette évolution est une chance si je garde l'esprit ouvert. Bien sûr, dans certains secteurs, je suis intransigeant, mais pour le reste, je ne suis pas contre le changement. Moi, je suis là pour leur apprendre un métier, leur enseigner comment le faire et ce qu'il va leur apporter. Mes joueurs, je dois leur transmettre ce que je sais, mais pas les amener vers ce que je suis. C'est à moi de rester connecté à ce qu'ils sont. »

J'aime la notion de résilience qui incombe à la profession de coach. Faire preuve de résilience, c'est être capable de rebondir et de se reconstruire après un moment difficile. Se dépasser, s'accrocher, ne jamais baisser les bras. Il en va ainsi après une défaite, une blessure ou la vente d'un joueur clé de son équipe. La résilience est présente en chaque bon meneur d'hommes, mais aussi en chaque parent. Si certaines personnes semblent détenir cette force de manière innée, il n'est jamais trop tard pour apprendre à mobiliser son élan vital. Je m'en rends compte quotidiennement dans mes rôles de père et d'entraîneur.

Certains entraîneurs ont la réputation de réaliser des miracles lorsque plus personne ne croit en rien et que l'infirmerie est pleine de blessés physiques et psychiques. Les gueules cassées du football.

J'ai souvent en tête la causerie de Pascal Dupraz avant le dernier match de la saison 2016. Il avait été appelé trois mois plus tôt, alors que le Toulouse Football Club était à la dérive. La situation sportive était catastrophique, et la rétrogradation en Ligue 2 arrivait à toute vitesse, avec ses lourdes conséquences financières. À son arrivée, le club était en état de mort cérébrale, quasi condamné.

Lors de la dernière journée du Championnat, l'enjeu était à la fois clair et capital. Le TFC devait gagner en déplacement à Angers pour rester en Ligue 1. Pendant la mise au vert des joueurs, Pascal Dupraz a fait préparer discrètement un montage vidéo dans lequel les compagnes des joueurs et leurs enfants encourageaient leurs maris et pères avec des mots simples et émouvants. Lors de la causerie d'avant-match, il s'est adressé à ses joueurs sans la moindre note, les yeux dans les yeux, avec la voix grave du guerrier qui part au combat. Son message n'a pas duré plus de trois minutes.

« Ce soir, les gars, il va vous falloir un supplément d'âme. Je vais me mettre à poil devant vous. Je ne sais pas ce que les autres coaches disent dans leurs causeries et je m'en fous ! Moi, je vais vous dire ce que je pense vraiment. Je vous aime. Vous êtes les dignes représentants d'une corporation. Vous méritez votre maintien. Vous en avez les capacités techniques, tactiques et intellectuelles. On n'a besoin que de nous pour se maintenir. » Ensuite, il a projeté la vidéo d'une minute des compagnes et de leurs enfants qui encourageaient les joueurs avec leurs mots de gamins. À l'issue de ce petit film, quand Pascal a rallumé la lumière, certains joueurs étaient en larmes. Il a simplement repris la parole pour dire ceci : « À l'issue de la rencontre, vous serez des héros. Bon match à tous ! »

Le TFC a été mené pendant quasiment toute la partie, a raté un penalty, égalisé à dix minutes de la fin et marqué le but victorieux à la dernière seconde. Victoire 3 à 2. Le TFC était sauvé et restait en Ligue 1. La causerie d'avant-match y avait certainement été pour beaucoup, et j'imagine qu'elle reste un souvenir extraordinaire pour tout le vestiaire.

Malgré tout, en cas de défaite, le plus dur est peut-être de se dire que la vie ne se termine pas pour autant.

Avec mon équipe 1 de Bourgoin-Jallieu, j'ai pris conscience de ce lien puissant qui existe entre un coach et ses joueurs. Le premier grandit avec les seconds, et vice versa. L'un n'est rien sans l'autre. C'est un échange quotidien très enrichissant. Normalement, hors périodes de confinement, nous nous entraînons quatre fois par semaine à 19 h, avec un match les samedis à 18 h. La quasi-totalité de mes joueurs ont un travail, et certains sont encore étudiants. C'est pour cela que les entraînements ont lieu en soirée.

C'est un niveau compliqué, car les joueurs ne sont ni amateurs ni pros. Lorsqu'ils arrivent à l'entraînement, ils ont déjà une journée bien chargée dans les jambes, avec une fatigue mentale ou physique non négligeable. J'ai joué avec la plupart d'entre eux lors de ma dernière saison. Ce sont des passionnés, et ce n'est pas le peu d'argent qu'ils touchent qui les motive, mais bien l'amour du ballon. J'aime à croire qu'ils m'apprécient. J'essaie d'être bienveillant envers eux.

Parallèlement, je m'entends très bien avec mes dirigeants. C'est aussi cela, un club amateur. Les relations humaines sont plus fortes. J'ai leur confiance. Les échanges sont francs et directs, les objectifs clairs.

Récemment, j'ai lu que lorsqu'il rencontre ses joueurs en tête à tête avant de les recruter, Arsène Wenger leur pose la question suivante : « Qu'es-tu prêt à sacrifier pour ton métier ? » La réponse attendue est « Tout ! » Si j'avais eu la chance d'être supervisé par Arsenal et de me voir poser cette question, je pense que la discussion aurait tourné court. Je ne suis pas d'accord avec ce dilemme à trancher. Pourquoi vouloir mettre dans la balance des choses à sacrifier, alors que c'est certainement grâce à elles, famille, excès, copains, qu'un joueur peut aller chercher la motivation pour donner le meilleur de lui-même ?

Pour conclure sur ce beau métier de coach, j'aimerais souligner qu'il n'y a rien de plus plaisant que de travailler entouré de gens passionnés. C'est une chance extraordinaire, et je mesure chaque jour le privilège qui m'est offert.

Le cyclime est un sport que je pratique régulièrement avec ma bande de potes. Bercé depuis mon enfance par le célèbre Tour de France, j'ai assisté à de nombreuses étapes à plusieurs reprises. Consultant pour France Télévisions, Thomas Voeckler commente la Grande Boucle et fait découvrir aux téléspectateurs le sens tactique du cyclisme. Il porte un jugement sans langue de bois sur la beauté du sport en général, du cyclisme en particulier, et sur les qualités mentales à travailler pour aller au bout de ses rêves. Réputé pour son caractère, il nous livre son avis franc, comme lorsqu'il plaçait un démarrage dans le peloton.

« J'ai un management des hommes qui repose sur des idées simples. »

Thomas VOECKLER

Coureur cycliste professionnel de 2000 à 2017 – le plus populaire du peloton –, vainqueur de quatre étapes du Tour de France, deux fois Champion de France et aujourd'hui sélectionneur de l'équipe de France de cyclisme depuis 2019.

« J'écris ces quelques lignes ce 26 septembre 2021, au lendemain de la victoire de Julian Alaphilippe aux Championnats du Monde sur route, en Belgique. Sur un parcours extrêmement difficile, au milieu de cinq-cents mille spectateurs qui n'avaient d'yeux que pour leur favori, Wout Van Aert, Julian a remporté son second titre de Champion du Monde consécutif après s'être imposé à Imola, en 2020.

Quelles leçons tirer de cette victoire et de la performance d'un homme, d'une équipe, d'un staff ? Quel message d'espoir adressent-elles à cette jeunesse qui rêve en vivant de telles émotions ? Quelles idées fortes cette victoire vient-elle conforter dans mon esprit ? Je les livre avec plaisir à Jérémy, car j'adore le football, comme tous les autres sports, et tant que les sportifs arriveront à faire rêver les jeunes en leur montrant que le sport est une extraordinaire école de la vie, il y a de l'espoir que la vie soit plus belle pour chacun, quel que soit son niveau de pratique du sport qu'il aime.

Le cyclisme sur route est un sport collectif. Le sens tactique est capital. Quand Alaphilippe attaque dans le final pour se détacher et devenir Champion du Monde, il est le plus fort, mais il n'aurait pas pu le faire si toute l'équipe n'avait pas préparé le terrain avant, pendant des heures. Les coureurs ont effectué un énorme travail physique et physiologique de préparation. J'ai pu le leur demander, car en tant que sélectionneur de l'équipe de France, je peux choisir les meilleurs coureurs du moment et n'ai que deux ou trois courses par an à préparer avec eux. Je ne suis plus sur le vélo pour pédaler avec eux, mais je fais un coaching précis, intense et intransigeant. Un directeur sportif d'une équipe de marque ne peut pas demander de tels efforts à ses coureurs sur une période de cent-cinquante à cent-quatre-vingts jours par an.

Mon management des hommes repose sur des idées simples. Je leur demande de courir en respectant ma conception du vélo, c'est-à-dire de courir intelligemment. Lorsque je suis sur la moto et que je commente le Tour de France, je vois souvent des coureurs faire des conneries incroyables. Si je pouvais, je couperais le micro et leur expliquerais sur le bord de la route tellement cela me rend fou !

Quand le poste de sélectionneur de l'équipe de France s'est libéré en 2019, j'ai posé ma candidature et expliqué au président de la Fédération comment j'envisageais ce job et la manière dont j'appliquerais ma stratégie si j'étais choisi. Je savoure aujourd'hui ces résultats, mais du bout des lèvres. Je sais que tout peut aller vite... dans le bon sens comme dans le mauvais.

*Je vois dans cette performance collective de l'équipe de France la pertinence de deux valeurs essentielles pour moi : l'*éthique *et le* travail.

J'ai toujours eu mon franc-parler dans le peloton. Certains m'en ont voulu, mais cela m'était égal. J'ai toujours été clair vis-à-vis des questions de dopage. À une époque, le cyclisme a été montré du doigt à juste titre. Aujourd'hui, il est cité comme exemplaire en matière de lutte anti-dopage. Il faut avoir une éthique *et s'y conformer.*

Je n'étais pas le seul coureur à faire mon métier honnêtement. Nous étions nombreux, mais les tricheurs ont beaucoup nui à notre sport. Il y en aura toujours. Le jour où il n'y en aura plus, c'est que l'on aura arrêté de les chercher. Cependant, aujourd'hui, le cyclisme est exemplaire dans cette bataille. Pourquoi n'y a-t-il aucun contrôle dans d'autres sports bien plus médiatisés tout au long de l'année ?

Rien de grand ne peut être obtenu sans beaucoup de travail. Toute-

fois, nous, les coureurs cyclistes, sommes des privilégiés. Je le rappelle constamment à la fin des entraînements, lorsque la souffrance de l'effort marque les visages. Que dirait celui qui se lève tous les matins à 4 h pour aller gagner le smic à l'usine ? Quand nous sommes à la maison, nous emmenons les enfants à l'école le matin et à leurs activités scolaires. Quel que soit le salaire, nous sommes des privilégiés. Prenons-en conscience. Vivre de notre passion est une chance exceptionnelle.

En conclusion, voici le message que je souhaite vous adresser, à vous, parents, enfants, adolescents. Le sport nous offre des spectacles de toute beauté. Il nous fait vivre des émotions extraordinaires. Sachons nous enthousiasmer. Ne nous décourageons pas devant des envahissements de terrain, des insultes, des cas de dopage. Continuons à faire rêver les jeunes et à leur montrer que le sport est une bien belle école de la vie. »

CHAPITRE 7

Dribble et but de Wonder Woman !

Sur le terrain, Amandine Henry joue au même poste que moi. Depuis quelques années, elle a signé à l'Olympique Lyonnais, le club qui m'a formé. C'est une femme qui défend ses idées et ses convictions. L'échange que j'ai eu avec elle a été très enrichissant : elle m'a interpellé sur des sujets auxquels je ne m'étais jamais intéressé.

« La femme doit crier et se battre deux fois plus. »

Amandine HENRY

Footballeuse internationale française, capitaine de l'équipe de France féminine, elle évolue au sein du club de l'Olympique Lyonnais, avec lequel elle a été douze fois Championne de France. Elle a aussi remporté six fois la Ligue des Champions Féminine de l'UEFA (Union of European Football Associations).

« Un an avant le début de la Coupe du Monde, les médias ont commencé à s'intéresser à nous, les footballeuses françaises. Nous avons été beaucoup sollicitées et sommes très rapidement passées de l'ombre à la lumière. Nous ne devions pas laisser passer ce droit à la parole qui nous était offert. Au-delà du football, nous étions toutes d'accord pour dire que notre mission était de défendre la femme dans le sport et, plus généralement, sa place dans la société et le monde professionnel.

Durant la Coupe du Monde, la pression médiatique a vraiment augmenté. Cela n'a pas toujours été facile à gérer. Nous n'avions pas l'habitude de recevoir des critiques publiques. Quand on est en équipe de France, c'est tout un pays qui est dans l'attente de vos résultats. Lorsque nous réalisions le match parfait, c'était merveilleux, mais quand le jeu ne suivait pas, nous avons dû apprendre à nous blinder psychologiquement. Ce n'était pas une expérience négative : les effets des critiques devenaient souvent positifs. Néanmoins, je dois avouer que les premières fois, nous n'étions vraiment pas préparées à encaisser. Nous avons vite appris. Nous nous sommes soutenues les unes les autres et avons pu compter sur notre staff, nos amis et, surtout, nos familles.

J'ai eu de la chance que la mienne m'ait toujours épaulée. Ils sont très fiers de moi, notamment parce que j'ai pu faire de ma passion mon métier, or c'était loin d'être gagné d'avance. Enfant, quand la maîtresse me demandait le métier que je voulais faire et que je répondais "footballeuse professionnelle", elle me rétorquait "Mais enfin, Amandine, ça n'existe pas !" Plus tard, à l'adolescence, alors que j'évoluais dans un groupe de garçons, j'essuyais régulièrement des remarques sexistes : "Une fille, ça ne peut pas et sait pas jouer au foot ! Et encore moins devenir professionnelle !" Mais rien ne me décourageait : je savais ce que je voulais.

Pour moi, devenir professionnelle signifiait jouer en équipe de France, remplir des stades, soulever des titres, mais en aucun cas pouvoir vivre de ma passion. J'ai réalisé mon rêve. Cependant, même aujourd'hui, cela reste compliqué.

Je dis que je suis pro, mais ce n'est pas le cas. D'ailleurs, ce n'est le cas pour aucune Française. Les femmes signent des contrats fédéraux, les hommes des contrats pros. Nous dépendons donc de la Fédération et sommes considérées comme amateures salariées, contrairement aux hommes qui dépendent de la Ligue et ont un statut de professionnel. Amateurisme versus professionnalisme. Nous défendons notre cause pour devenir professionnelles, mais nous en sommes encore très loin. C'est dommage. Encore et toujours, la femme doit crier et se battre deux fois plus qu'un homme pour être reconnue et considérée à sa juste valeur.

La France est tristement en retard par rapport à d'autres pays. Les footballeuses italiennes et espagnoles viennent d'obtenir le statut de professionnelles. Quant aux Américaines, pros depuis de nombreuses années, elles viennent d'obtenir la revalorisation de leurs primes, qui seront désormais égales à celles des hommes.

Les conditions de travail ne sont pas non plus les mêmes. De nombreuses joueuses françaises ont un deuxième métier en parallèle, car leur revenu du foot ne suffit pas. Certains clubs n'ont pas de salle de musculation, ni même de médecin ou de kiné attitré : le suivi médical ou physique est donc inexistant. À Lyon, nous sommes privilégiées, mais lorsque l'on fait le tour des clubs qui composent le Championnat, on est effectivement très loin d'être traitées comme des professionnelles.

Même s'il y a du mieux, quelques personnes dénigrent encore le football féminin. Elles le comparent au football masculin en parlant de kilomètres parcourus, de vitesse, de force physique. Elles comparent l'incomparable. Elles devraient plutôt parler d'engagement, de technique, de vision de jeu, de travail, d'objectifs et d'entraînement. Parler de football, tout simplement, d'un sport aux règles établies, communes à tous. Tout comme la passion qui en découle.

Quand on défend les droits de la femme dans le monde du travail, on ne peut pas ignorer la question de la maternité. Pour ma part, je n'ai pas encore d'enfants, mais je me bats aussi pour cette cause. Aujourd'hui, une footballeuse non professionnelle qui tombe enceinte est considérée comme malade. Or la grossesse n'est pas une maladie, bien au contraire !

Comme trop de Françaises de façon générale, les footballeuses de notre pays doivent faire un choix entre leur carrière et leur envie de maternité, alors qu'aux États-Unis ou en Suède, par exemple, certaines grandes joueuses sont mères, et les clubs ont su s'adapter en créant une relation de confiance et de soutien pour le bien-être de chacun.

J'aime à croire qu'avec un président de club aussi visionnaire et avant-gardiste que Monsieur Aulas, les choses vont continuer d'évoluer dans le bon sens à Lyon et ainsi dans toute la France. Respecter une femme en tant que mère et en tant que sportive n'est pas incompatible et ne peut avoir que des retombées positives sur son travail et son engagement, ainsi que sur l'ensemble du groupe. J'espère sincèrement que les futures générations auront le choix de devenir maman, si elles le souhaitent, bien entendu, sans devoir attendre la fin de leur carrière.

Au-delà de mon rôle de capitaine et de sportive médiatisée, j'ai vraiment été honorée de représenter la femme dans son ensemble. Je ne voulais pas laisser passer cette chance ni cette vitrine qui s'offrait à moi. J'avais envie de parler au nom de toutes les femmes. C'est une bonne et belle mission, et bien que les footballeuses françaises ne se sentent pas très soutenues au niveau national, nous continuons de nous serrer les coudes, de rester optimistes, nous espérons plus que jamais qu'un jour, notre voix sera entendue. »

L'évolution du football féminin depuis plusieurs années justifie de lui consacrer un chapitre particulier. Souvent par obligation familiale, les femmes ont cette capacité d'avoir plusieurs casquettes au quotidien : elles sont à la fois mères, épouses, travailleuses indépendantes ou salariées, et gestionnaires des plannings familiaux. Elles jonglent avec les horaires, anticipent les problèmes et sont souvent plus pragmatiques que les hommes pour trouver des solutions rapides aux problèmes du quotidien. Florence Foresti en a fait un sketch hilarant, mais criant de vérité : la mère d'une famille nombreuse qui règle le problème israélo-palestinien en trois minutes. Bien sûr, il s'agit d'une caricature, mais le fond reflète vraiment la multifonctionnalité propre aux femmes. Et après tout cela, elles trouvent encore le temps de s'occuper d'elles et de faire du sport.

Aujourd'hui, la Fédération française de Football compte deux-cents mille licenciées féminines sur un total de deux millions de licenciés, ce qui n'est pas négligeable. Le football féminin connaît un réel essor depuis la Coupe du Monde qui s'est tenue en France en 2019. Bien qu'éliminées en quart de finale, les Françaises ont su mobiliser les foules.

Pendant ce match éliminatoire face aux Américaines, près de douze millions de Français étaient devant leur écran pour suivre la rencontre. Les footballeuses ont entraîné dans leur sillage un grand nombre de supportrices qui, jusqu'alors, ne s'étaient jamais intéressées au football. Des novices qui se sont laissées prendre par la fièvre du ballon rond par curiosité ou solidarité féminine. Les audiences télévisuelles de la finale qui opposa les États-Unis aux Pays-Bas traduisent cet engouement au niveau mondial pour le football féminin, avec un record atteint pour la discipline : plus d'un milliard de téléspectateurs, à travers le monde, ont assisté à cette 8e édition.

Durant les dernières phases de la compétition, et même pendant les semaines qui ont suivi, je me suis retrouvé à plusieurs reprises à parler football pour la première fois avec des amies de longue date. Des discussions riches et constructives, que j'ai vécues d'abord avec étonnement, puis avec plaisir. Autour d'un barbecue, j'ai joué les instructeurs pour les copines les plus novices qui se sont avérées être des auditrices désireuses de découvrir et comprendre les spécificités et les enjeux des différentes compétitions. Une belle leçon d'humilité pour ce domaine sportif souvent étiqueté de macho.

L'équipe de France féminine a su toucher une grande partie des fans de football par la qualité du jeu pratiqué, l'absence de contestation des décisions de l'arbitre et la joie communicative que ces joueuses transmettent. Les femmes jouent un football moins violent que celui des hommes. Preuve en est le nombre très faible de cartons rouges sur une saison. Les simulations, aussi, sont très rares. Le plaisir que les joueuses prennent est évident. Elles le transmettent aux spectateurs, ravis de voir tant de jeu offensif et d'occasions de but. Le football féminin revient aux sources du jeu : marquer en prenant du plaisir à jouer ensemble.

La différence de puissance physique entre les hommes et les femmes n'empêche pas les joueuses de proposer un spectacle de qualité. Pour une raison simple : le football est un jeu qui se résume à un problème d'espace et de temps.

Le terrain a les mêmes dimensions que pour les hommes. Comme les femmes se déplacent moins vite que ceux-ci, cela ouvre beaucoup plus d'espaces pour un jeu offensif, avec une multitude d'opportunités pour des joueuses techniques et intelligentes. Elles jouent en mouvement et ont une capacité à voir rapidement les options possibles, ce qui permet de multiplier les occasions de but. La technicité des joueuses fait le reste. Une fois les espaces créés, les footballeuses ont le « choix du choix » pour faire la passe la plus judicieuse. L'intelligence individuelle et collective peut s'exprimer presque sans contrainte, alors que, dans le football masculin, les espaces sont tellement verrouillés qu'il est plus difficile de se créer des occasions.

Le football féminin français a acquis une place dans l'élite mondiale. Les meilleurs éléments jouent dans trois clubs qui ont le potentiel économique et sportif de les recruter : l'Olympique Lyonnais, le Paris Saint-Germain et, à un degré moindre, Montpellier. Entre ces trois équipes et les neuf autres de la première division, la différence de niveau est telle que les positions risquent malheureusement de rester figées pendant de nombreuses années.

L'Olympique Lyonnais a fait un travail de fond considérable pour atteindre le sommet européen, qu'il ne quitte plus depuis des années. Là encore, le talent visionnaire du président du club, Jean-Michel Aulas, s'est exprimé. La concurrence aura du mal à rattraper son retard en termes de qualité d'effectifs et d'infrastructures mises à disposition.

Que l'on aime ou pas Jean-Michel Aulas, tout le monde est unanime pour dire que c'est un visionnaire du football. Moi, je l'admire. Il a un parcours incroyable ; il est très inspirant. J'étais curieux de connaître sa vision du management et de l'entreprise.

« L'alchimie qui en ressort en devient grisante pour tous ceux qui sont impliqués. »

Jean-Michel AULAS

Homme d'affaires et dirigeant sportif français, fondateur et président de la société de logiciels CEGID, président de l'Olympique Lyonnais depuis 1987 et également PDG de l'OL Groupe, il est classé meilleur président de l'histoire du foot français par le magazine *France Football* en 2021.

« Dans toute approche entrepreneuriale, il est essentiel d'articuler son projet autour de valeurs fortes, comme la pérennité, la confiance ou le devoir d'exigence.

Une fois que vous avez défini l'écosystème dans lequel vous allez évoluer, et tout en gardant ces valeurs à l'esprit, il vous faut trouver une dynamique d'équipe fondée sur la motivation, le bien-être, l'amour du travail bien fait, le plaisir de s'enrichir ensemble, l'exemplarité collective, mais aussi l'émulation mutuelle entre les talents individuels.

Quand cet ensemble s'aligne, l'alchimie qui en ressort devient grisante pour tous ceux qui sont impliqués, procurant une intense satisfaction, y compris face aux difficultés où les talents cachés se révèlent. Tout devient limpide. Vous vivez cet instant magique où vous comprenez que vous détenez quelque chose de précieux pour tout entrepreneur : une équipe prête à renverser des montagnes à vos côtés, une équipe qui y trouvera un accomplissement professionnel, comme personnel, capable de se projeter vers l'avenir. »

Leur entraîneur depuis 2019, Jean-Luc Vasseur, est un ami. Nous nous sommes connus lorsque je jouais au PSG. À l'époque, il entraînait l'équipe des moins de dix-neuf ans. Sa femme Delphine et lui font partie de ces amis que je ne vois pas souvent, mais que je retrouve toujours avec autant de plaisir. Ils nous font souvent remarquer que nous vivons un peu la même vie, avec quinze ans de décalage.

En effet, j'ai commencé ma carrière pro alors que lui venait de terminer la sienne. Nous avons tous les deux porté et chéri les maillots de Paris et de Saint-Étienne. Nous nous sommes rencontrés alors que Sylvia et moi n'avions pas d'enfant. Aujourd'hui, les leurs ont quitté le nid pour suivre des études, et les nôtres rythment notre quotidien et notre nouvelle vie. Comme ma femme, Delphine a dû mettre sa carrière de côté pendant un temps.

Il y a quelques semaines, nous nous sommes retrouvés pour un déjeuner dominical à la maison, et le parallèle entre nos vies actuelles a encore été frappant. Je commence une carrière d'entraîneur, alors que Jean-Luc est aujourd'hui bien assis dans ce rôle depuis de nombreuses années. Nous avons beaucoup discuté sur ce métier extraordinaire. Jean-Luc est quelqu'un de passionné et de passionnant. Les échanges avec lui sont très enrichissants. Nous avons également abordé ses nouvelles fonctions auprès d'une équipe féminine. Même si les règles restent les mêmes, l'approche est différente. Il a dû et su s'adapter.

Depuis notre rencontre à Paris, j'ai toujours aimé discuter et échanger avec Jean-Luc. Sur le football, le sport en général, mais aussi d'autres sujets divers et variés, comme la parentalité, le management, la psychologie et, depuis quelques années, le football féminin, bien entendu. Humainement, c'est quelqu'un de très ouvert et à l'écoute. En termes de crédibilité pour évoquer ce sujet, je ne pouvais pas être mieux servi.

« Les matchs féminins sont de qualité, passionnants à suivre, et ils apportent une fraîcheur que le football masculin a oubliée. »

Jean-Luc VASSEUR

Ancien joueur de football professionnel devenu entraîneur, notamment du club de Reims en Ligue 1 et de l'équipe féminine de l'Olympique Lyonnais de 2019 à 2021, il a réussi le triplé en 2020 : Championnat de France, Coupe de France et Ligue des Champions.

« J'ai la chance d'avoir vécu une expérience extraordinaire lors de mes deux années d'entraîneur à la tête de l'équipe féminine de l'Olympique Lyonnais et de pouvoir comparer à la fois l'évolution des footballs masculin et féminin, mais aussi de m'intéresser au potentiel d'image et de développement de la discipline, ainsi qu'à l'essor économique aujourd'hui sous-exploité du football féminin.

Chez les hommes, le football est puissant, athlétique, plus instinctif que chez les femmes. Elles ont un football plus "récité", plus appliqué, même si cela évoluera vers davantage de créativité, déjà apportée par les meilleures joueuses, comme on a pu le voir lors de la Coupe du Monde 2019. Les femmes ont plus besoin d'explications et d'intellectualiser. Les hommes aiment avoir un espace de liberté à l'intérieur d'un cadre de jeu.

Les clubs devraient être plus ambitieux avec le football féminin. Il y a un potentiel de développement très important. Dans l'une de ses chansons, Jean Ferrat disait que "la femme est l'avenir de l'homme." Elle le sera aussi dans le football, pour de multiples raisons.

Beaucoup de spectateurs se détournent du football masculin à cause de dérives à répétition. Or le football féminin ne connaît pas ce phénomène, bien au contraire. La Coupe du Monde féminine en France en 2019 a montré que beaucoup de gens aiment les deux footballs. Les matchs féminins sont de qualité, passionnants à suivre, et ils apportent une fraîcheur que le football masculin a oubliée.

Peu de clubs professionnels ont franchi cette étape d'aller vraiment vers le football féminin. Il faut le professionnaliser, mieux le "vendre", le mutualiser, profiter des mêmes stades pour attirer du monde. C'est déjà le cas en Angleterre, en Allemagne et en Espagne. Ce serait dommage que la France reste à la traîne de ce mouvement de fond du football féminin en Europe, car c'est un spectacle pour tous les publics, et en termes d'image, le football féminin a un gros potentiel.

Pour un club professionnel, il suffirait d'économiser le coût d'un transfert masculin et de l'injecter dans le football féminin pour progresser très vite. Cela viendra. Jusqu'à présent, les références de mes joueuses étaient des références d'hommes, mais très rapidement, elles vont se créer leurs propres références féminines. Cette évolution est en cours, et elle est inéluctable.

Jean-Michel Aulas est un visionnaire. Il le montre depuis des décennies et il l'est avec son équipe féminine. Quand il ne gagne pas des titres avec les hommes, il les remporte avec les filles. L'OL féminin a un palmarès prestigieux, le plus beau de tous les clubs européens, avec sept titres de Champion d'Europe, dont cinq d'affilée entre 2016 et 2020 : unique !

Je connais bien Jérémy depuis quinze ans et ses années PSG. Il est surprenant, fin, accrocheur, résilient. Je ne suis pas surpris qu'il s'oriente vers le métier de coach. C'est un amoureux du foot. Il l'est resté avec le temps. Il lui faudra être patient. Il apprendra à le devenir, et il exprimera alors toutes ses qualités humaines, techniques et managériales. »

Lorsque je suis arrivé à Bourgoin-Jallieu auprès des U14, j'ai beaucoup partagé avec les éducatrices football du club, car si la vision du jeu est identique, sa mise en pratique est différente. Dans le groupe U14 dont je m'occupais, une fille était surclassée : c'est dire si son niveau était bon ! La confiance s'est installée tout de suite entre elle et moi, mais pas uniquement sur la base des conseils techniques que je lui ai donnés ni des corrections que j'ai apportées à son jeu : elle a compris que je disais les choses telles que je le ressentais, sans calcul. Le parler-vrai.

Quand l'Olympique Lyonnais lui a proposé de rejoindre son centre de formation, j'ai passé beaucoup de temps au téléphone avec son papa, puis avec elle. Elle voulait connaître mon avis, savoir ce que j'en pensais. « Et si je n'y arrive pas ? Si je n'ai pas le niveau ? Si je suis virée ? » Je l'ai rassurée. « Si tu n'y arrives pas, ce n'est pas grave. Tu auras essayé. Où est le problème ? Tu auras été voir et testé tes limites. C'est ça, l'essentiel, dans la vie. Je préfère te voir essayer, rater éventuellement, mais ne pas avoir de regret, plutôt que l'inverse : ne pas essayer et donc ne pas savoir. » Je lui ai dit que, pour moi, le pire serait de la revoir dans cinq ans et qu'elle me dise : « Coach, j'ai des regrets, j'aurais dû tenter ma chance ; j'ai peut-être loupé quelque chose de grand. »

En fin de discussion, je lui ai demandé : « Tu as envie d'y aller ? » Elle m'a répondu : « Oui, grave. » « Eh bien fonce ! Quoi qu'il arrive, ce sera une bonne expérience pour toi, et tu en ressortiras grandie. » Elle a intégré le centre de l'OL. J'espère aller la voir jouer prochainement. Je serai attentif à ce qu'elle va devenir.

Écrire ces phrases sur cette jeune fille me rappelle une citation de Brian Tracy, célèbre conférencier américain, expert en confiance en soi : « Dans la vie il faut choisir entre deux douleurs : la douleur de l'effort ou la douleur des regrets. La douleur de l'effort est plus intense, mais la douleur des regrets est bien plus longue. » Tout est dit.

En ce qui concerne la pratique pure du football, j'ai appris que les femmes expriment davantage leurs émotions que les hommes, lesquels ont tendance à les cadenasser. Tout repose sur l'adhésion des joueuses à un projet de jeu commun. Lorsque cet objectif est compris par toutes les footballeuses, les progrès sont rapides, et le résultat sur le terrain extraordinaire. Cela nécessite beaucoup d'exercices variés à l'entraînement et de faire preuve d'imagination, car les femmes ont beaucoup plus le souci du détail que les hommes. Elles sont plus indulgentes entre elles et se fédèrent plus facilement autour d'un objectif. Elles s'expriment davantage, ce qui facilite la tâche du coach. Si l'exercice n'est pas bien expliqué, elles le disent. Si la séance d'entraînement est trop complexe, elles le font remarquer. Elles ont raison : le football doit rester simple, ludique, joyeux.

Leur psychologie, aussi, est différente de celle des hommes. Un joueur fera ce qui lui est demandé, même s'il n'en voit pas l'intérêt. Une joueuse réagira autrement. Elle doit comprendre la justification de tel ou tel choix tactique et les objectifs recherchés en optant pour tel ou tel style du jeu, sinon, elle ne le fera pas. Place donc aux explications sur le terrain plutôt qu'au tableau noir. Il n'y a pas de meilleur apprentissage que de vivre la situation sur le terrain : la pratique plutôt que la théorie.

Prenez l'exemple du jeu du Touche-Touche, que nous avons tous pratiqué dans les cours d'école. C'est un moyen tout simple de démarrer une séance d'entraînement et de déclencher des séances de fou rire entre les joueuses. À partir de ce jeu, vous pouvez montrer d'innombrables options, comme le démarquage, le contre-pied, les espaces qui s'ouvrent, les changements de rythme et les incidences sur la position de vos adversaires et de vos partenaires, avec des tas de variantes différentes. Au cours d'un exercice aussi simple, vous faites prendre conscience aux joueuses de l'importance de lever la tête, de regarder ses partenaires plutôt que le ballon, de voir leurs appels. Et le chemin du but s'ouvre comme par miracle. C'est cette spontanéité et cette fraîcheur qui séduisent dans le football technique, à condition, malgré tout, que le physique et la technique soient à un niveau minimum pour ne pas freiner la créativité des joueuses.

Idem pour la récupération du ballon. Les femmes font preuve de beaucoup de cohésion. Si le système est bien assimilé, la force collective des joueuses va leur permettre de se placer de telle façon qu'elles limiteront les possibilités de jeu de l'adversaire. C'est dans cette phase de jeu que vous jugez la mentalité et l'état d'esprit d'une équipe. On ne peut pas faire semblant dans le pressing : on le fait ou on ne le fait pas, et les femmes ne trichent pas. En tout cas moins que les hommes...

En revanche, les femmes peuvent se montrer plus susceptibles que les hommes. Attention à ne pas se tromper dans ses analyses ni les mots utilisés ! Le sentiment d'injustice n'est jamais loin si le propos n'est pas adapté ou manque d'explication. Les joueuses ont une exigence forte vis-à-vis du coach. À lui d'être clair dans la présentation de ses objectifs, empathique, humain et, surtout, juste. S'il devait se reconvertir, il a tous les atouts pour réussir dans la diplomatie. « La femme est l'avenir de l'homme », chantait Jean Ferrat. Est-elle aussi l'avenir du football ? Pour le savoir, il faudra attendre le prochain Euro féminin, qui se tiendra en Angleterre en juillet 2022.

CHAPITRE 8
La théorie du BOP

Je ne suis pas le roi de l'introspection, mais j'avoue qu'avec les années, je prends de plus en plus plaisir à cet exercice. Les conclusions ou réflexions qui en découlent sont souvent riches d'apprentissage et me permettent de penser à l'avenir avec plus de clairvoyance et d'assurance.

Un soir, au calme, dans votre lit, ou seul, en pleine nature, après un exercice physique intense, amusez-vous : recentrez-vous, prenez le temps de respirer lentement, et lorsque que vous vous sentez prêt, regardez à l'intérieur de vous. Visualisez-vous à l'instant T. « Qui suis-je ? Que fais-je de ma vie ? Qu'est-ce qui compte pour moi maintenant ? »

Une fois que vous avez répondu à ces questions, retournez-vous. Prenez le temps de contempler le chemin parcouru. Saluez de loin celui ou celle que vous étiez il y a dix ans, vingt ans, trente ans... Que reste-t-il de cette personne ? Que pensez-vous d'elle aujourd'hui ? Quels conseils lui donneriez-vous ?

Il ne faut pas vivre dans le passé, mais jeter de temps en temps un regard en arrière nous permet de mesurer les kilomètres avalés et d'apprécier nos propres évolutions. Car n'est-ce pas le propre de l'être vivant que d'apprendre de ses expériences, bonnes ou mauvaises ? Quelqu'un qui arriverait à la fin de sa vie sans avoir rien appris n'aurait-il pas loupé un petit quelque chose ?

Lorsque je regarde en arrière, je reconnais en celui que je suis devenu l'enfant choyé qui vivait ballon au pied. Je ne pense pas avoir fondamentalement changé. Je suis resté le même optimiste, battant, râleur, mais vrai et entier. En revanche, j'ai appris, et j'aime à croire que je me suis bonifié. J'ai appris que, dans la vie, rien n'est jamais acquis ni vraiment fini. Que chaque situation et chaque individu sont uniques. J'ai pris conscience de la richesse qui m'a été offerte ces vingt dernières années. Je ne parle pas de richesse pécuniaire, mais bien de richesse humaine : d'expériences, de rencontres.

De mes échecs et mes faiblesses, j'ai appris que nul n'est infaillible et que les jugements et critiques ne sont que le venin des âmes sans expérience. Et si c'était à refaire, je ne changerais rien. J'ai eu la chance de vivre mon rêve de gosse à 300 %, et les épreuves, les doutes, les mauvaises rencontres, le travail acharné étaient le prix à payer. Je garde tout.

Vivre intensément est extraordinaire, mais apprendre de son vécu est primordial. Contrairement à ce que pense un grand nombre d'individus, l'expérience n'est pas une question d'âge, mais de vécu.

Lorsque je me compare à mes amis, à mes parents, je réalise qu'à trente-six ans, j'ai déjà vécu énormément de choses : la gloire et la réussite, l'argent et les privilèges, l'amour avec un grand A, les joies de la paternité. J'ai voyagé, j'ai rencontré et fréquenté des gens de tous les milieux. Cependant, j'ai aussi connu les doutes, les échecs, les lourdes remises en question, la douleur physique autant que mentale. J'ai vu les méfaits du pouvoir, le vice de la célébrité, la corruption. J'ai vu des coéquipiers perdre pied, et je n'ai pas été épargné. Je ne porte pas de jugement. Chaque vie et chaque expérience sont uniques. Toutes ces années, ces événements, ces émotions exacerbées m'ont rendu plus tolérant, mais je suis resté loyal et sincère face à celui que j'étais.

Néanmoins, tout cela n'est que palabre, car au fond de moi, la seule chose que je souhaite, comme la majorité des individus, c'est être heureux. Épanoui avec moi-même et avec les autres. Je ne peux pas être bien avec les autres si je ne suis pas bien avec moi-même. « Mais le bonheur est une notion abstraite, propre à chacun », me direz-vous. Pourtant, si l'on y réfléchit, on vit tous les jours des petits bonheurs. On peut être heureux sur divers plans, notamment professionnel, personnel et sentimental.

Lorsque je fais le bilan de ces vingt dernières années, le constat irrévocable qui en ressort est que tout ce que j'ai accompli avec plaisir m'a permis de m'épanouir. C'est cela, ma vérité : elle m'est propre, mais elle peut s'appliquer à tout un chacun. Sans plaisir, je ne suis rien, je ne suis bon à rien et je ne peux pas m'accomplir.

Quand je repense à l'équation si juste de Lemoine, où la performance n'est autre que le résultat de la compétence multipliée par la motivation, je me dis qu'il manque l'essentiel : le plaisir. Dans notre quotidien, dans ce que l'on appelle « la vie de tous les jours », c'est le plaisir qui compte. Quoi que l'on fasse, que ce soit professionnel, familial ou personnel, il suffit de placer une once de plaisir en chaque acte pour que tout devienne fluide, valorisant et, surtout, épanouissant.

Edgar a été le facteur déclencheur de l'écriture de ce livre. J'ai toujours adoré le ski, et les nombreux titres décrochés par cet athlète ont marqué mon enfance. Il y a deux ans, pendant mes vacances, je me suis laissé captiver par son livre. J'y ai retrouvé les valeurs qui m'ont guidé tout au long de ma carrière. Cela m'a donné envie de partager à mon tour ma propre expérience. Lorsque la rédaction de Pour le plais!r *a pris fin, j'ai contacté Edgar pour l'informer de mon projet et le remercier pour l'inspiration qu'il m'avait insufflée. Je partage avec vous la trace que j'ai conservée de notre échange.*

« J'adore les trois valeurs de l'Olympisme : amitié, respect et excellence. On peut les transposer n'importe où. »

Multimédaillé en ski de bosses, dont trois fois Champion du Monde, aujourd'hui conférencier en entreprise sur le thème de la performance managériale et auteur du livre *Quand on rêve le monde.*

Edgar GROSPIRON

« Si tu devais résumer en quelques mots ce qui fait que quelqu'un performe ou pas dans sa vie, que dirais-tu ? »

Edgar : *« Ta question me fait penser à ce qui m'est arrivé récemment à la Clusaz. Je me trouvais à l'anniversaire des soixante ans du Club des sports. Nous étions environ deux-cents personnes. Il m'a été demandé de dire quelques mots, de façon informelle, comme ce fut le cas pour d'autres champions présents. Rien n'était préparé dans nos interventions. Ce fut spontané : du freestyle. Nous avons tous dit la même chose, simplement avec des mots différents : "Faites-vous plaisir, prenez du plaisir dans ce que vous accomplissez." C'est la base de tout.*

J'ai juste ajouté une notion complémentaire à l'attention des futurs jeunes champions qui étaient devant moi : "Ne vous laissez pas dire que ce n'est pas possible, que les objectifs sont trop difficiles, que les montagnes sont trop hautes. Ne vous laissez pas torpiller vos rêves par des gens qui, eux-mêmes, n'ont peut-être jamais réalisé les leurs." Cette combinaison du plaisir et du rêve est la combinaison gagnante pour celles et ceux qui ont envie de faire quelque chose de leurs vies. »

« Que dirais-tu à une personne qui s'est fixé un objectif au sujet du chemin à prendre pour l'atteindre, de la feuille de route à suivre ? »

Edgar : *« Le chemin pour atteindre un rêve ou un objectif ambitieux, privé ou professionnel, n'est pas facile ; sinon, nous ne serions pas là pour en parler. Les crises et les difficultés font partie de la vie. Tout le monde en subit. Identifier ses sources de plaisir et trouver les moyens de les activer est une longue quête. Il n'y a pas de joies sans peines, de succès sans échecs, d'arrivées sans départs. C'est à chacun de faire ce travail sur lui-même pour progresser dans cette quête du plaisir et à son environnement professionnel, à ses managers, de l'aider à atteindre cette performance individuelle et collective, quels que soient l'activité, l'endroit et le niveau, pas uniquement dans le sport de haut niveau.*

Cela vaut aussi dans l'entreprise, qu'elle soit grande, moyenne ou petite, à tous les niveaux hiérarchiques. Dans le travail, beaucoup de gens sont dans des équipes avec des collègues qu'ils n'aiment pas, mais ils font passer l'aspect professionnel avant le côté affectif.

C'est ce que nous apprend aussi le sport. Dans le football, vous êtes souvent trois joueurs pour un seul poste. Vous vous entraînez ensemble ; pourtant, un seul joueur sera titulaire. Le sport nous apprend cela : à gérer les succès, à se relever de ses échecs et à communiquer avec son entourage, ses concurrents.

Quand on est sportif de haut niveau, on représente des idéaux pour les gens qui nous regardent. Ils trouvent nos parcours inspirants, un peu comme une boussole ou un phare dans la pénombre. Les gens demandent des histoires auxquelles se raccrocher, des faits qui les inspirent. »

« L'Euro de football vient de se terminer, avec un parcours décevant de notre équipe nationale. Quelle analyse en fais-tu par rapport à ces notions de plaisir, de crise et de management que tu viens d'évoquer ? »

Edgar : *« C'est un bon exemple. Didier Deschamps s'est trouvé dans le rôle managérial le plus difficile qui soit. Je m'explique.*

Il a eu à gérer des footballeurs à fortes personnalités, qui avaient déjà tout gagné. Ils sont Champions du Monde. Qui plus est, il n'a pas une autorité directe sur eux. Il n'est pas leur patron direct que sont les patrons des clubs dans lesquels ils jouent. La motivation ne repose pas non plus sur une question d'argent. L'autorité managériale de Didier Deschamps repose sur deux points : son histoire à lui, sa carrière de joueur, son palmarès et ses résultats en tant qu'entraîneur. C'est bien, mais en face, il y a des fortes personnalités, une pression du résultat, des médias et des réseaux sociaux. Si tu me permets l'expression, c'est "chaud de chez chaud", comme situation !

Pourquoi l'équipe de France a échoué ? Lors du match à élimination directe contre la Suisse, tout le monde a remarqué que Didier Deschamps a changé le système de jeu de son équipe en première mi-temps, avec un résultat médiocre, pour revenir en début de seconde mi-temps au schéma habituel et, à la clé, vingt-cinq minutes somptueuses et un score de 3-1 pour la France. S'en est suivi un retournement de situation en fin de match, comme il en arrive souvent dans le sport, qui a obligé à jouer les prolongations et à effectuer l'épreuve finale des tirs au but.

L'échec n'est pas celui de tel ou tel joueur au moment des penalties : c'est un échec managérial. Tu ne peux pas faire réussir quelqu'un en dehors de ses forces. Tu ne peux pas demander à des gens de faire des choses qu'ils ne maîtrisent pas bien. Pas plus en équipe de France de football qu'en entreprise. Il faut optimiser les points forts de tes équipes. Les mettre dans un système où ils sont bons. L'échec de l'équipe de France de football à l'Euro 2021 est plus une erreur tactique qu'une erreur de management des joueurs. »

« Cet échec me permet de faire la transition vers la notion de crise. Depuis mars 2020, tous les pays vivent cette crise sanitaire qui se transforme pour certains en crise personnelle,

professionnelle et/ou financière. Quel conseil peux-tu donner à celles et ceux qui nous lisent pour les aider à traverser cette période du mieux possible ? »

Edgar : « *Tout le monde a des moments difficiles. Comme tout un chacun, j'ai eu des crises à traverser. J'ai eu des blessures physiques, j'ai divorcé, j'ai démissionné lorsque j'étais directeur de la candidature d'Annecy pour l'organisation des Jeux Olympiques d'hiver. Ces crises révèlent nos vulnérabilités.*

Comment ai-je fait pour sortir de ces turbulences dans ma vie ? Quand j'étais skieur, j'ai eu la chance d'avoir eu à mes côtés un entraîneur qui m'avait appris à faire la part des choses, à savoir compartimenter et régler les problèmes les uns après les autres. Pas de fuite en avant ni de politique de l'autruche. Non. Faire face à chaque problème, un par un, l'analyser et le traiter. Avec le temps et depuis que j'interviens en entreprise, j'ai beaucoup travaillé sur ce thème de la situation de crise. Il y a trois principes fondamentaux à respecter pour la traiter :

1. *Prendre conscience de la spirale infernale.*

2. *Reposer les fondamentaux, les bases et se reconnecter à ses besoins.*

3. *Repartir sur un projet. Se trouver de nouveaux objectifs.*

C'est ce processus que je développe dans une masterclass que j'ai créée sur le thème de la crise, avec de nombreux exemples dans lesquels chacun peut se retrouver. Il faut traverser ces trois étapes, sans les sauter. Chacune est essentielle pour sortir de chaque crise. »

« On dit souvent que le sport est l'école de la vie. Qu'en penses-tu ? »

Edgar : « *Cette définition du sport est très vraie et sera toujours d'actualité. J'adore les trois valeurs de l'olympisme* : amitié, respect et excellence. *On peut les transposer n'importe où, et elles veulent dire beaucoup de choses.*

L'amitié : *tu peux être adversaire sur le terrain et ami dans la vie. L'amitié est source de motivation, et tu n'as pas besoin de haïr ton adversaire. Bien au contraire.*

Le respect : *je ne parle pas du respect des gens, mais de celui des règles. C'est très important. Si tu respectes les règles, tu respectes les gens, tu te respectes, toi, et tu respectes les performances, mais aussi celui qui fait respecter les règles. C'est-à-dire l'arbitre dans un sport collectif, ou le juge dans un sport individuel. C'est la base. Prends l'exemple de Lance Armstrong en cyclisme. Il n'a pas respecté les règles. Il a été rejeté par le milieu du cyclisme. Il a trahi ses adversaires, leur a manqué de respect, et toutes ses performances ont été effacées.*

L'excellence : *cette valeur ne signifie pas être parfait, mais vouloir progresser un peu tous les jours. Une quête. Un chemin. D'où que tu viennes, quoi que tu fasses, et où que tu veuilles aller. Tu dois passer par cette recherche, cette envie de progresser. Dans le domaine personnel, cela s'appellera l'accomplissement. Dans le domaine professionnel, la montée en compétence. Cela fait partie des leçons de vie que le sport nous apporte, et c'est transposable dans la vie de tout un chacun.* »

J'aime à définir ma propre équation. Elle peut paraître simpliste, mais pour moi, simplicité n'est pas synonyme de niaiserie. J'aime les choses simples. J'aime les choses vraies, et souvent, il suffit de mettre des mots sur des ressentis ou de coucher nos idées sur le papier pour être frappé par une vérité qu'au final, nous avons toujours eue au fond de nous, mais que nous avons simplement oubliée.

Je vous pose donc la question : dès lors que nos besoins physiologiques sont comblés, le bonheur, l'épanouissement et l'accomplissement personnel ne sont-ils pas le résultat des objectifs, des buts et des rêves que nous nous fixons, multiplié par le plaisir que l'on prend à les réaliser ?

Bonheur = Objectif × Plaisir
B = O × P

Cette équation est devenue la boussole que je consulte à chaque fois que je dois prendre une décision importante. Et lorsque je me retourne, je réalise qu'elle a déterminé les événements de ma vie jusqu'à aujourd'hui. J'en ai acquis la certitude. On n'est jamais maître de son destin, car il y a trop d'inconnues qui entrent dans l'équation d'une vie, mais l'on peut être maître du plaisir que l'on prend à vivre jour après jour.

Essayez de mettre entre parenthèses l'activité de footballeur professionnel qui fut la mienne jusqu'à présent pour vous focaliser juste sur la discussion que nous pourrions avoir en face à face, si nous nous rencontrions. Qu'est-ce qui vous fait vibrer ? Qu'est-ce qui vous fait invariablement sourire ? Qu'est-ce qui déclenche des frissons dans votre corps ? Une personne ? Un panorama ? Une odeur ? Une chanson ?

Pensez à la dernière tâche ingrate que vous avez dû effectuer ou à la dernière contrariété que vous avez dû affronter et demandez-vous comment vous l'auriez vécue si vous aviez pu la vivre avec cette personne ou cet élément moteur pour vous ? Tout devient plus léger, non ? Sans plaisir à accomplir une activité, quelle qu'elle soit, le résultat sera décevant.

L'une de mes amies dit souvent qu'il est plus facile d'être malheureux que d'être heureux. Elle a raison, car être heureux demande beaucoup plus d'efforts au quotidien que de se laisser aller à la mélancolie ou à la morosité. Si l'on s'efforce de trouver du plaisir à atteindre un maximum d'objectifs que l'on se fixe au cours de sa vie, on ne peut qu'être heureux et épanoui. Et par « objectifs », il faut penser au sens large : obtenir un poste, réaliser un rêve, élever ses enfants, écrire un livre, obtenir un diplôme, s'améliorer dans un domaine, faire un voyage, certes, mais aussi tous ces petits objectifs du quotidien, beaucoup moins nobles et que l'on se doit pourtant de réaliser, notamment faire le ménage, laver la voiture, remplir le frigo, aider notre enfant pour ses devoirs, trier trente ans de photos ou, tout simplement, se lever le matin.

Cette formule B = O × P (c'est-à-dire Bonheur = Objectif × Plaisir), qui me tient tant à cœur, est devenue mon BOP. Et dans ces moments d'introspection que j'ai appris à apprécier, j'aime me poser cette question : « O. K., c'est quoi ton BOP ? » Quel est ton BOP en ce moment ? Quel est ton BOP pour la journée ? Quel est ton BOP pour l'année à venir ? Quel but vas-tu te fixer ? Et comment vas-tu faire pour l'atteindre avec plaisir ? Ces simples questions me reboostent et me permettent de me recentrer et de me tourner vers demain avec clarté et sérénité.

L'écriture de ce livre m'a permis de mettre le doigt sur une composante à laquelle je n'avais jamais fait attention : l'effet produit lorsque le plaisir est partagé avec nos coéquipiers, nos collaborateurs, nos enfants, nos amis. Le résultat, le bonheur qui découle de l'objectif atteint est alors exponentiel. Le partage rend la réussite bien plus belle. Le partage, l'entraide, la cohésion.

Lorsque je reviens sur ces années entre mes seize et trente-six ans, je vérifie à chaque fois que ce qui m'est arrivé, ou pas, est le résultat de cette équation.

De dix-neuf à vingt-deux ans : je suis professionnel à l'Olympique Lyonnais, en couple avec Sylvia et proche des gens que j'adore, à savoir ma famille et mes amis de Rives. J'avais trois objectifs dans mon existence : vivre mon rêve d'être footballeur professionnel, être avec la femme que j'aime et passer autant de temps que possible avec mes potes de Rives. Ces trois objectifs étaient limpides, et à chaque fois que j'étais avec les uns et les autres (ma femme, mes potes, ma famille, mes coéquipiers de l'OL), c'était des moments de bonheur. Il ne pouvait m'arriver que de bonnes choses. Ma tête en avait décidé ainsi, et les pièces du puzzle de ma vie se mettaient facilement en place.

En 2005, j'ai été sélectionné en équipe de France Espoirs. J'ai fait les matchs de préparation pour l'Euro 2006, mais n'ai finalement pas été sélectionné pour les phases finales au Portugal. Je ne me suis pas sabordé. Même si j'ai fait de mon mieux, je ne prenais pas de plaisir. Cela va peut-être vous paraître étonnant ou prétentieux, mais je n'en ai pas eu de regrets, au contraire.

Lorsque les équipes nationales jouent, cela provoque une mini-trêve dans le quotidien des joueurs de Ligue 1. L'Euro représentait pour moi l'opportunité de profiter plus longuement des miens, de ma famille et de mes amis en retournant à Rives. Ce n'était pas un manque d'ambition : juste l'application de ce qui est aujourd'hui ma conviction.

Le rêve de l'équipe nationale n'était pas le mien. Je ne pouvais donc y prendre aucun plaisir. Lorsque je voyais des matchs de sélection à la télévision, je n'étais pas envieux. J'étais lucide et savais qu'il y avait bien plus motivé que moi à mon poste. Mon rêve à moi était de jouer en Ligue 1, et j'avais déjà la joie de l'embrasser.

À l'époque, j'ai eu le sentiment que mes proches ne me comprenaient pas et que l'absence de déception de ma part les surprenait, mais je n'avais pas besoin de plus. J'étais comblé et heureux ainsi, et je suis convaincu que ce sont ces moments de plaisir absolu qui m'ont permis de tenir dix-sept ans. Je ne rêvais pas d'équipe de France ; elle n'a pas voulu de moi. Logique et sans regret.

En Écosse, chez les Glasgow Rangers, un évènement imprévisible s'est produit : Paul Le Guen est entré en conflit avec la direction du club en raison de vues opposées sur sa gestion de l'équipe. Il a décidé de partir, et mon objectif s'est obscurci. Le plaisir a diminué, le doute s'est installé : mon équation ne fonctionnait plus. Il fallait soit subir et, dans ce cas-là, souffrir, soit changer les choses, en l'occurrence modifier l'objectif et retrouver du plaisir. C'est ce que j'ai fait en rejoignant le PSG.

En 2010, je stagnais, je ne m'épanouissais plus. Je m'enfonçais dans un quotidien sans objectif, et tout s'écroulait. En s'éloignant de moi, sans le savoir, Sylvia m'a offert un beau cadeau et une belle leçon. Un nouvel objectif : reconquérir ma famille, me rapprocher des miens, retrouver le plaisir du football. Je suis alors parti en quête d'un club qui me permettrait de concilier mon rêve, mes valeurs et mon plaisir. Saint-Étienne m'a comblé, et très rapidement, mon équation est revenue au beau fixe. Mes objectifs étaient de nouveau clairs : réparer mes erreurs familiales, retrouver le plaisir du football au sein d'un club qui constituait une véritable famille et profiter pleinement de chaque moment passé tous ensemble.

Lorsque survint ma blessure en mars 2013, tout s'est écroulé autour de moi. Pourquoi moi ? Pourquoi maintenant, alors que j'étais à l'apogée de ma carrière ? Pourquoi mon corps m'abandonnait-il alors qu'il n'avait jamais été aussi fort ? Après les moments de douleur et d'effondrement sont arrivés ceux de la réflexion. « O. K., maintenant, je fais quoi ? Qu'est-ce qui va me rendre heureux ? Quel sera mon BOP ? »

Je suis redevenu celui que j'étais en un temps record. Pour cela, j'ai pris plaisir à travailler dur et ne me suis jamais éloigné de mon groupe, de mon équipe. Ici encore, la théorie de l'effet multiplicateur du bonheur quand un objectif est partagé s'est incontestablement confirmé.

Au sein de l'équipe et des supporteurs stéphanois unis, ma blessure a été ressentie comme commune. L'équipe l'a considérée comme un défi à relever. La récompense en a été la Coupe de la Ligue, remportée deux mois plus tard. Après l'émotion de ma blessure et les images qui avaient fait le tour de la planète football, la clarté de l'objectif – gagner la Coupe de la Ligue – était évident pour le groupe, et le plaisir de se le fixer était maximal : il ne pouvait pas en être autrement. Le groupe avait la certitude qu'il y arriverait. C'était dans son inconscient. Il le voulait, et il l'a fait. Pour le plus grand bonheur de tous.

Lors de mon départ de Saint-Étienne en 2016, puis durant mes années à Nancy, la pertinence de mon équation s'est vérifiée à chaque fois. Dans n'importe quel domaine de ma vie – familial, amical, sentimental, professionnel – et à tout moment. Aujourd'hui, je clos un chapitre, je raccroche les crampons, mais à trente-six ans, la vie est encore longue, et heureusement, mon cerveau fourmille de BOP pour me réinventer.

À vous de voir, dans chacune de vos vies, le lien entre ce que vous vivez, la façon dont vous le ressentez et la satisfaction que vous en retirez. Si le résultat ne correspond pas à vos souhaits, il vous faut modifier l'un ou l'autre des deux paramètres de l'équation : la clarté de votre objectif, de ce que vous voulez faire, ou le plaisir que vous y prenez.

Parvenir à cette lucidité n'est pas évident. Cela m'a pris du temps avant d'en arriver à cette conviction. Posez-vous simplement la question : êtes-vous satisfait de ce que vous vivez aujourd'hui ? Si oui, mon équation vous paraîtra une évidence. Si la réponse est négative, comment faire pour transformer la situation actuelle ? La réponse vous appartient. Il n'y a pas une vérité, mais autant de vérités que de personnalités. Néanmoins, se poser la question est déjà un bon début.

Aujourd'hui, cette équation est mon fil conducteur dans les choix que j'ai à faire sur l'orientation de ma vie et celle de ma famille. J'espère qu'elle vous aidera aussi dans vos réflexions et vos futures décisions pour votre bonheur et celui des gens que vous aimez.

Je ne sais pas si c'est le cas pour tous les sportifs de haut niveau, mais en ce qui me concerne, je suis attiré par tous les sports. Courir, sauter, lancer, frapper, tirer, pédaler, skier, etc. : cela fait partie de mon ADN. Je suis toujours partant, et le tennis n'échappe pas à cette règle.

Richard Gasquet et moi sommes nés au même endroit ; nous sommes de la même génération. Il a accompli une très belle carrière, et j'ai souvent suivi ses rencontres derrière mon poste de télévision. J'avais donc très envie d'échanger avec lui, de croiser nos expériences entre sport individuel et sport collectif.

« Je ne regrette rien. »

Richard GASQUET

Joueur professionnel français de tennis, devenu n° 1 mondial chez les juniors en 2002. Quinze fois titré en simple sur le circuit international de l'ATP (Association of Tennis Professionnals) et recordman français en nombre de matchs gagnés sur ce circuit.

« À trente-cinq ans, je joue plus que jamais au tennis par plaisir. Ma motivation est saine et positive. Je suis épanoui, et j'ai la sensation de m'être vraiment accompli dans mon sport. Je ne regrette rien. Je suis conscient au quotidien de la chance que j'ai de pouvoir prononcer une telle phrase et je souhaite continuer d'user les cours le plus longtemps possible.

L'énorme pression subie au début de ma carrière me semble bien loin. La pression est le quotidien de tout sportif de haut niveau, bien sûr. C'est elle qui nous pousse à nous surpasser, mais elle peut devenir angoissante et négative lorsqu'elle arrive soudainement, de façon violente et incontrôlée.

À neuf ans, en découvrant mon visage à la une de Tennis Magazine, *j'ai ri : je n'étais qu'un enfant, et l'insouciance rythmait encore mon quotidien. Toutefois, je dois reconnaître que lorsque j'ai décroché le titre de n° 1 mondial junior à seize ans et fait par la même occasion mon entrée dans le monde du tennis professionnel, ni ma famille ni moi n'étions prêts à affronter l'énorme tourbillon qui nous a emportés.*

Tous les yeux étaient braqués sur moi, mes faits et gestes scrutés et analysés. Les médias me prédisaient un avenir de champion international et me collaient l'étiquette de jeune prodige du tennis français, m'obligeant ainsi à endosser les exigences et les attentes qui accompagnent de telles prédictions. En tant qu'adolescent en pleine construction, cela n'a vraiment pas été évident à vivre. J'entrais dans un monde d'adultes et découvrais l'ampleur de ces nouveaux enjeux.

J'ai eu de bons entraîneurs, mais j'aurais aimé être conseillé et suivi par un ancien athlète qui aurait pu m'aider à accueillir et accepter cette nouvelle réalité. Quelqu'un qui aurait déjà traversé toutes ces épreuves et aurait pu me rassurer avec des mots simples. Malheureusement, cela n'a pas été le cas. J'aime à penser que si, demain, un jeune venait à vivre une expérience similaire à la mienne, je pourrais partager mon expérience avec lui et lui permettre peut-être d'appréhender plus sereinement son entrée dans le monde du haut niveau, les victoires et les défaites.

Contrairement au football, la plupart du temps, au tennis, vous êtes seul sur la terre battue. Seul face à votre adversaire, vous devez apprendre à ne compter que sur vous-même. Ensuite, après le match, c'est seul que vous devez vous imposer les efforts et la discipline.

Lorsque j'étais plus jeune, j'ai fait le choix de mettre de côté une éventuelle vie de famille. Je ne me sentais pas capable d'allier les deux. La vie de tennisman professionnel se passe sur le circuit international dix mois sur douze. Aujourd'hui, c'est différent. J'apprécie pleinement la chance que le tennis m'a apportée. Il y a quelques jours, j'ai joué contre Federer à Wimbledon, et c'était magique. Continuer à s'émerveiller après toutes ces années, cela n'a pas de prix !

Le haut niveau exige de trouver l'équilibre entre gestion du stress et de la pression et maintien du plaisir de jouer. C'est un équilibre subtil qui permet de se surpasser. Pour moi, le tennis reste une passion. Plus jeune, elle était dévorante, et l'ascenseur émotionnel induit par les victoires et les défaites n'a pas toujours été évident à gérer. Cela me prenait aux tripes. Néanmoins, j'ai adoré chaque instant. Maintenant, je vis l'instant présent, je profite de chaque moment. Je ne pense pas à l'après ni à une potentielle reconversion : j'aspire juste à une belle fin de carrière, la plus tardive possible. »

CHAPITRE 9
La reconversion

« Il y a des perles dans nos vies qui naissent de nos blessures.
Il est de ces reconversions qui sont des bijoux. »
Boris Cyrulnik

Assumer sa « petite mort »

La fin de carrière d'un joueur de football est rarement préparée, programmée, planifiée. Ce n'est pas pour rien que l'on appelle cette étape « la petite mort ». Qui a envie de mourir ? Personne. Surtout pas à trente-six ans, marié et avec trois enfants.

Réussir positivement ce passage d'une vie consacrée à 100 % au football à autre chose est une épreuve difficile, d'autant plus lorsque la fin de carrière est due à une blessure physique, voire morale, quand le dernier club manque d'élégance pour siffler la fin du match. Que reste-t-il alors dans la tête du footballeur ? Des souvenirs, parfois de l'argent, un conjoint, des enfants, des amis et un projet de vie à reconstruire, seul. Cette équation n'est pas facile à résoudre, et malheureusement, de nombreux footballeurs ne trouveront qu'une réponse imparfaite.

Vu sous un autre angle, les sportifs de haut niveau ont cette chance. Ils vont tester l'après. Y a-t-il une vie après la mort ? Cette question à laquelle tout le monde aimerait pouvoir répondre, nous y sommes confrontés de notre vivant. Alors, que se passe-t-il lorsque les gradins se vident, que les projecteurs du stade s'éteignent et que les caméras se coupent ? Que se passe-t-il quand tout devient noir et que l'on a que vingt-cinq, trente ou trente-cinq ans ?

Toute mort mérite son enterrement. Alors, on édite un avis de décès, et au moment de quitter le vestiaire et ses coéquipiers pour la dernière fois, les supporteurs sont là, la presse se mobilise, la famille se réunit, les amis, plus ou moins proches sont au rendez-vous. Les discours des uns et des autres remplacent les sermons des prêtres, mais l'inéluctable est là : il faut partir, disparaître du regard des autres, s'enfoncer dans l'oubli. Refermer le cercueil.

Une fois ce moment d'émotion passé et la fosse comblée, la vie reprend son cours. La nature a horreur du vide. Les spectateurs veulent leurs matchs, faire leurs paris. Une page est tournée. Les plus jeunes occupent le terrain, répondent aux interviews, apparaissent sur les écrans, font rêver les enfants. Sans nous. Nous sommes ailleurs.

Ce sujet de la reconversion est rarement évoqué dans les vestiaires avec les coéquipiers, et jamais avec les coaches ni les présidents de clubs. Sans doute parce qu'il fait peur, comme la mort. Nous avons assez de nos préoccupations du moment présent pour nous en créer d'autres avec ce sujet existentiel. Une classe d'âge en remplace une autre : ainsi va la vie.

Le football reste une passion, et c'est probablement la raison pour laquelle la majorité des joueurs en fin de carrière ne se projette pas vers d'autres horizons. Est-ce par refus de se couper de la passion avec laquelle nous avons vécue depuis notre enfance ? Sûrement. Il y a des pistes à explorer pour qui voudrait accompagner les footballeurs dans leurs nouvelles vies professionnelles.

À ce moment délicat du parcours de l'ex-joueur, l'entourage joue un rôle important, en particulier le conjoint. J'ai vu des mariages exploser lors des fins de carrière. Sortie de route du couple qui, tel une Formule 1, finit dans le bac à sable des sentiments. Le socle du mariage reposait sur le bien-être matériel. Une fois ce ciment effrité, le grand écart arrive vite. Là encore, si de fortes valeurs communes n'existent plus, mieux vaut accepter la situation. Que chacun prenne une nouvelle direction.

J'adore le rugby et les valeurs qu'il peut transmettre. J'avais envie d'avoir la vision de Julien Bonnaire, cet international français, restaurateur apprécié du monde berjalien, sur ces notions de combat, de sacrifice et de solidarité. Je voulais faire un vrai parallèle entre ces deux sports collectifs et populaires que sont le football et le rugby.

« Les joueurs de ma génération ont découvert cette sensation de devenir un pion. »

Julien BONNAIRE

Ancien rugbyman, troisième ligne centre, international français avec soixante-quinze sélections et vainqueur du Championnat de France avec Clermont en 2010, aujourd'hui associé dans plusieurs restaurants sur Bourgoin-Jallieu.

« La grande différence entre le rugby et les autres sports collectifs, c'est la notion de combat. Au-delà du contact ou de l'engagement physique commun à tous, le rugby est un vrai sport de combat. L'affrontement au rugby n'est pas une image : il est réel, ce qui crée une solidarité bien plus forte entre les coéquipiers et décuple le respect de l'adversaire. Au rugby, tout seul, tu ne fais rien. Hormis quelques rares exploits, c'est vraiment le groupe qui te permet de réaliser quelque chose.

Cependant, j'ai senti les mentalités changer ces dernières années, autant sur le terrain que dans les gradins. Est-ce l'augmentation de la médiatisation ? L'arrivée de l'argent dans ce sport ? Est-ce la nouvelle génération qui a évolué, comme notre société ? Je ne saurais le dire. Avant, il fallait gagner le match ; aujourd'hui, il faut gagner, mais également offrir du spectacle. Le rugby s'est professionnalisé, et l'esprit du club-famille a forcément un peu disparu. Les joueurs de ma génération ont découvert cette sensation de devenir un pion déplaçable en fonction de sa rentabilité et des besoins.

C'est le business : il faut du rendement, il y a des comptes à rendre, et un joueur qui connaît des difficultés ou qui décline devient vite de trop. L'argent et les investissements ont influencé cette tendance. Est-ce bien ou mal pour le monde du rugby ? Je n'ai pas la réponse, je ne peux que faire des constats. Et le plus important d'entre eux est que l'engagement des joueurs, la passion, le respect de l'arbitre, ça, ça n'a pas changé.

Au moment de prendre ma retraite, je savais que je devrais me reconvertir, trouver une nouvelle voie. Je ne me voyais pas entraîner. Le métier d'entraîneur me semble bien plus contraignant que celui de joueur. Je ne regrette rien de ma carrière, le rugby m'a beaucoup apporté, mais il arrive un moment où l'on a envie d'une autre vie. Moi, je voulais profiter de mes enfants. Ils grandissent vite, trop vite. J'ai été souvent absent pour mon aînée, et aujourd'hui, j'ai envie de savourer ces petites choses simples de la vie. Les sorties d'école, les goûters, les anniversaires, les dîners improvisés... la famille et les amis.

La restauration n'était pas une évidence pour moi, mais ça s'est imposé assez rapidement. J'étais déjà associé dans une affaire, et le milieu me plaisait. La "bonne bouffe", surtout en France, c'est avant tout le partage, des moments conviviaux. Passer un bon moment au resto, ça fait partie de ces plaisirs simples que l'on a envie de faire perdurer.

Aujourd'hui, nous sommes trois associés. Avec mes acolytes, Sam et Julien, nous avons ouvert cinq restaurants et une boulangerie. Nous sommes également actionnaires de deux autres restaurants. Julien, c'est Julien Pierre : nous avons été coéquipiers pendant dix ans. Et Sam, lui, c'est l'expert cuisine qui tenait la brasserie du stade à l'époque où l'on jouait à Bourgoin. On allait y manger tous les midis. On s'est retrouvés de façon assez simple et naturelle. Notre association fonctionne ; on forme une belle équipe.

J'ai quitté les stades, mais les valeurs du rugby qui m'ont toujours été chères continuent de rythmer mon quotidien : la cohésion d'équipe, le partage, la fraternité et le plaisir. »

J'ai cette chance d'avoir une femme qui a su s'adapter à toutes les situations. Notre couple et nos trois enfants constituent un trésor pour moi. J'ai accédé à mon rêve d'être footballeur professionnel, et ce rêve a duré bien plus longtemps que je ne l'aurais espéré. La notion de plaisir a empli et rythmé ma carrière. Aujourd'hui, c'est toujours elle qui me guide, mais en faisant désormais passer l'épanouissement de ma femme et de mes enfants avant le mien. Être dans notre région, près des nôtres, et pouvoir assister à tous les évènements familiaux de nos deux familles sont des objectifs prioritaires.

Par rapport à une mort brutale, l'avantage d'une fin de carrière est qu'elle peut se préparer, s'anticiper et s'ouvrir sur autre chose. Et c'est ce que j'ai fait.

Dès mon départ de Saint-Étienne, j'ai commencé à préparer cet après. Cependant, je dois avouer que cela n'a pas toujours été évident. Lorsque, pour la première fois, à trente-deux ans, je me suis posé la question « À part footballeur, quel métier pourrais-je faire aujourd'hui ? », j'ai légèrement paniqué. J'avais la sensation d'être un adolescent à qui l'on demandait de choisir un métier. Mon équation me dictait de trouver une voie qui m'apporterait un maximum de plaisir, mais quand on a passé quinze années à vivre son rêve de gosse, la notion de plaisir professionnel ne devient-elle pas trop surévaluée ?

Cette idée a commencé à m'angoisser. Je ne pouvais m'empêcher de me dire que je ne pourrais plus jamais être épanoui professionnellement. Heureusement, l'avenir m'a prouvé que j'avais tort. Afin de chasser ces idées noires, mon esprit cartésien s'est mis en marche. J'avais besoin d'un plan et d'objectifs.

Contrairement à ce que je pensais avant qu'elle ne survienne, ma blessure sanglante et immobilisante m'a permis de réaliser que le football ne pourrait jamais sortir de ma vie. Il fait partie de moi. Je me suis donc mis à chercher les études et formations qui pourraient enrichir mes compétences et mes connaissances dans ce domaine. C'est ainsi qu'entre décembre 2017 et juin 2019, j'ai préparé le DUGOS (Diplôme universitaire Gestionnaire des Organisations sportives) par correspondance et l'ai validé par un contrôle continu et une soutenance de mémoire. Pilotée par l'université de Lyon, cette formation complète aborde de nombreux axes relatifs à la gestion de clubs sportifs, comme la comptabilité, les ressources humaines, le marketing, la communication et la stratégie de développement.

En parallèle, je me suis inscrit à la Prodémial Business School, qui forme des conseillers en gestion de patrimoine. J'y ai validé en un temps record trois habilitations dans les domaines de l'immobilier, la banque et des assurances. Suivre ces études tout en continuant ma carrière de footballeur professionnel à Nancy et en élevant trois enfants a révélé mon côté bourreau de travail. Je connaissais cette facette de ma personnalité sur le plan physique, mais j'ai apprécié la découvrir sur le plan intellectuel. Peut-être est-ce aussi ma façon de me pardonner l'abandon de mon baccalauréat ?

Depuis août 2019, le club de Bourgoin m'a offert la possibilité de suivre les formations du BEF (Brevet d'Entraîneur de Football) et du DESJEPS (Diplôme d'État supérieur de la Jeunesse, de l'Éducation populaire et du Sport). Ces deux formations allient théorie et pratique, et se valident après la rédaction de plusieurs dossiers pédagogiques et techniques, ainsi qu'un grand oral.

Ma petite mort est donc arrivée, mais sans crier gare. Je m'étais préparé à l'accueillir sereinement, j'avais essayé d'anticiper. Pourtant, finalement, elle m'a quand même surpris. J'ai joué sans le savoir mon dernier match officiel le 9 mars 2020 : une victoire contre le Sporting Club de Lyon. Quelques jours plus tard, le premier confinement national commençait. Pas d'enterrement, pas d'éloge funèbre, et ce fut bien mieux ainsi. J'ai beaucoup de mal avec les grands discours et les louanges.

Dans cet « au-delà » du foot qui peut faire si peur, j'ai décidé de me saisir de la pelle du fossoyeur, non pour finir le travail, mais, bien au contraire, pour bâtir les bases d'un nouvel édifice. J'ai pris le temps d'analyser la situation. Qu'est-ce que je veux ?

Avancer, réussir ma reconversion. Qu'est-ce qui compte vraiment pour moi ? Ma femme, mes enfants, ma famille. Qu'est-ce que j'aime ? Le football, bien sûr, mais aussi les challenges, les rencontres, les échanges, les découvertes.

Qu'est-ce que je ne veux plus ? Les « après » et les « plus tard ». Ces mots-là, je les ai trop usés. Ils ont été les compagnons fidèles que j'emmenais tout le temps dans mes bagages et que je glissais dans le cartable de mes enfants. Je connais par cœur le futur de tous ces verbes que je devais prononcer régulièrement, avec remord et parfois culpabilité. « *Après*, je consacrerai plus de temps à ma femme et à mes enfants. *Plus tard*, je choisirai mes dates de vacances en fonction des leurs. *Après*, j'irai aux fêtes de mes copains, aux anniversaires de mes parents, de ma sœur, de mes cousins, aux spectacles de mes enfants. *Plus tard*, je partirai faire du ski toute la journée avec ma femme parce qu'il fera tout simplement beau et qu'il aura neigé dans la nuit. *Après*, je profiterai de mon chalet en montagne plus de dix jours par an. *Plus tard*, j'irai faire la Route 66 en Harley. »

Au moment d'arrêter ma carrière, j'ai pris la décision de supprimer les mots « après » et « plus tard » de mon vocabulaire pour les remplacer par « maintenant ».

Ma femme Sylvia est la personne que je veux le plus combler dans cette nouvelle vie. Elle me dit souvent qu'elle est reconnaissante pour tout ce que nous avons vécu. Elle a été mon pilier et mon soutien pendant toutes ces années. Elle a tout accepté pour que je puisse réaliser mon rêve. Il me reste encore vingt-cinq ou trente ans à travailler, et je me suis promis de ne pas lui faire subir ma reconversion.

Tout athlète de haut niveau est soumis à une forme d'égoïsme forcé. Notre quotidien est rythmé et dicté par notre sport : les dates des vacances, les sorties ou non en fonction des compétitions, le temps de sommeil et de récupération, les déplacements, l'hygiène alimentaire, etc. Notre couple a réussi à trouver cet équilibre entre les contraintes de ma carrière, l'éducation de nos trois enfants et l'éloignement familial. C'est ce qui a été le plus difficile pour Sylvia : l'éloignement de sa famille. Par ailleurs, même si elle n'est pas carriériste, elle a tout abandonné professionnellement pour moi.

Pour elle, ce sont l'éducation et le bien-être de Roméo, Liséa et Maël qui priment. Sa mère a gardé de jeunes enfants pendant quarante ans. Sylvia a compris très jeune l'importance de ces premières années de vie, l'attention que demande un nourrisson. Tout se construit durant les trois premières années de l'enfance. Ce sont les fondations de leurs futures vies.

À Paris, Saint-Étienne, Nancy, ma femme a été présente en permanence pour nos enfants, mais elle souffrait de chaque déménagement. Il fallait encore et toujours quitter ce qu'elle avait réussi à mettre en place et recommencer à partir de rien là où nous arrivions. Au-delà des démarches comme retrouver un pédiatre, un dentiste, une école, des activités extrascolaires, le plus déstabilisant et difficile pour elle était de se recréer un nouveau réseau d'amies. Découvrir les femmes de mes coéquipiers, les mères des copains à l'école, savoir si leurs sympathies étaient réelles ou intéressées. Retrouver ses marques et ses habitudes.

Cependant, elle ne s'en est jamais plainte ouvertement. Elle savait ce qu'elle quittait et ignorait où elle allait. Moi, en tant que joueur, j'avais une idée précise de mes futurs coéquipiers et de ce que le coach attendait de moi. Mais elle ? Elle s'était attachée à des personnes, et les séparations étaient rapides et brutales. On voit naître les bébés des copains, on les voit grandir, on les voit presque tous les jours, et puis brusquement, plus rien. Au revoir. Ou plutôt adieu, car nos routes ne se croiseront certainement plus. Ces amis du foot se substituent à nos propres familles, car tout le monde est loin de chez soi. On fait bloc entre nous. Néanmoins, ce sont des amitiés en CDD, en sursis.

J'aurais pu poursuivre encore un peu l'aventure du football professionnel à l'étranger, en Chine ou au Moyen Orient, mais lorsqu'on a beaucoup reçu de l'autre, il faut savoir renvoyer l'ascenseur. À temps. Donc j'ai rangé crampons et maillots.

Dans la durée d'une vie, il faut équilibrer les sacrifices de chacun. Dans les années à venir, j'espère pouvoir offrir à Sylvia tout ce qu'elle m'a donné depuis que nous nous connaissons. Nous avons toujours raisonné en prenant en compte notre couple, pas en tenant la comptabilité des sacrifices de chacun. C'est probablement une définition, parmi d'autres, de l'amour.

Aujourd'hui, ma femme est plus rayonnante que jamais. Nous sommes retournés près de nos familles, et elle peut enfin exercer sereinement le métier qu'elle aime tant. Elle est institutrice, et pour la première fois, elle a pu obtenir un contrat à l'année. Mes transferts et mon calendrier ne sont plus un frein à son épanouissement professionnel. C'est une enseignante extraordinaire. J'ai eu plusieurs fois l'occasion de me glisser dans le fond de sa classe et de prendre la mesure de sa passion, la puissance de son sourire lorsqu'elle écrit à la craie sur le tableau noir. Elle adore les enfants, leur candeur, leur naïveté, leur humeur et leur pureté, et ils le lui rendent bien. Elle me dit souvent que ce qu'elle trouve le plus dur dans l'enseignement, c'est de rester sérieuse face aux enfants, face à leurs plaisanteries ou leurs étourderies.

Avoir le choix du choix

Alors aujourd'hui, quelles sont mes activités ? Où est-ce que j'en suis ? Si vous posez la question à certaines personnes de mon entourage, elles vous répondront que je suis à la retraite ou en vacances. Cela me fait plutôt sourire, généralement, mais aussi grincer des dents, certains jours, car personnellement, j'ai la sensation de n'avoir jamais autant travaillé !

Côté football, j'ai obtenu mon BEF (Brevet d'Entraîneur de Football) en juin 2020, et mon DES (Diplôme d'État supérieur) en juin 2021. Même si les semaines de formation à Clairefontaine peuvent me sembler parfois longues et fastidieuses, je mesure à chaque fois la chance que j'ai d'y participer. Les places pour cette formation sont peu nombreuses par rapport à la quantité de postulants (deux promotions de vingt-cinq personnes par an) et se décrochent sur concours d'entrée, suivi d'un entretien avec un jury.

Pour ce diplôme, l'élève doit obligatoirement entraîner une équipe de football. J'adore mon équipe, le Football Club de Bourgoin-Jallieu, et mes joueurs. J'espère continuer à les entraîner la saison prochaine. Dans le monde de l'entraînement professionnel, le graal, c'est le BEPF (Brevet d'Entraîneur professionnel de Football). J'estime qu'il est trop tôt ne serait-ce que pour l'envisager, mais je le garde au chaud dans un coin de ma tête.

En revanche, j'ai d'ores et déjà suivi une formation de préparation mentale, car je trouve cela passionnant et complémentaire avec ma volonté d'enrichissement et de développement, et obtenu mon Certificat de Préparation Mentale pour la Performance Professionnelle, délivré par Les Nouvelles Formations, en octobre 2021. J'aime le côté humain que l'on donne à ce que l'on entreprend. J'ai envie de partager avec mes joueurs, d'échanger avec eux, de les comprendre. Le mental et le bien-être sont les clés de la réussite. Je ne suis pas sur le bord du terrain que pour améliorer leur endurance et leur technique physique. Je veux aussi être dans leur tête pour les aider et les accompagner de mon mieux.

Il faut toujours se souvenir d'où l'on vient pour définir où l'on veut aller. Que ferai-je dans cinq ans ? Je ne sais pas, mais il me semble important de faire une place au club de Bourgoin-Jallieu dans ce livre. Oui, il est moins médiatique que les clubs dans lesquels je suis passé, mais c'est lui et ses dirigeants qui m'ont donné la chance de me former et de découvrir le métier d'entraîneur.

« La vie est un combat permanent. »

Djemal KOLVER

Co-président du Football Club de Bourgoin-Jallieu et dirigeant d'une entreprise spécialisée dans les énergies renouvelables.

« J'ai trente-huit ans et fait toute ma carrière de joueur amateur à Bourgoin-Jallieu. Je suis très attaché à cette région du Nord-Isère qui fait la jonction entre Lyon et Grenoble.

Je suis un passionné. Dans le sport comme dans mon domaine professionnel, puisque j'ai créé ma société dans le BTP.

J'ai joué à Bourgoin-Jallieu jusqu'à trente-deux ans, puis j'ai été entraîneur adjoint et sponsor. Je connais donc parfaitement le club, son fonctionnement et toutes les difficultés quotidiennes à résoudre. Lorsque les anciens dirigeants ont brutalement décidé d'arrêter en novembre 2019, je leur ai succédé en mettant en place une équipe dirigeante avec deux coprésidents.

Ma motivation : la volonté de réussir. Dans le sport et en dehors. La vie est un combat permanent, et je refuse l'échec. Bien sûr, il faut jongler au quotidien entre la famille, le travail et le sport. La gestion du temps et la hiérarchisation des priorités ne sont pas évidentes tous les jours, mais c'est ma motivation. Avancer pour réussir.

Mon ambition ? Faire de Bourgoin-Jallieu un club professionnel. C'est-à-dire amener l'équipe 1 en National et voir après, en fonction des circonstances. Bourgoin a un potentiel humain et industriel. Ce projet est donc cohérent. Je souhaite aussi que toutes les équipes de jeunes du club atteignent le niveau national dans leurs classes d'âge. Nous sommes en train de nous structurer en conséquence pour franchir les étapes du projet. Il y a une stratégie claire, et les personnes en place sont compétentes. Les résultats suivront.

L'arrivée de Jérémy au poste d'entraîneur correspond aux valeurs humaines et sportives du club. Il est très attaché à sa région, puisqu'il a grandi à Rives. Il est humble, modeste, et c'est un gros bosseur. Tout en ayant connu les plus grands clubs français, il respecte l'institution qu'est le club et tout le travail fait par les anciens. Il vient s'inscrire dans cette volonté de recherche de la performance. Il participe à ce remarquable travail d'équipe avec la ville et la région pour permettre aux jeunes de progresser, de profiter de son expérience exceptionnelle et de vivre leur passion là où ils grandissent. Former, expliquer, communiquer, trancher, assumer : c'est sa feuille de route.

Mon souhait ? J'aimerais que l'argent du football professionnel et des droits de télévision soit plus équitablement réparti entre les clubs pros et les clubs amateurs. On y viendra, mais ce n'est pas encore le cas aujourd'hui, et c'est dommage. Sans le football amateur, les professionnels n'existeraient pas. Lorsque des joueurs talentueux émergent, le travail de formation fait dans les "petits" clubs doit être mieux reconnu et valorisé. Cette redistribution du haut vers le bas viendra un jour, mais le plus vite serait le mieux : l'arrivée d'une jeune génération de présidents de clubs y contribuera certainement. »

Parallèlement au football, j'ai très vite ressenti le besoin de m'ouvrir à d'autres horizons. J'ai envie de faire mes preuves dans un domaine autre que mon domaine de prédilection. J'aime les challenges. Cependant, la réalité m'a vite rattrapé. Par où commencer ? Vers qui me tourner ?

Quand on est footballeur professionnel dans une grande équipe ou un sportif de haut niveau pratiquant un sport médiatisé, la notoriété est notre quotidien. On est connu et reconnu. Mais pour la plupart d'entre nous, nous n'avons que les bons côtés de la notoriété : les sourires dans la rue, les poignées de main, les encouragements, les attentions matérielles des sponsors en échange de quelques autographes et photos. C'est très agréable, et cette popularité mesurée ne cache pas de revers de médaille comme peuvent les connaître les stars du cinéma ou de la chanson. Nous ne créons pas d'émeutes et pouvons vivre au quotidien comme n'importe quel individu. Je n'ai jamais joué ni abusé de ce statut, mais j'ai apprécié tous ses côtés plaisants. Alors, quand on prend sa retraite, on réalise que l'on redevient très rapidement « monsieur Tout le monde ».

Pendant ma carrière, j'ai toujours rejeté les réseaux sociaux. Cela ne m'intéressait pas, et je ne supportais pas le côté virtuel. Je trouvais cela faux. Moi, j'aime être dans la vie.

Je ne supporte pas l'usage du téléphone portable. Beaucoup d'anciens coéquipiers me font le reproche de ne pas savoir passer le coup de fil qui fait plaisir pour prendre des nouvelles ou en donner, mais je n'aime pas. Je préfère mille fois prendre un café, ne serait-ce que quelques minutes, ou boire une bière en face à face. La petite tape sur l'épaule. Le sourire communicatif. La vérité des regards qui, eux, ne trahissent jamais. J'aime ces moments d'émotion partagés entre copains sur le zinc. Parfois, un regard suffit pour comprendre l'autre. Je peux revoir un ami après des années, je suis convaincu que si notre amitié était vraie à l'époque, elle le restera. Jamais Facebook, Whatsapp, Instagram, ou je ne sais quelle application ne remplacera cette chaleur humaine.

Je ne voulais pas de cette vie par procuration et pensais ne pas en avoir besoin. Seulement voilà, lorsque j'ai perdu mon statut et envisagé une reconversion professionnelle, je me suis rendu compte de mon erreur. Mon réseau professionnel se limitait au monde du football et ne durerait pas éternellement.

Sur les conseils d'Émilie, une amie DRH, je me suis donc lancé sur LinkedIn, un extraordinaire réseau social, dédié aux professionnels. J'ai créé mon profil, complété mon CV, sélectionné les domaines d'activité qui m'intéressaient, et la magie d'Internet a opéré. J'ai reçu plusieurs appels de personnes que j'avais rencontrées par le passé ou inconnues, et qui souhaitaient me rencontrer pour échanger sur d'éventuels projets professionnels. J'ai laissé agir le feeling et, comme à mon habitude, mon appréciation sur le plan humain. De belles rencontres en sont nées. Et de beaux projets.

Comme mon partenariat avec Remo Simonetti, négoce viticole, qui souhaitait commercialiser une huile d'olive issue de l'agriculture biologique au niveau national. Il m'a contacté et présenté son projet. Son constat était simple. Les huiles d'olive bio de qualité proposées sur le marché français étaient toutes onéreuses et donc boudées par les foyers aux revenus modestes. Doté d'une bonne connaissance du marché et des coûts de production grâce à certains membres de sa famille installés dans la région des Pouilles, dans le Sud de l'Italie, et eux-mêmes producteurs d'huile d'olive, Remo était à la recherche d'un associé pour se lancer avec lui dans cette nouvelle aventure. Son objectif : proposer en grande distribution une huile bio d'excellente qualité, à un prix accessible à tous.

J'ai été immédiatement emballé par le projet, pour différentes raisons, tout aussi importantes les unes que les autres. Je suis un épicurien et j'aime les produits qui reflètent un terroir, un savoir-faire ancestral, une sorte de noblesse, comme le vin. L'huile d'olive fait partie de ces merveilles.

À la maison, nous cuisinons principalement avec cette huile. D'une part, parce que ma femme est d'origine italienne et qu'il n'y a pas de bonne cuisine italienne sans huile d'olive. D'autre part, car en tant qu'athlète de haut niveau et fils d'une diététicienne, j'ai toujours été très sensible aux bienfaits des bonnes huiles sur notre organisme. Pour moi, l'huile d'olive est la plus riche, la plus goûteuse et la plus noble de toutes.

J'ai été conquis dès les premiers instants, mais lorsque Remo m'a annoncé qu'il souhaitait appeler ses produits « Roméo et Juliette », j'ai su qu'il n'y avait pas de hasard et que je devais me lancer : Roméo, le prénom de mon fils aîné, était plus qu'un signe du destin. Je n'ai pas eu à convaincre Remo de me choisir comme associé. Le feeling entre nous a tout de suite été très fort, appuyé par notre attachement commun au vin français et aux valeurs de la famille.

Ainsi, notre société est née en janvier 2021. Nous sommes immédiatement partis à la recherche de commerciaux et de distributeurs, et je me suis rendu compte que mes connaissances et mes certitudes en tant que coach étaient applicables aux mondes de l'entreprise et du commerce. Recruter, établir des stratégies, rédiger des argumentaires, fédérer une équipe : un nouvel univers, mais au final, des avancées et des buts identiques.

Remo et moi nous sommes associés autour du projet d'huile d'olive « Roméo et Juliette » au moment-même où naissait l'idée de ce livre. Il n'est pas novice dans le milieu du business. Je voulais donc avoir son œil d'expert sur les relations humaines et la dynamique entrepreneuriale dont il vente souvent les mérites.

« S'associer, c'est partager. »

Remo SIMONETTI

Ambassadeur vinicole et oléicole depuis trente ans, spécialisé dans la vente et le négoce dans toutes les régions de France et au-delà.

« Je souhaite à tous les chefs d'entreprise de rencontrer la personnalité avec laquelle ils auront envie de lier leur destin professionnel.

S'associer, c'est partager. Partager des multitudes de projets. L'entreprise est un lieu de vie, avec ses moments difficiles, mais surtout ses célébrations : autant d'occasions de prendre un verre, d'organiser un dîner entre collègues ou une soirée entière. Créer des liens au-delà du travail.

Le hasard de la vie nous amène parfois, sur notre chemin, de belles découvertes humaines. J'ai rencontré Jérémy Clément pour un nouveau projet professionnel : créer une société d'importation, de distribution et de négoce d'huile d'olive vierge extra biologique, épicerie fine. Une nouvelle entreprise basée à Aix-en-Provence, mais surtout une nouvelle marque : Roméo et Juliette.

L'expérience me dictait de chercher un associé. J'adore cette citation : "Seul, on va plus vite, mais ensemble, on va plus loin." Pour moi, il est intéressant d'avoir différents profils au sein d'une même équipe pour créer de vraies synergies. Un profil hyperactif risque de s'épuiser ou de faire des erreurs s'il n'est pas contrebalancé par un profil plus calme, avec plus de recul, par exemple.

Avec Jérémy, c'est l'équilibre parfait. Le destin m'a envoyé quelques signes pour conforter ma décision de collaboration : les nombreux points communs que j'ai découverts entre lui et moi, que ce soit sur le plan de la passion, comme le vin ou le football, mais aussi de caractère ou de philosophie de vie. Sans oublier que le fils aîné de Jérémy s'appelle Roméo.

J'ai découvert en Jérémy Clément un chef d'entreprise en devenir, un homme ouvert et sympathique, familial et organisé. Un associé avec qui conquérir la grande distribution française et belge. »

Sur la toile, j'ai aussi rencontré Anouar Bouguerra, fondateur de la société AB Coaching. Après plusieurs entrevues et des heures de discussions enrichissantes, ce passionné de sport, coach mental et coach en entreprise, spécialiste en cohésion d'équipe, m'a invité à rejoindre sa structure en tant qu'intervenant et conseil.

Lorsque j'étais encore joueur à Saint-Étienne, j'ai suivi une formation en media training, axée autour de plusieurs modules. L'objectif était de m'améliorer pour la prise de parole en public. Soyons réalistes : ce n'était pas un exercice où j'excellais, ni que j'appréciais, mais j'avais vraiment à cœur de m'améliorer.

Il faut reconnaître que les spectateurs, les commentateurs et surtout les proches ne sont pas très tendres avec les footballeurs qui sont interviewés à la mi-temps ou en fin de match. Soyez indulgents et compréhensifs : quand un micro se tend et que vous êtes encore sur le terrain avec le visage dégoulinant de sueur, des muscles chauffés par l'effort et un cœur tambourinant, c'est forcément difficile de faire preuve d'éloquence et de finesse d'analyse. Imaginez-vous dans une telle situation. Est-ce le moment idéal pour argumenter posément sur ce qui vient de se passer ? C'est pourtant ce qui vous est demandé, en direct, devant des centaines de milliers de personnes qui vous regardent et qui vont juger immédiatement la moindre faute de français, de syntaxe ou la moindre hésitation.

L'exercice est loin d'être facile, sauf pour quelques-uns. Pour les autres, nous nous contentons de phrases toutes faites, qui ne sont pas nécessairement les plus adaptées, mais tellement pratiques ! Seule solution dans ces moments-là : se mettre en pilote automatique et dire de la façon la plus naturelle possible ces mots mille fois entendus. Ne nous en veuillez pas. À ce moment-là, alors que l'adrénaline emplit encore nos veines, on préfère quelques clichés à quelques pensées construites et structurées qui ne bénéficient pas du recul suffisant pour être formulées.

Cette formation m'a permis de réaliser à quel point il m'était difficile d'imposer mon opinion. Il existe tellement de vérités sur tout et n'importe quoi, chaque situation est unique. Pourquoi ma pensée serait-elle la seule ?

Néanmoins, ce stage m'a aussi ouvert les yeux sur mon attrait pour les débats et les échanges. Notre formateur n'était autre que le très éloquent et compétent Frédéric Jaillant, ancien directeur du Service des sports de TF1. Je l'ai recontacté au début de l'été 2020 via LinkedIn, et après quelques discussions, il m'a mis en relation avec Hervé Mathoux, présentateur sportif sur Canal+. C'est ainsi qu'entre août et septembre 2020, j'ai participé en tant que consultant à plusieurs éditions du *Late Football Club*.

Entouré de ses chroniqueurs, Éric Besnard décline toute l'actualité du football avec des reportages, des interviews et des analyses du jeu des différentes équipes de Ligue 1 et des grands Championnats d'Europe. Quand on m'a annoncé ma première participation, j'étais euphorique. C'est en 1984, l'année de ma naissance, que le premier match de football a été diffusé sur Canal+, alors positionnée comme la chaîne Cinéma. Dans l'esprit des garçons et des hommes amateurs de football des années quatre-vingt-dix, Canal+, c'était le Graal. On allait voir les matchs dans les salons des copains qui avaient la chance d'avoir un abonnement à « la meilleure des chaînes », comme on l'appelait.

À l'époque, les chaînes sportives, la TNT et Internet ne faisaient pas partie de notre quotidien. Ce vendredi 21 août 2020, lors de mon premier direct, ce fut comme recevoir un cadeau d'anniversaire en avance de quelques jours. Au fond de moi, le gamin de dix ans rayonnait. J'étais impressionné, émerveillé : le plateau, les caméras, les micros, les lumières. Tel une ruche, le studio bourdonnait. Toute cette effervescence coordonnée était captivante.

Les fois suivantes, la magie était toujours là. Cependant, après cinq prestations, la chaîne n'a plus fait appel à mes services. Après l'attente et l'interrogation, j'ai osé poser la question : « Quelque chose ne va pas ? » On m'a clairement fait comprendre que je ne faisais pas l'affaire. Je n'étais pas assez franc et tranché dans mes propos, je n'occupais pas assez l'espace.

Après la déception est venue la remise en question. Je ne peux pas leur en vouloir d'avoir égratigné mon ego : ils étaient dans le vrai, je n'étais pas bon. En tout cas, je ne pouvais pas être performant pour exécuter ce qu'ils attendaient de moi. Je ne pouvais pas être doué à ce poste, car il n'était pas en harmonie avec mes valeurs.

Je reste convaincu qu'il n'existe pas une vérité dans le football. À l'instar des jours, chaque joueur et chaque match sont différents. L'alchimie entre un joueur et son équipe, le terrain, la météo est un savant mélange d'une multitude de composants. La magie du football ne s'explique pas par quelques arguments énoncés avec assurance. Quand on a, comme moi, passé dix-sept ans sur la pelouse ensorcelante d'un stade de foot, on ne peut pas se contenter de dire devant une caméra : « Ce soir, tel joueur a été mauvais. » Moi, je ne le peux pas.

Je ne pourrai donc jamais être bon dans ce domaine. Je n'ai pas le tempérament pour. Je ne pourrai jamais divertir en jugeant ou en critiquant. Moi, j'ai besoin de comprendre pourquoi ce joueur a été mauvais à cet instant, pourquoi il a été au-dessous de ses capacités. J'ai envie de le regarder droit dans les yeux, loin de toute caméra et de lui demander ce qui ne va pas, s'il a mal quelque part, s'il a des soucis, si ses enfants et ses proches vont bien, etc. « O. K., tu n'as pas très bien joué, mais pourquoi ? »

Je crois plus aux relations humaines, de confiance et d'écoute qu'aux compétences physiques ou intellectuelles, d'autant plus dans le monde du haut niveau. Ce sont elles qui feront la différence sur la route de la réussite. L'empathie et l'écoute ne pourront jamais être néfastes.

Réussir sa reconversion demande d'accepter de se mettre à nu. Laisser tomber la tenue de sport, enfiler le nouveau costume et accepter que le nouveau parcours ne sera pas forcément une ligne droite. S'il fallait travailler un domaine potentiellement utile, même pendant les années de compétition, ce serait la résilience. Accepter la réalité, les situations de stress et réagir positivement dans les circonstances défavorables.

Il est important de tirer une leçon de toute expérience. Je n'ai pas été convaincant sur le plateau de Canal+. Je l'accepte. De quels enseignements me suis-je enrichi ? J'ai ouvert les yeux sur ce qui me plaît dans mon rôle d'entraîneur aujourd'hui. J'aime comprendre, partager, échanger. J'aime enrichir mon analyse en me mettant au niveau de mes joueurs ou de mes interlocuteurs.

Aujourd'hui, seul ou en partenariat avec différentes structures, comme AB Coaching d'Anouar Bouguerra ou Tal'honneur Consulting, j'interviens lors de conférences en entreprise ou en coaching individuel. Après une rapide présentation de mon parcours, j'aborde différents sujets, tels que la gestion du stress, le travail en équipe ou la confiance en soi. J'aime partager l'expérience qui m'a enrichi pendant ces dix-sept années.

Je n'apporte pas de recette miracle. Le bonheur est propre à chacun, mais j'aime échanger sur ma philosophie du BOP, le

Bonheur, l'Objectif et le Plaisir. J'aime m'intéresser aux gens, et lorsque je vois l'intérêt dans les yeux de mon auditoire, je ne peux que trouver cela gratifiant. Quand, dans un regard, je lis « Mais oui, je comprends très bien ce qu'il veut dire ! », je me réjouis d'avoir atteint mon BOP du jour.

Quoi que je fasse, J'ai toujours cette volonté de m'améliorer, et ces prises de parole en public m'ont permis de gagner en aisance, en force de conviction dans mes idées. J'ai appris à m'adapter en fonction de mon auditoire : un groupe de cadre en informatique, un jeune en centre de formation, des travailleuses à la chaîne. Lors de ces interventions, je suis honnête, simple et transparent, ce qui amène le public à s'adresser à moi avec franchise et à ouvrir les discussions sur des débats passionnants. Je viens me livrer à eux, et quand, en échange, ils se livrent à moi, les choses deviennent vraiment intéressantes, car il s'agit bien d'un échange : je m'enrichis de ces questionnements, de ces remarques. J'aime confronter les gens à ma théorie du BOP et recueillir leurs avis.

Dernièrement, je suis intervenu dans une entreprise auprès d'ouvriers quinquagénaires qui allaient tous être licenciés. Deux hommes et treize femmes. Autant vous dire que je me suis posé la question de ma légitimité pour cette intervention. Mais très vite, la glace a été brisée, et nous avons passé deux heures à échanger sur la peur de la retraite, la reconversion, le plaisir de chercher de nouveaux objectifs. Du BOP à l'état pur. J'ai été très ému par ces personnes, leurs propos et leurs remerciements. On apprend de tout, tous les jours. On s'améliore. Ce jour-là, ce fut pour moi une bonne leçon d'humilité. Je ne pouvais que penser : « Ils vont perdre leur boulot et ils sont là, à me sourire et à me remercier. » C'est moi qui les remercie.

C'est sans doute ce jour-là que j'ai pris conscience du message que je voulais transmettre à travers le livre que j'avais commencé à écrire avec mon ami Emmanuel, quelques mois auparavant. Une journée sans plaisir est une journée de perdue. Fixez-vous des objectifs, petits ou grands, et prenez un maximum de plaisir pour les accomplir : vous n'en serez que plus épanoui. Et surtout, partagez ce plaisir !

L'arrêt de ma carrière m'a ouvert les yeux sur l'importance d'avoir des projets, m'a conforté sur le rôle des objectifs au quotidien. Avec la « retraite », j'ai également appris le sens du mot bigorexie, cette réelle maladie caractérisée par la dépendance au sport. On sait aujourd'hui que la pratique du sport active la création d'endorphines, qui apportent à l'esprit une sensation de bien-être. À haut niveau ou lors de pratique quotidienne intensive, le sport devient une réelle drogue, dont il faut se sevrer lorsque l'on n'est plus capable d'écouter son corps, qu'on le pousse à bout et qu'on l'abîme.

Mais qui dit sevrage dit sensation de manque, irritabilité, anxiété, dépression. Lorsque l'on sait cela, il n'y a qu'un pas pour comprendre l'enfer que peuvent traverser certains athlètes en fin de carrière. Combien ont sombré dans la dépression, l'alcool, les drogues ? Combien ont eu des envies suicidaires ? Il faut réussir à ramener sa pratique sportive progressivement à un niveau « normal », dont on tirera le plus grand plaisir. Cela peut passer par une pratique différente de son sport favori ou la découverte de nouvelles disciplines.

En tout cas, ce n'est pas une période à prendre à la légère. Le soutien de l'entourage et une vision à court et moyen termes au travers d'objectifs clairs prennent ici tout leur sens. Entre ma retraite sportive et les restrictions dues à la Covid, ma pratique du sport a été fortement réduite. Le développement de mes nouveaux projets professionnels sont venus en partie combler ce manque. Ils me stimulent et me motivent au quotidien. Cependant, j'ai pris conscient qu'il m'arrivait d'être agacé, fatigué, tout en ayant des difficultés à trouver le sommeil. Et puis, les copains de toujours ont eu la bonne idée de me mettre un vélo de course entre mes jambes. Cela me fait beaucoup de bien, mais je prends garde à ne pas devenir accro.

Parfois, je me dis que j'en fais trop. Aux dires de ma femme, je serais hyperactif. Sûrement ! Je me demande si, inconsciemment, je n'ai pas quelque chose à prouver. Si je n'ai pas envie de prendre une revanche sur l'image de footeux que l'on m'a collée. Le gars qui perd des neurones à chaque fois qu'il fait une tête. « Cours et tais-toi ! » Ou encore « J'ai un physique, mais pas de cerveau. » Je suis toujours fier de voir un ancien joueur réussir professionnellement en dehors des terrains, et c'est peut-être là mon grand objectif pour les dix prochaines années.

Aujourd'hui, je reproduis le schéma de ma carrière de footballeur. Tout ce que je fais, je le fais avec passion et plaisir. J'ai envie de réussir, de rêver grand. J'aime l'excellence, la combativité. Il faut se fixer de beaux objectifs dans la vie. Et si j'échoue, j'aurai la volonté de rebondir, car j'aurai appris. BOP. Le *bonheur* est le produit des *objectifs* que l'on se fixe, multipliés par le *plaisir* que l'on prend à les réaliser.

Soyez heureux. Et si la lecture de ce livre vous a apporté du plaisir, alors j'aurai peut-être marqué l'un des plus beaux buts de ma vie.

Épilogue

« Il faut toujours viser la lune, car en cas d'échec,
on atterrit dans les étoiles. »
Oscar Wilde

Dernièrement, lors d'une intervention en entreprise, on m'a posé une question à laquelle je n'étais pas préparé : « À trente-six ans, vous avez eu la chance de réaliser votre rêve d'enfant, mais il a pris fin. Alors aujourd'hui, quel est votre rêve ? »

Ma première réaction a été de parler du bonheur et du bien-être des miens, de mes enfants, trouver le BOP dans mon quotidien, être épanoui avec les autres et moi. Mais après quelques instants de réflexion, ce qui s'est imposé à moi est que tous les rêves n'ont pas besoin d'être réalisés.

Un rêve, c'est aussi une douce pensée, qui nous permet de nous évader le soir, quand on ferme les yeux après une longue journée. Une image qui nous berce avant de nous endormir. Alors si je devais mettre des mots sur ce rêve ultime qui ne se réalisera peut-être jamais, ce seraient les suivants : retourner sur le terrain, retrouver les grands stades, ressentir la ferveur et les clameurs d'un public de quatre-vingt mille personnes, prendre de plein fouet ce shoot d'adrénaline que procure le football à haut niveau. Entraîner une équipe de Ligue 1, un club dont j'ai porté les couleurs avec fierté. Oui, c'est cela : devenir entraîneur d'une équipe pro.

Pour celui qui se fixe cet objectif, la dernière étape à franchir est d'obtenir le BEFP (Brevet d'Entraîneur de Football professionnel). Le parcours est long et impose de faire cette préparation en alternance : cours théoriques et expériences sur le terrain, tout en assumant des responsabilités opérationnelles en club amateur ou professionnel. Cette immersion de plusieurs années a pour but d'éviter les erreurs de casting et de s'assurer de la motivation des candidats à ce fameux diplôme. Cette profession de passion impose des sacrifices, comme des déménagements et l'éloignement familial, sans parler de l'incertitude quant à la garantie de se maintenir à son poste à la fin de chaque saison.

J'aime à croire qu'il n'y a pas d'aboutissement ou de but final dans une carrière. Pour moi, ce n'est qu'une succession d'étapes, d'expériences et de rencontres qui jalonneront le chemin de notre vie jusqu'à la dernière heure. Honnêtement, je ne sais pas encore si j'aurai le courage ou les compétences pour me lancer dans la réalisation de ce nouveau rêve. Je suis quelqu'un d'ambitieux, mais à quel prix ?

Pour l'instant, je ne sais pas ce que je ferai dans dix ans. J'ai envie de trouver ma voie. Je veux être moi-même, en phase avec mes convictions. Le moment venu, je ferai mes choix et mettrai toute mon énergie pour atteindre les objectifs que je me serai fixés, avec comme compagnons de route ceux qui m'ont toujours suivi : le plaisir, la motivation et le rire.

Nous habitons dans des régions éloignées l'une de l'autre et avons échangé pendant plusieurs années par téléphone avant de nous retrouver face à face. À l'époque, j'avais sollicité Emmanuel au sujet de la revente de certains de mes biens immobiliers. Le feeling entre nous était tout de suite passé. J'ai tendance à faire rapidement confiance aux gens, mais je sentais en lui une franchise et une honnêteté réelles. L'aide qu'il m'apportait n'était pas calculée : elle était purement désintéressée et a continué après son départ à la retraite. J'étais avare de ses bons conseils, et nous avons pris l'habitude d'étendre nos conversations à des sujets beaucoup plus vastes et personnels.

J'ai toujours aimé discuter, échanger et débattre avec des personnes plus âgées que moi. C'est vraiment très enrichissant. L'affection et le respect qui nous lient, Emmanuel et moi, sont profonds et vrais.

« Ma participation à ce livre fut pour moi un élixir de jeunesse. »

Emmanuel DUMESNIL

Diplômé, en 1976, de la première promotion de l'École des Affaires de Paris, qui permet à ses élèves d'étudier successivement pendant trois ans en France, en Angleterre, puis en Allemagne, il a travaillé quarante-deux ans dans la vente, dans des domaines très variés. Retraité à soixante-cinq ans, il est aujourd'hui autoentrepreneur, car il a un réel problème avec l'étymologie du mot retraite…

« J'ai rencontré Jérémy il y a quelques années, dans le cadre de mon travail. Trente ans nous séparent, mais il y a des rencontres qui vous marquent. Celle avec Jérémy en fait partie. Quarante années professionnelles dans la vente m'avaient tellement appris sur la nature humaine que je pensais être à l'abri de toute nouvelle surprise. Erreur !

La vie a du talent quand elle vous fait rencontrer quelqu'un qui, à trente-sept ans, a gardé intactes toutes les caractéristiques du gamin tout simplement heureux de vivre avec les siens, sur la terre où il a grandi et avec la famille qu'il a fondée.

Je me souviens du soir où l'idée de ce livre nous est venue. C'était à Rives, en septembre 2020. La soirée était encore belle et chaude, propice à un dîner sur la terrasse de sa maison, avec Sylvia et les enfants. Conclusion d'une journée passée à faire le bilan d'une carrière professionnelle, à envisager le futur, à peser le pour et le contre des différentes options, à évoquer les années écoulées avec leurs cortèges de plaisirs et de déceptions. Mais surtout à insister sur l'importance du mot plaisir. *Sans lui, rien ne peut se construire de beau ni de solide dans la durée.*

Ce soir-là, nous dissertions sur les deux verbes auxiliaires de notre belle langue française : avoir et être. Lequel privilégier : avoir ou être ? Idéalement les deux, mais à choisir ? Être, évidemment. Le lendemain de ce dîner, il m'a dit : "O. K., on y va. Assieds-toi. On commence tout de suite." Et c'est ce que nous avons fait. Tout d'abord, lentement, chacun avec sa pudeur. Le respect envers l'ancien que je suis de son côté. La distance par rapport à la personne médiatisée de mon côté. Mais très vite, tout cela fut oublié.

Jérémy s'est livré totalement dans ce livre. "Trop", lui ai-je dit à plusieurs reprises. "Non, Manu, me répondait-il. Je suis comme sur le terrain. Si j'y vais, c'est à fond, sans retenue." C'est tout lui.

Le football en dehors du terrain aura été au début et à la fin de mon activité. En 1976, lorsque j'ai consacré mon mémoire de fin d'études à la comparaison de la gestion des clubs de football professionnel en France, en Angleterre et en Allemagne. Et en 2021, en participant à l'écriture de ce livre avec Jérémy et Claire. Malgré la différence d'âge avec eux, ce fut facile, car j'ai toujours eu la chance d'être dans des structures où tous les âges se côtoyaient, avec le tutoiement érigé en mode de communication immédiat. Comme dans le sport qui m'a accompagné toute ma vie, et aujourd'hui encore.

Que retenir du temps consacré à ce livre ? Il aura été pour moi un élixir de jeunesse et ma façon de lutter contre la pandémie. Rester motivé sur l'objectif à atteindre, regarder au-delà des difficultés du moment, se dire que le beau temps revient toujours après les tempêtes de la vie.

En novembre 2020, Jérémy et moi avions convenu de nous voir pour faire un point sur l'avancement du livre. Lui étant à Grenoble et moi à Toulouse, Montpellier était à mi-parcours. Le confinement était sévère, et tout était fermé : pas de bar, pas de salle de réunion, pas de restaurant. Seule solution : louer une chambre dans un hôtel pour travailler pendant quelques heures sur les chapitres de ce livre et déjeuner en marchant autour de la Place de la Comédie avec les sandwichs préparés à l'avance.

Ce jour-là, vers 13 h, l'un de mes enfants m'apprit que j'allais être de nouveau grand-père. La boucle était bouclée : la vie qui arrive, la vie en pleine force de l'âge, et la vie qui entrevoit son crépuscule. »

Claire, c'est l'amie avec un grand A. Le binôme de ma femme depuis l'âge de trois ans, la marraine de mon fils aîné. La parole franche dans les bons comme dans les mauvais moments. Je lui ai demandé de lire la première version du manuscrit qu'Emmanuel et moi avions écrit, car j'ai confiance en elle. Elle me connaît très bien, autant mon histoire que mon caractère, et je savais qu'elle serait honnête et objective. Je n'ai pas été déçu ! En revanche, connaissant le nombre de matchs qu'elle a suivis depuis son enfance, je ne m'attendais pas à ce qu'elle soit aussi nulle en football ! L'avantage est qu'elle s'émerveillait de tout. Lorsque je lui détaillais les différentes compétitions de football sur le plan national, européen ou mondial, ou que je lui expliquais les enjeux des transferts, j'avais la sensation de lui raconter le synopsis de Games of Thrones *tant elle était captivée !*

« La plastique avantageuse des footballeurs. »

Claire DÉMARETS

Restauratrice installée dans le village de Saint-Véran, au cœur des Hautes-Alpes.

« Ce mardi 12 octobre 2021, je mets un point final à la tâche qui m'a été confiée pour ce beau projet. Pour le plais!r *doit maintenant voler de ses propres ailes. Lorsque Jérémy m'a envoyé la première version du manuscrit qu'il venait d'écrire avec Emmanuel, un an plus tôt, je ne m'attendais pas à embarquer dans cette aventure. Je crois que c'est l'œil de pure novice que j'ai porté au monde du football qui les a interpellés dans l'avis que je leur donnais.*

Les thèmes et les idées traités étaient top, mais j'en voulais plus. Plus de détails, plus d'anecdotes, plus d'analyses. Pour être complètement honnête, la seule chose qui m'avait intéressée jusqu'à présent dans un stade, c'était la plastique avantageuse des footballeurs. Et là, j'avais envie de tout connaître, de tout comprendre. Pourquoi, comment, combien, avec qui...

Ce que je n'avais pas imaginé, c'est que ce projet deviendrait mon BOP. J'étais à un moment de ma vie où je souhaitais entreprendre un travail sur moi-même, mettre de l'ordre dans mes idées, découvrir qui j'étais vraiment, quels étaient mes rêves et où je voulais mener ma vie. Je souhaitais me débarrasser d'une colère que les épreuves de la vie endurées ces dernières années avaient ancrée en moi. Bref, comme beaucoup d'autres, au cours du premier confinement, j'avais pris le temps de réfléchir et de me remettre en question. Je voulais avancer, évoluer.

Ce que j'ignorais alors, c'est que je devrais refermer mon restaurant, mais pour une période beaucoup plus longue que la première. Huit mois. Huit mois d'inactivité, c'est long. Trop long. Je ne vais pas le nier, au début, ça fait du bien : on profite des enfants, on se détend, on fait toutes ces choses que l'on n'a jamais le temps de faire, mais on tourne aussi vite en rond. Et voilà que Jérémy m'apporte sur un plateau un objectif *à atteindre ! À atteindre de la façon la plus plaisante qui soit : en travaillant en équipe. Une année de rencontres, de recherches, de découvertes, d'échanges passionnants et de discussions enflammées avec Jérémy et Emmanuel, mais aussi avec ces sportifs interviewés, Renaud notre éditeur, nos conjoints, nos amis de longue date.*

Je me suis réellement passionnée pour ce livre, pour les idées que Jérémy avançait. Cette notion de plaisir. *Cette théorie du BOP. Au cours de cette année, ma vie ne s'est pas arrêtée, mon établissement a réouvert, et j'ai commencé à travailler sur de nouveaux projets professionnels, mais ma façon d'aborder les choses avait changé. Ce livre m'a changée.*

Aujourd'hui, le plaisir est au cœur de mon mode de fonctionnement. Comment commencer ma journée de la façon la plus agréable qui soit ? Comment aborder ce problème pour qu'il n'en soit plus un ? Qu'est-ce qui m'épanouit ? Qu'est-ce qui me motive ? Qu'est-ce que j'aime ? Ce sont des questions que je garde constamment à l'esprit, et leurs effets bénéfiques se ressentent sur mon état général, sur mon bien-être, mais également sur l'ensemble de mon entourage, mes enfants et donc ma vie au sens large.

Cherchez votre BOP en tout, c'est ce que ce livre m'a appris. Cherchez votre bonheur, votre épanouissement en vous fixant des objectifs que vous atteindrez en prenant le plus de plaisir possible. Les plus beaux cadeaux dans la vie sont ceux que l'on n'attend pas et ceux que l'on fait sans en être conscient. Merci Mimi. »

Palmarès

- Champion de France avec l'Olympique Lyonnais en 2004, 2005 et 2006
- Vainqueur du Trophée des Champions en 2005
- Vainqueur de la Coupe de la Ligue avec le Paris Saint-Germain en 2008
- Vainqueur de la Coupe de France avec le Paris Saint-Germain en 2010
- Vainqueur de la Coupe de la Ligue avec Saint-Étienne en 2013
- 348 matchs en Ligue 1
- 63 matchs en Coupe de France et Coupe de la Ligue
- 53 matchs en Coupe d'Europe

Activités extérieures au football

- Directeur général de la SAS Roméo et Juliette, négociant, import-export, production, distribution d'huile et de produits d'épicerie fine.

- Gérant de la SASU OCLEM, créée en mai 2020, qui a pour objet, en France et à l'étranger :

    - prestations de conseil, d'expertise et d'accompagnement auprès de clubs et joueurs de football ;

    - prestations d'animation audiovisuelle (TV, radio) dans le domaine du football ;

    - interventions et conférences auprès des particuliers, des entreprises, des collectivités et d'autres organismes publics ou privés sur les thèmes du sport et de la performance.

- Gérant de la SARL RLM créée en août 2017, gestion immobilière.

Bibliographie

- *50 secrets de champions*, Michaël AGUILAR, Éditions DUNOD
- *Quand on rêve le monde*, Edgar GROSPIRON, Altal Éditions
- *Management Football Club*, Pierre RONDEAU, Éditions Bréal
- *Vestiaires* : la revue technique des éducateurs de football

Remerciements

Il est exactement 23 h 57 quand l'envie soudaine de rédiger mes remerciements me saisit. Tout le monde dort dans la maison, et une journée chargée m'attend demain, mais c'est plus fort que moi, il faut que je le fasse dans l'instant. Pourquoi maintenant ? Pourquoi si tard ? Aucune idée. Peut-être parce que je viens d'apprendre que j'ai validé mon DES. Je suis soulagé. J'ai l'esprit plus libéré. Je suis apaisé. J'ai envie de mettre le point final à l'écriture de cet autre beau projet.

Quand je pense à ma façon de communiquer, je réalise qu'il est plus facile pour moi d'écrire sur une feuille blanche pour remercier et dévoiler mes sentiments. Par pudeur, je présume.

En réalité, c'est simple et facile de « dire merci ». C'est la première chose, ou la deuxième après le « papa et maman » que nos parents nous apprennent dès le plus jeune âge.

Au moment de commencer à écrire ces remerciements, rebelote, même interrogation que pour le début du livre. Par qui commencer ? Que dois-je dire ? Comment n'oublier personne ?

En pensant remerciements, je suis obligé de penser en premier lieu à ma famille. Ma femme Sylvia et mes trois enfants. Sylvia, merci d'être la femme que tu es, d'avoir ce caractère, d'avoir toujours été là pour moi. Sans toi, ma vie n'aurait pas été la même, et je ne sais pas ce que je ferais aujourd'hui. Je n'ose imaginer un futur loin de toi. Les années passent, mais j'ai l'impression que tu es de plus en plus belle à l'intérieur comme à l'extérieur.

Mes chers enfants, j'ai du mal à imaginer ma vie sans vous. J'ai tellement grandi à vos côtés ! Et vous regarder écrire votre propre histoire jour après jour est un plaisir infini.

J'ai également envie de remercier mes parents. Nous avons toujours été pudiques sur nos sentiments les uns envers les autres. Je vous aime, et c'est à vous que je dois les solides fondations que vous avez bâties pour moi lorsque j'étais enfant, tout comme vos parents l'ont fait avant vous. Mes grands-pères, mes pépés, disparus aujourd'hui, qui m'ont transmis des passions qui animent régulièrement mes journées ou soirées entre amis. Mes grands-mères encore là, mais déjà si loin, qui me rappellent que le temps passe vite et que l'on doit profiter au maximum des gens qu'on aime.

Je ne peux pas citer chaque prénom, mais j'ai une profonde pensée pour toute ma famille – sœur, oncles, tantes, cousins, cousines, filleuls –, mes voisins, mes amis d'enfance, mes amis de Rives, mes amis de tous horizons qui font partie de ma vie.

La distance, le travail et les autres contraintes sont des facteurs qui nous empêchent de nous réunir aussi souvent que nous le souhaiterions, mais j'ai énormément pensé à vous tous en écrivant ce livre.

Je remercie également le monde du football dans son ensemble : tous mes coéquipiers, mon agent, mes amis, supporteurs, entraîneurs, kinés, arbitres, éducateurs, formateurs et adversaires. Toutes ces personnes que j'ai côtoyées quotidiennement pendant près de trente ans.

Merci aussi, bien sûr, à toutes les personnes qui ont témoigné sans filtre et en toute honnêteté dans ce livre.

Un grand merci, également, à ma maison d'édition Amphora qui a cru en mon projet, et particulièrement à Renaud Dubois qui a pris le pari fou de publier un ouvrage sur un mec aussi banal que moi ! Un grand merci à Servane pour sa bonne humeur, sa disponibilité et sa gentillesse, ainsi qu'à Lionel et Jeff pour leur patience et leur talent graphique.

Je terminerai par les personnes avec qui j'ai partagé cette merveilleuse aventure.

Manu, je voulais te remercier d'être tout simplement présent à mes côtés. Te dire que, sans toi, ce projet n'aurait pas vu le jour. Je suis vraiment heureux d'avoir croisé ton chemin.

Claire, merci d'être mon amie. Ce livre n'aurait pas été aussi authentique et sincère sans toi. Merci d'avoir été la plume de mes pensées. Merci aussi à ton mari Laurent pour son enthousiasme inébranlable.

Quand j'y pense, au final, je ne peux m'empêcher très simplement de remercier la vie de m'avoir autant gâté humainement.